国家社科基金
后期资助项目

RESEARCH
ON WEALTH CREATION
IN THE DIGITAL AGE

数字化时代
的财富创造研究

速继明 著

上海社会科学院出版社
SHANGHAI ACADEMY OF SOCIAL SCIENCES PRESS

图书在版编目（CIP）数据

数字化时代的财富创造研究 / 速继明著. -- 上海：上海社会科学院出版社，2024. -- ISBN 978-7-5520-4429-4

Ⅰ.F0

中国国家版本馆 CIP 数据核字第 2024XF0573 号

数字化时代的财富创造研究

著　　者：速继明
责任编辑：董汉玲
封面设计：裘幼华
出版发行：上海社会科学院出版社
　　　　　上海顺昌路 622 号　邮编 200025
　　　　　电话总机 021－63315947　销售热线 021－53063735
　　　　　https://cbs.sass.org.cn　E-mail：sassp@sassp.cn
排　　版：南京展望文化发展有限公司
印　　刷：上海龙腾印务有限公司
开　　本：710 毫米×1010 毫米　1/16
印　　张：14.75
字　　数：261 千
版　　次：2024 年 7 月第 1 版　2024 年 7 月第 1 次印刷

ISBN 978－7－5520－4429－4/F·775　　　　　定价：88.00 元

版权所有　翻印必究

国家社科基金后期资助项目
出版说明

　　后期资助项目是国家社科基金设立的一类重要项目，旨在鼓励广大社科研究者潜心治学，支持基础研究多出优秀成果。它是经过严格评审，从接近完成的科研成果中遴选立项的。为扩大后期资助项目的影响，更好地推动学术发展，促进成果转化，全国哲学社会科学工作办公室按照"统一设计、统一标识、统一版式、形成系列"的总体要求，组织出版国家社科基金后期资助项目成果。

全国哲学社会科学工作办公室

目 录

绪论 数字化：财富创造的变革性力量 ······················· 1
  一、数字化时代财富创造的研究现状 ····················· 1
    （一）数字化时代财富创造的研究价值 ················· 1
    （二）数字化时代财富创造的理解向度 ················· 5
    （三）数字化时代财富创造的主要表征 ················· 9
    （四）数字化时代财富创造效应的多维审思 ············ 13
    （五）现有研究总结与展望 ························· 16
  二、数字化：财富创造的新维度 ························ 17
    （一）数字化时代的概念界定 ······················· 18
    （二）数字化时代对财富创造的影响维度 ·············· 19
  三、数字化时代对财富创造的多维重构 ·················· 22
    （一）财富创造空间 ······························ 22
    （二）财富创造动力 ······························ 22
    （三）财富创造方式 ······························ 23
    （四）财富创造效率 ······························ 24
    （五）财富创造目的 ······························ 25

第一章 数字化生存世界的生成 ···························· 26
  一、人类数字化生存图景的历史演进 ···················· 27
    （一）原始社会数字意识的产生和测量技术的探索 ······ 27
    （二）农业时代数字系统的发展 ····················· 28
    （三）工业时代数字化趋势的演进 ··················· 30
    （四）信息化时代万物互联的开启 ··················· 31
  二、数字化生存世界的深层革命 ························ 34
    （一）数据：不再是静止与陈旧 ····················· 34
    （二）人类的经济生活：数字化向数据化的转变 ········ 35

（三）数据价值：从"IT"到"TI"的历史转换 ………………… 36
　三、数字化生存时代的思维变革 ……………………………………… 36
　　（一）从"基于预设的结构化思维"到"无须预设的非关系型思维"
　　　　 …………………………………………………………………… 37
　　（二）从"随机样本思维"到"全量数据思维" ………………… 38
　　（三）从"数据的精确性和结果的准确性思维"到"数据的混杂性
　　　　 和结果的容错性思维" ……………………………………… 38
　　（四）从"审慎的决策与行动思维"到"快速的决策与行动思维"
　　　　 …………………………………………………………………… 39

第二章　数字化社会的现实摹写与重构 ……………………………… 42
　一、数字化与信息经济学假设 ………………………………………… 42
　　（一）对称性思维与信息完全假设 ……………………………… 43
　　（二）对称性破缺与信息不对称问题的产生 …………………… 45
　　（三）方法论上的能级跃迁 ……………………………………… 49
　二、数字化时代的社会分工 …………………………………………… 50
　　（一）原始社会中后期的"分支型社会"三大社会分工 ……… 51
　　（二）奴隶社会、封建社会时期的层级式社会分工 …………… 51
　　（三）工业社会的功能式社会分工 ……………………………… 52
　　（四）数字化背景下的社会分工 ………………………………… 53
　三、数字化时代个体财富创造逻辑与财富观念的变革 ……………… 56
　　（一）经济生活中的"真实个人" ……………………………… 56
　　（二）财富创造的"个人前提" ………………………………… 60
　　（三）数字化时代的财富观念演变 ……………………………… 63
　四、数字化引发的财富创造的变革 …………………………………… 72
　　（一）重塑了财富生产过程 ……………………………………… 72
　　（二）变革了财富分配机制 ……………………………………… 75
　　（三）影响了财富流通与交换机制 ……………………………… 76
　　（四）形成了数字化消费 ………………………………………… 77
　五、数字化时代的财富体系变革 ……………………………………… 79
　　（一）农业文明的财富体系 ……………………………………… 79
　　（二）工业文明的财富体系 ……………………………………… 79
　　（三）数字文明的财富体系 ……………………………………… 80

第三章 数字化时代财富创造的内在逻辑 ………………………… 83
一、财富创造的历史原理 ……………………………………… 83
（一）财富创造：人的自然秉性与大自然的根本宗旨之间的历史合力 ……………………………………………………… 83
（二）市场、欲望与共同意志的达成 ……………………… 85
二、财富创造的时空逻辑 ……………………………………… 87
（一）时间维度：财富创造的标尺 ………………………… 88
（二）绝对时空观与财富创造 ……………………………… 90
（三）数字化时代相对时空观与财富创造 ………………… 97
三、财富创造三个基本原理 …………………………………… 102
（一）财富创造的时间原理 ………………………………… 102
（二）财富创造的空间原理 ………………………………… 103
（三）财富创造的知识原理 ………………………………… 104

第四章 数字化时代中国财富创造的实证分析 ………………… 106
一、数字化时代中国财富的发展状况与典型特征 …………… 106
（一）数字化时代中国财富的发展现状 …………………… 106
（二）数字化时代经济发展的财富效应 …………………… 107
（三）数字化时代中国财富的分配机制 …………………… 108
二、数字化时代中国财富生成机制的案例解析 ……………… 110
（一）平台经济的财富生成新模式——抖音直播带货案例分析 ……………………………………………………… 110
（二）城市 IP 经济的财富新增长点——"淄博烧烤"流量经济分析 ………………………………………………… 120
（三）数字+科技经济的财富创造——科大讯飞发展案例分析 ……………………………………………………… 127
（四）互联网流量经济的财富创造——网红催生财富案例分析 ……………………………………………………… 132
（五）数字赋能乡村振兴的财富创造——枫桥镇乡村振兴案例分析 …………………………………………………… 138
三、数字化时代中国财富生成机制及发展趋势思考 ………… 144
（一）平台经济的财富生成新模式思考 …………………… 144
（二）城市 IP 经济的财富新增长点思考 …………………… 145
（三）数字+科技经济的财富创造思考 …………………… 147

（四）互联网流量经济的财富创造思考 …………………… 149
（五）数字赋能乡村振兴的财富创造思考 …………………… 150

第五章　数字化时代中国财富创造的经验与启示 …………… 152
一、中国共产党对马克思财富观的继承与创新 ………………… 152
　　（一）关于解放生产力创造财富与社会制度的属性问题 …… 152
　　（二）关于利用资本创造财富与社会主义中国的发展问题 … 153
　　（三）关于财富创造的消极面及其社会主义的应对问题 …… 155
二、中国财富创造实践中的观念变革及其特征 ………………… 157
　　（一）自觉反思性 …………………………………………… 157
　　（二）勇于创新性 …………………………………………… 158
　　（三）充满辩证性 …………………………………………… 159
三、数字化时代经济发展具有共同富裕的价值指向 …………… 160
　　（一）创新性深化经济变革，助推共建共富 ……………… 160
　　（二）协同性统筹发展全局，助推全面共富 ……………… 162
　　（三）共享性普惠数字生活，助推全民共富 ……………… 163
四、数字化时代财富积累的风险及规范机制 …………………… 165
　　（一）财富创造和积累具有失范的隐忧 …………………… 166
　　（二）关于规范财富积累机制的理论探索问题 …………… 168
　　（三）关于规范财富积累机制的实践探索问题 …………… 171

第六章　财富创造中的共生关系、优化机制以及财富观培育 ………… 176
一、宏观：财富秩序的共生与优化 ……………………………… 176
　　（一）财富共生关系的相关要素 …………………………… 178
　　（二）财富共生关系的基本特征 …………………………… 181
　　（三）金融共生系统的内在对抗性 ………………………… 185
　　（四）西方资本规制的路径与启发 ………………………… 187
　　（五）国际金融共生关系的矫正 …………………………… 189
二、微观：健康财富观的培育 …………………………………… 191
　　（一）财富逻辑与财富观的生成 …………………………… 194
　　（二）积极的财富观 ………………………………………… 195
　　（三）培育健康积极的财富观 ……………………………… 197

第七章　数字化背景下财富创造的态势和展望 …………………… 200
　一、把握好数字经济的动力引擎，把握财富创造新机遇 ………… 200
　二、把握好数字经济的动力引擎，促进财富创造的能级跃迁 ……… 202
　三、释放数字经济普惠性，助力共同富裕的实现 ………………… 203
　四、抓住数字化机遇，夯实世界经济发展的中国引擎作用 ………… 205
　五、多维发力，推动数字经济持续健康发展 ……………………… 207

参考文献 ……………………………………………………………… 209
后　记 ………………………………………………………………… 225

绪论　数字化：财富创造的变革性力量

数字化时代，人类生产生活方式发生剧烈变革，提出了数字化时代财富创造这一时代新课题。为了更好地把握数字化时代财富创造变革的具体表征及现实意义，有必要梳理学界现有研究成果，厘清数字化对财富创造的影响维度，揭示出数字化时代财富创造活动的深刻变革。

一、数字化时代财富创造的研究现状

财富作为一个历史范畴，它的内涵必然随着人类实践活动方式的变化而变化，并在人类经济交往形式和商品交换程度的发展中获得新的规定性。21世纪以来，大数据、移动互联网、物联网、人工智能、区块链等数字化技术蓬勃发展，重塑着经济生产方式，催生了数字经济这一全新经济形态，引发了人类社会财富创造体系的深刻变革。国内外学界掀起了关于数字化时代财富创造的研究热潮，在阐释数字化时代财富创造研究课题的重要性，揭示数字化时代财富创造的内在机理、具体表征以及社会效应等方面作出了有益探索，也取得了丰硕成果。

（一）**数字化时代财富创造的研究价值**

从20世纪中后期开始，就有学者敏锐地感知到经济、社会发展领域出现的新转变，陆续提出信息经济时代、知识经济时代、数字经济时代等说法。因而，在具体阐述数字化时代财富创造这一课题时，国内外学者不约而同地强调这一课题不是理论家的人为杜撰，而是具有重要的理论和实践价值。

1. 理论价值

时代是思想之母，实践是理论之源。随着数字化时代成为人类社会财富创造、实现、积累、分配等活动的全新语境和实践背景，国内外学者纷纷表示从理论上系统梳理、总结数字化时代财富创造的应然逻辑与实然表现应成为当前经济学、社会学、哲学等学科领域的新课题新任务。早在20世纪

90年代，美国学者尼古拉·尼葛洛庞帝(Nicholas Negroponte)就富有远见地提出："计算不再只和计算机有关，它决定我们的生存，"①预言一代会比一代更数字化。在极力宣扬数字化革命的同时，他把"数字化生存"的新生存境遇和发展课题正式摆在了全人类面前。几十年来，数字技术在新一轮科技革命和产业变革中的权重愈发突出，移动互联网、物联网、大数据、人工智能、数字孪生、元宇宙等数字技术更迭，重塑着经济生产方式，催生了继农业经济、工业经济之后新的经济形态——数字经济，不断释放着经济发展的巨大潜力，日趋成为新一轮全球竞争的新高地、发展的新蓝海。这一发展趋势，被德国学者克劳斯·施瓦布(Klaus Schwab)称为第四次工业革命，被美国学者埃里克·布莱恩约弗森(Erik Brynjolfsson)和安德鲁·麦卡菲(Andrew McAfee)称为第二次机器革命，不仅"突破以前的种种能力限制，并引领我们进入新的领域"。②国内学者谭洪波也表示数字经济时代"是人类社会发展过程中一个既一般又特殊的技术进步和经济发展阶段"，③李拯则认为，"数字化将在信息化之后引领人类社会的'第四次浪潮'"。④对于数字化时代这一现实背景和时代语境，理论界自然需要及时关切。

更进一步说，财富直接关涉人类的生存和发展。人类的发展史其实就是一部不断创造财富、积累财富、分配财富的历史。对财富源泉、内涵、形态、创造、分配等问题的探讨也一直是不同学科的热门话题。英国学者埃里克·拜因霍克(Eric Beinhocker)指出：传统经济学的时代已经结束，复杂时代需要复杂的经济学理论。⑤国内经济学家陶一桃也指出：数字新经济时代，数据、知识、信息不仅仅成为经济增长的关键因素，还"把一种崭新的'财富创造系统'带进人们的生活，带进经济学家们的探索领域"，⑥数字化时代财富创造的具体变化自然成为当代经济学家的必答题。在理论创新的新时代起点上，国内学者还倾向于在马克思主义政治经济学和劳动价值论的大框架下审视数字化时代财富创造的理论研究意义。一些学者认为，"我们应以最新的科技成果和实践经验为基础，不断丰富和发展马克思主

---

① 〔美〕尼古拉·尼葛洛庞蒂：《数字化生存》，胡泳、范海燕译，海口：海南出版社1997年版，第15页。
② 〔美〕埃里克·布莱恩约弗森、安德鲁·麦卡菲：《第二次机器革命：数字化技术将如何改变我们的经济与社会》，蒋永军译，北京：中信出版社2016年版，第10页。
③ 谭洪波：《数字经济与共同富裕》，《光明日报》2022年2月15日。
④ 李拯：《数字经济浪潮：未来的新趋势与可能性》，北京：人民出版社2020年版，第2页。
⑤ 〔英〕埃里克·拜因霍克：《财富的起源》，俸绪娴、刘玮琦、尤娜译，杭州：浙江人民出版社2019年版，第25页。
⑥ 陶一桃：《经济文化论》，北京：冶金工业出版社2001年版，第60页。

义财富论"。① 洪银兴强调："增进社会财富成为中国特色社会主义政治经济学的目标，促进创造财富的源泉充分涌流将成为中国特色社会主义政治经济学的研究任务，"②应该在数字化语境下推进马克思主义政治经济学的时代性发展与创新；一些学者着重探讨了人工智能时代下的马克思劳动价值论。③ 与此不同的是，国外一些学者，如美国学者奈斯比特、日本学者坍屋太一认为数字信息时代财富创造并不遵循马克思主义的劳动价值论，提出："我们必须创造一种知识价值理论来代替劳动价值理论"④，并强调：财富和价值创造源泉的巨变正是新社会与工业社会之间的本质区别。⑤ 面对国外学术界对数字时代劳动价值论过时的论调，国内学者予以回应，如裴小革立足于《资本论》分析了现代财富发展，认为：西方经济学出于政治原因对劳动价值论的攻击，是"将劳动等同于物质生产要素，撇开了最广大人民群众人的特性和历史，它对财富研究的局限性似乎比较大的"。⑥

2. 实践价值

国内外学者一致认为"技术和数字化将会改变一切"。⑦ 近些年来，鉴于以数字经济为代表的经济新形态新业态在世界经济增长疲软、各国经济下行压力增大的情况下逆势上升、稳步增长，各国都在积极探索数字经济发展规律、寻找促进数字经济健康发展的最优路径。基于此，学界认为探讨数字化时代的财富创造有着重大现实意义。一些学者从国家战略的宏观角度指出：数字化及其推动的数字经济"对经济增长乃至社会阶层产生颠覆性变革，其释放的巨大红利是未来各国博弈中不可轻言放弃的战略据点"。⑧

---

① 魏焕信、刘相、李允祥主编：《树立新的科学的劳动与财富观——社会主义劳动与财富问题研究》，济南：山东人民出版 2005 年版，第 171 页。
② 洪银兴：《中国特色社会主义政治经济学财富理论的探讨——基于马克思的财富理论的延展性思考》，《经济研究》2020 年第 5 期。
③ 王艺明：《人工智能时代劳动价值的挑战、风险与机遇——一个马克思主义政治经济学分析》，《厦门大学学报（哲学社会科学版）》2023 年第 2 期；农浴、赵容艳：《人工智能时代马克思劳动价值论的再思考》，《生产力研究》2021 年第 3 期。
④ 〔美〕奈斯比特：《大趋势——改变我们生活的十个新方向》，姚琮译，北京：科学普及出版社 1985 年版，第 5 页。
⑤ 〔日〕坍屋太一：《知识价值革命 工业社会的终结和知识价值社会的开始》，金泰相译，北京：东方出版社 1986 年版，第 256 页。
⑥ 裴小革：《财富与发展〈资本论〉与现代经济学理论研究》，南京：江苏人民出版社 2005 年版，第 5 页。
⑦ 〔德〕克劳斯·施瓦布：《第四次工业革命：转型的力量》，李菁译，北京：中信出版社 2016 年版，第 6 页。
⑧ 中国人民大学重阳金融研究院编著：《中国金融软实力：金融强国新支撑》，北京：人民出版社 2021 年版，第 130 页。

美国学者费吉鲍姆(Feigenbaum E A)和麦考黛克(McCorduck)进一步指出在数字化时代"国家的新财富将不是来源于土地、劳力或单纯的资本,而是来源于知识",①这将会冲击现有全球经济发展格局。美国学者 E. 拉兹洛(E. Laszlo)认为新的财富和权力基础正在形成,这对于国家来说会是一个决定命运的选择关头,②探讨财富创造的现实意义便不言而喻了。国内学者杨剑强调了知识产权之于国家发展的重要性,认为数字时代的竞争"追求以技术的制度创造一种技术文化将资源加以控制,并最终以合法的方式,在知识产权的名义下决定财富的分配",③掌握知识产权对于国家来说就等于获得了对未来资源的掌握权。一些学者选择关注微观经济主体,认为"人工智能的这些技术特征,影响了商业模式、生产特征和组织行为",④互联网平台为个人、家庭以及企业带来了全新的财富创造空间和机会,⑤探究数字化时代财富运作的规则对于各类微观主体的创业致富具有重要启示意义。

基于中国的特殊发展语境,国内学者还从推动共同富裕、助力中国式现代化、展示社会主义制度优越性的角度探讨数字化时代财富创造研究的实践价值。林士煌认为：数字化网络"打乱了传统经济的秩序,现在是处于新秩序未建立的时候",⑥这对于中国这个工业化与数字化过程相互交织的发展中国家来说无疑是一个巨大的时代机遇;李光斗在其著作《区块链财富革命》中认为区块链为中国未来的财富创造和积累活动创造了巨大的机会;迟福林认为,"全球加速进入以数字经济为代表的新经济时代",⑦这对于中国来说是一次全新的选择。数字经济时代创造了巨大的社会财富,在中国特色社会主义的现实语境中,财富创造只是手段,目的是为了实现全体人民共同富裕。潘毅刚认为,"劳动致富的内涵、创造财富的方式、共同富裕的路径,正被数字化这个穿透性变量改写",⑧数字化时代面临着崭新的财富创

---

① 〔美〕费吉鲍姆、麦考黛克：《第二次计算机革命和第五代计算机》,江致远等译,上海：上海翻译出版公司 1985 年版,第 14 页。
② 〔美〕E. 拉兹洛：《决定命运的选择 21 世纪的生存抉择》,李吟波等译,北京：生活·读书·新知三联书店 1997 年版,第 6 页。
③ 杨剑：《数字边疆的权力与财富》,上海：上海人民出版社 2012 年版,第 102 页。
④ 朱琪、刘红英：《人工智能技术变革的收入分配效应研究：前沿进展与综述》,《中国人口科学》2020 年第 2 期。
⑤ 王可：《互联网与微观主体的财富创造行为》,山东大学,2019 年,博士论文。
⑥ 林士煌：《生活均富 网络财富 藏富于民的最新阐述》,广州：广东经济出版社 2001 年版,第 25 页。
⑦ 迟福林主编：《二次开放：全球化十字路口的中国选择》,北京：中国工人出版社 2017 年版,第 258 页。
⑧ 潘毅刚：《数字时代共同富裕的关键变量》,《浙江经济》2022 年第 7 期。

造和分配问题,应该予以重视。严宇珺、龚晓莺论述了数字经济促进共同富裕的财富积累机制,[1]侯冠宇、熊金武从实证分析的角度从信息化、互联网、数字交易三个层面阐述了数字经济对共同富裕的影响,[2]朱巧玲、万春芳等以数字平台为切入口探讨了数字平台的财富创造机理、财富分配现状以及财富分配正义破解路径。[3]

(二) 数字化时代财富创造的理解向度

国内外学界普遍认为数字化经济时代改换了人类社会财富创造、实现、积累、分配的传统场域,在增加社会财富总量的同时在不同层面上引发了社会财富创造体系的变革。但是,在具体论证的过程中,有的学者倾向于从技术发展推动财富创造历史经验的角度出发;有的学者选择从财富创造体系的核心依托力量、空间变化出发;也有学者从财富创造主体,即人的劳动变迁出发。

维度一:数字技术革命推动财富创造体系变革。

学术界普遍认为"先进生产力是现代社会财富的主要创造力",[4]科学技术的发展有利于社会财富的积累,也推动着社会财富的变革。国内著名经济学家刘诗白特别强调"财富的内涵和结构、源泉以及各种生产要素在社会财富创造中功能的变化,无不是由生产方式的发展变化引起的";[5]也有学者认为"科技创新是新常态下的财富创造增长新动能";[6]新西兰学者尼古拉斯·阿加(Nicholas Agar)总结指出:"新型财富的引入是技术革命时期独有的特征,"[7]数字化时代带来了数字财富,自然引发了财富创造体系变革。基于此,不少学者在论述数字化时代的财富创造这一命题时,选择回顾人类历史上的社会财富创造历程,揭示科学技术变革在其中的巨大推动力,以证明数字化技术推动的数字化潮流引发财富创造体系变革的可能性。黄锦奎认为人类社会财富创造经历了石器时代、铁器时代、蒸

---

[1] 严宇珺、龚晓莺:《数字经济助推共同富裕:基本逻辑、作用机制及实现路径》,《西南民族大学学报(人文社会科学版)》2023年第2期。
[2] 侯冠宇、熊金武:《数字经济对共同富裕的影响与提升路径研究——基于我国30个省份的计量与QCA分析》,《云南民族大学学报(哲学社会科学版)》2023年第3期。
[3] 朱巧玲、万春芳、侯晓东:《共同富裕视域下数字平台财富创造与分配的政治经济学分析》,《改革与战略》2022年第1期。
[4] 黄锦奎:《先进生产力与价值转化工程》,《学术研究》2003年第8期。
[5] 刘诗白:《现代财富的性质、源泉及其生产机制》,《经济学动态》2005年第11期。
[6] 王波明主编:《财富新动能:2016年青岛·中国财富论坛》,北京:人民出版社2017年版,第22页。
[7] 〔新西兰〕尼古拉斯·阿加:《大数据时代生存法则》,武汉:华中科学技术大学出版社2021年版,第92页。

汽时代、原子时代到如今数字化时代等不同时代，其中，一次次科技革命极大提高了社会财富创造力，"决定世界财富的'游戏规则'正在改变"；①美国学者彼得·德鲁克（Peter Drucker）就曾指出："后资本主义社会最根本的经济资源，不再是资本或自然资源，也不再是劳动力，"②未来的财富创造与价值创造活动都是建立在知识及其应用的基础之上，知识成为战略资源。而后，他也把后资本主义社会称为"知识社会"；西班牙学者曼纽尔·卡斯特（Manuel Castells）认为农业社会中财富创造的来源是自然资源，工业社会主要来源是各种能源，而"在新的信息发展方式中，生产力的来源在于产生知识、信息处理与象征沟通的技术"，③财富创造的逻辑发生了变化。正如国内学者雷璟思指出的那样"历史上的技术革命或称之为重大的根本性的技术创新是社会财富形成的重要因素"，④也预示着人类社会财富创造体系的变革。

　　维度二：财富核心依托力量、空间变化引发财富体系变革。

　　一些国内外学者选择从财富依托力量、空间变化的角度来阐释数字化时代财富创造这一命题的必然性。美国著名未来学家阿尔文·托夫勒（Alvin Toffler）在《财富的革命》一书中率先指出：财富创造"不仅要看它数量上的变化，而且要看它被创造、分配、流通、消耗、储存和投资方式的变化"。⑤他选择从空间、时间、知识与财富之间关系变动的角度来论证第三次浪潮下的财富创造变革，认为相比于创造了农业文明和工业文明的前两次浪潮的财富体系，第三次浪潮的财富体系"越来越基于服务、思考、了解和试验了"。⑥笔者则认为，"互联网技术使'时间原理''空间原理'和'知识原理'交织在一起"，⑦呈现出不同于以往时代的财富创造逻辑。基于不同的财富创造逻辑和空间，阿尔文·托夫勒在《力量转移：临近21世纪时的知识、财富和暴力》一书中明确提出："知识本身不仅已经成为质量最高的力量的来源，而且成为武力和财富的最重要的因素。"⑧国内有学者也指出：

---

①　黄锦奎：《知识经济与价值转化工程》，《学术研究》1998年第8期。
②　〔美〕彼得·德鲁克：《后资本主义社会》，张星岩译，上海：上海译文出版社1998年版，第6页。
③　〔西班牙〕曼纽尔·卡斯特：《网络社会的崛起》，夏铸九、王志弘等译，北京：社会科学文献出版社2001年版，第20页。
④　雷璟思：《财富大革命》，北京：人民出版社2013年版，第30页。
⑤　〔美〕阿尔文·托夫勒、吴文忠：《财富的革命》，刘微译，北京：中信出版社2006年版，导言XXI页。
⑥　〔美〕阿尔文·托夫勒、吴文忠：《财富的革命》，刘微译，北京：中信出版社2006年版，第23页。
⑦　速继明：《互联网背景下的财富革命》，《学术月刊》2011年第12期。
⑧　〔美〕阿尔文·托夫勒：《力量转移——临近21世纪时的知识、财富和暴力》，刘炳章等译，北京：新华出版社1996年版，第29页。

"社会财富形成中主要依托的历史演进——由人力到工具力,到科学(知识)力。"①数字时代,知识、数据、信息成为最为核心的生产要素,②张家喜也指出:"物质性财富的增长更加依赖于数据、信息和知识交流,"③财富核心依托力量变化自然会引发财富体系的变革。有些学者立足于数据、信息这一全新财富创造要素,并指出,一方面,"数据成为有价值的资产"④和新的财富种类,增加了社会财富总量;另一方面,数据"可以对传统生产要素赋值、赋能创造更多的财富"。⑤

维度三:数字化时代劳动转型引发财富创造体系变革。

人是财富创造的主体,国内外学界虽然就价值源泉问题产生分歧,但是都一致认同人的劳动在财富创造与积累中的作用。故而,一部分学者选择从数字化时代劳动关系、劳动方式、劳动地位等方面的变化与转型切入,论证数字化时代的财富创造变革。英文期刊《欧洲劳工与研究评论》(European Review of Labour and Research)先后开辟了两期专栏讨论数字化时代对劳动、劳动力市场的影响,专栏编辑玛丽亚·杰森(Maria Jepsen)和约翰·德拉霍考皮洛(Jan Drahokoupil)总结道,"数字化将改变整个社会,改变商业模式、劳动力市场和生产力收益的分配方式"。⑥ 国内学者贾根良认为,数字化时代意味着"人类开始进入以科学的社会智慧替代个人大脑思维器官的时代",⑦劳动者的生产方式将发生根本变革;更有国内学者直言"正是劳动内涵的根本性变革,才导致财富在我们这个时代里有着与传统工业经济时代不同的特征"。⑧ 可见,劳动的变化与数字化时代财富体系变革之间具有密切相关性。具体来说,有学者认为是脑力劳动与体力劳动之间的关系发生本质变化引起了财富创造体系的变革。美国学者阿尔文·托夫勒在《力量转移:临近21世纪时的知识、财富和暴力》中阐述了财富创造的三次浪潮,认为知识"已经从金钱力量和肌肉力量的附属物发展成为这些力量

---

① 刘诗白:《现代财富论》,北京:生活·读书·新知三联书店2005年版,第100页。
② 参见〔韩〕宋吉永:《隐藏在"大数据"背后的巨大财富》,安胜煜译,北京:清华大学出版社2015年版。
③ 张家喜:《财富创造论》,上海财经大学,2008年,博士论文。
④ 肖雪娇、杨峰:《互联网企业数据资产价值评估》,《财会月刊》2022年总第18期。
⑤ 吴宏洛、王杰森:《数据要素参与分配的逻辑机理与实践推进——基于马克思主义政治经济学视角》,《青海社会科学》2022年第3期。
⑥ Maria Jepsen, Jan Drahokoupil. "The Digital Economy and its Implications for Labour", "The Consequences of Digitalisation for the Labour Market", Transfer: European Review of Labour and Research. Vol.23, Issue 3.
⑦ 贾根良:《第三次工业革命与工业智能化》,《中国社会科学》2016年第6期。
⑧ 张世远:《知识经济条件下的财富创造》,《兰州学刊》2007年第1期。

的精髓",①成为生产力的核心因素,导致财富体系发生变革。国内学者王振中立足于马克思主义财富观,认为"人类劳动的转型必然会对财富的创造有重大影响",②他梳理了人类历史上从动物活动向人类劳动转型、从体力劳动中分离出智力劳动转型、从体力劳动与智力劳动重新结合转型三次劳动转型,得出结论,数字时代智力劳动的重要性愈发凸显,甚至成为财富创造的决定性因素,财富体系自然发生变化。国内学者张家喜认为数字化时代是一种历史跃迁,"是克服体力劳动的非人性和增大自然资源利用有效性的跃迁",③至于新跃迁的结果,他认为就是"新的财富创造形态的产生"。④也有一部分国内外学者关注数字劳动这一新方式,借此引出数字化时代财富创造方式的变革。

维度四:数字化时代是财富转移而不是财富创造。

有学者对数字化时代财富创造这一命题存有疑虑,认为"新经济只是在分配旧经济的财富,而不是在创造新的财富",⑤应该是财富转移而不是财富创造。主要观点如下:第一,数字化时代的核心生产要素——数据、知识、信息等本身并不创造价值,⑥在其协助下的"人类劳动能够创造更多的价值和更多的财富",⑦其创造性变革性意义不明显。国内学者翁志勇进一步指出,社会财富"都要有诸多要素的共同参与才能生产出来",⑧并不仅仅依靠数据这一生产要素。还有学者直言,依托数字化技术和大数据形成的各类数字平台只"属于市场创新,本身并没有带来真实的社会财富",⑨数字化时代的财富创造终究还是一种零和博弈的财富转移。第二,虚拟财富并不是真实的财富。数字化时代各种虚拟财富涌现,国内学者高峰认为,虚拟财富"只是对实际财富具有索取权的法定凭证""与实际财富是有本质区别的";⑩程恩富也表示,"虚拟财富不等于社会的真实财富";⑪马拥军认为

---

① 〔美〕阿尔文·托夫勒:《力量转移:临近21世纪时的知识、财富和暴力》,刘炳章等译,北京:新华出版社1996年版,第29页。
② 王振中主编:《转型经济理论研究》,北京:中国市场出版社2006年版,第314页。
③ 张家喜:《财富创造论》,上海财经大学,2008年,博士论文。
④ 张家喜:《财富创造论》,上海财经大学,2008年,博士论文。
⑤ 姜奇平:《数字财富》,北京:海洋出版社1999年版,第116页。
⑥ 吴宏洛、王杰森:《数据要素参与分配的逻辑机理与实践推进——基于马克思主义政治经济学视角》,《青海社会科学》2022年第3期。
⑦ 吴宏洛、王杰森:《数据要素参与分配的逻辑机理与实践推进——基于马克思主义政治经济学视角》,《青海社会科学》2022年第3期。
⑧ 翁志勇主编:《价值与财富的现代分析》,上海:上海大学出版社2004年版,第126页。
⑨ 华民:《"阿里":互联网金融创新是否创造真实的社会财富》,《探索与争鸣》2014年第12期。
⑩ 高峰:《论财富》,《政治经济学评论》2003年第2期。
⑪ 程恩富:《虚拟经济并不创造真实财富》,《中国社会科学院报》2013年4月16日。

虚拟财富"只在虚拟经济中才是财富,而且只在虚拟经济正常运转时才是财富",①因此,数字化时代财富创造并没有产生财富。第三,数字化时代资本的力量并没有消减,还助推虚拟经济膨胀,不仅没有增加社会财富,反而使得经济脱实向虚,导致一部分财富流失了。国内学者滕飞、许苏明认为进入数字化时代,"资本贪婪的本性更表现在空间资本、虚拟资本的生产与再生产"②,虚拟经济膨胀,实体经济萎靡,社会财富泡沫化;邹博清、樊俊涛、叶尔兰提出,"以获利为目的的投机行为""大量涌现"使得虚拟经济吸纳大部分社会资金,不仅影响国民收入,还导致社会贫富两极分化加剧甚至引起"一系列的社会问题";③国外研究者本尼迪克特·福克斯(Benedikt Fuchs)、斯蒂芬·瑟伯(Stefan Thurner)通过对某个在线游戏中虚拟财富的研究,发现虚拟世界的财富分配与现实财富分配地位相关,并没有什么实质性的财富变革。④

(三)数字化时代财富创造的主要表征

出于不同的理解向度和侧重点,国内外学者从财富创造的来源、内涵、形态和方式等层面阐释数字化时代财富创造体系变革的具体表征,勾勒出了数字化时代财富创造的基本图景。

1. 财富创造来源变革

为了满足生存和发展需要,人类总是在不断探索新的社会财富来源,而每一次社会财富的变革和社会的进步发展都伴随着社会财富来源的拓展与变化。基于此,国内外不少学者认为数字化时代的财富创造集中体现在财富来源的变革上。国内经济学家滕泰认为,数字化浪潮使得"人类财富的源泉不仅拓展到微观粒子高速运动的世界,而且拓展到抽象的思维空间,甚至有可能拓展到地球之外的太空资源",⑤数字空间成为社会财富的新场域和未来增长的新高地,人类社会拥有了"一个巨大的虚拟财富世界"。⑥ 国外学者如 Bonina Carla 和 Koskinen Kari 等从数字平台这一数字经济新业态出发,认为数字平台的全球规模显示了其推动社会发展和提高经济价值的巨大潜力,成为全球经济增长、财富创造的新平台新空间。⑦ 无独有偶,国内

---

① 马拥军:《虚拟财富及其存在论解读》,《哲学研究》2014 年第 2 期。
② 滕飞、许苏明:《资本逻辑、财富转移与幸福实现》,《探索与争鸣》2015 年第 9 期。
③ 邹博清、樊俊涛、叶尔兰:《虚拟经济泡沫与虚拟资产流动性控制》,《商业时代》2012 年第 12 期。
④ Benedikt Fuchs, Stefan Thurner. "Behavioral and Network Origins of Wealth Inequality: Insights from a Virtual World", *Public Library of Science*, 2014(8).
⑤ 滕泰:《新财富论》,上海:上海财经大学出版社 2006 年版,第 31~32 页。
⑥ 滕泰:《新财富论》,上海:上海财经大学出版社 2006 年版,第 51 页。
⑦ Bonina Carla, Koskinen Kari, Eaton Ben, Gawer Annabelle. "Digital Platforms for Development: Foundations and Research Agenda". *Information Systems Journal*, Vol.31.

学者张世远也认为，数字化平台"将使人类以一种新的方式开展自身的经济活动"，①孙晋也强调："数字平台越来越成为新发展阶段社会财富的主要创造和分配场域。"②除了关注财富创造来源中空间与场域的变革之外，一部分国内外学者还从财富创造来源中核心要素变化来展示数字化时代的财富创造。国内学者都超飞、袁健红认为："在数据和知识成为主要生产资料的今天，数据的生产和知识的创造是财富的主要来源"；③胡学龙更是直言："知识不仅是财富的源泉，而且也是财富本身"；④吴宗敏、吴佳佳进一步指出：知识、数据、信息成为数字经济时代的核心财富来源，能够通过优化生产力要素、替代生产资源、促进财富增值、直接创造财富等多种途径增加社会财富。⑤ 美国学者斯托尼（Stonier）也认为"知识是创造财富的决定性因素"。⑥ 基于财富创造来源要素的变革，贝瑞·卡特（Barry Carter）指出，"这意味着有史以来首次我们进入一个无限财富的新纪元"。⑦

2. 财富创造内涵变革

财富会随着时代发展而展示出不同的内涵和特征。一些国内外学者倾向于把揭示财富创造的内涵、范畴变化作为切入点来分析数字化时代的财富创造。美国学者 E. 拉兹洛（E. Laszlo）尝试解释财富创造含义的转化，他指出，数字化时代"财富的含义正在从黄金、货币和土地之类有形的东西转移开去"，⑧定义财富的标准和规则已经改变了，无形的财富基础已经形成，这其实也表明了数字化时代财富内涵的丰富性和层次性。国内学者黄锦奎也持有相同观点，认为数字化时代财富创造的内涵正在发生根本性变化，"从诸如黄金、货币和土地之类有形的东西向一个比其更珍贵的无形东西——知识转移"。⑨ 故而，英国学者埃里克·拜因霍克（Eric Beinhocker）

---

① 张世远：《知识经济条件下的财富创造》，《兰州学刊》2007 年第 1 期。
② 孙晋：《数字平台的反垄断监管》，《中国社会科学》2021 年第 5 期。
③ 都超飞、袁健红：《资本逻辑批判视域下的智能化生产方式探究》，《中国地质大学学报（社会科学版）》2020 年第 5 期。
④ 胡学龙：《21 世纪：一个靠知识创造财富的时代》，《外向经济》2000 年第 3 期。
⑤ 吴宗敏、吴佳佳：《知识经济时代信息财富观的基本特征与发展趋势》，《兰台世界》2006 年总第 16 期。
⑥ 〔美〕斯托尼：《信息财富——简论后工业经济》，吴健民、刘钟仁译，北京：中国对外翻译出版公司 1987 年版，第 10 页。
⑦ 〔美〕贝瑞·卡特：《无限财富——知识时代里的一个合作和充实的新世界》，王焱、李雪梅译，沈阳：辽宁画报出版社 2001 年版，第 12 页。
⑧ 〔美〕E. 拉兹洛：《决定命运的选择》，李吟波等译，北京：生活·读书·新知三联书店 1997 年版，第 6 页。
⑨ 黄锦奎：《知识经济与价值转化工程》，《学术研究》1998 年第 8 期。

高呼要重新定义财富。① 此外,还有一些学者从财富衡量标准的变化入手指出财富创造含义的变革。国内学者刘宗超等指出,在数字化时代对财富的定义不应局限于农业、工业所得的物质产品,那些"为满足人类需要而提供的服务以及为社会中各类组织更加高效运营而提供的信息技术亦将被视为财富的一部分"。② 新西兰学者尼古拉斯·阿加提出数字化革命带来了新的财富衡量方式,"持有土地对于财富数量级的影响力已经大不如前",③不动产从原先的财富本身变成享受财富的方式,传统财富创造的含义发生了巨变。总的来说,数字化时代财富这一范畴和内涵发生了"从'使用价值规定性'向'交换价值规定性'的转换",④具体有三个新特征:财富内涵更加丰富、外延更广泛;财富概念更具包容性,不仅指向生产要素,还包含社会属性与人学属性;财富演化成跨地域的全球性概念。

3. 财富创造形态变革

数字化时代财富创造变革直接表现为财富形态的变化。财富形态本身是不断演化的,许多学者在分析财富形态演化的历程中揭示数字化时代财富形态的特点。国内学者李宗发指出,"人类财富由农业时代和工业时代的以有形物质财富为主转向新时代的以信息财富、文化财富为主",⑤无形财富在整个社会财富构成中占据主导地位,社会财富形态表现出不同于以往的特点。刘诗白认为现代财富形态结构日趋多样性,具体表现为物质财富、服务财富、精神财富的三维结构形成;以服务财富和精神财富为代表的软财富在社会总财富中的占比增大;知识密集型产业财富对传统产业财富的替代速度加快;财富生产的内容重点转为对自然生态资源的维护与创新性利用。⑥ 陶一桃回顾了财富形态变化历程并指出,财富"从有形形态变为代表着有形资产的单据票证形态,然后又变为代表这些文件的电子讯号"。⑦ 也有一些国内外学者关注数字化时代增加的财富形态,先后提出了知识财富、信息财富、数据财富、虚拟财富、数字财富等财富形态,以此表明数字化时代

---

① 〔英〕埃里克·拜因霍克:《财富的起源》,俸绪娴、刘玮琦、尤娜译,杭州:浙江人民出版社2019年版,第357页。
② 刘宗超等:《生态文明观与全球资源共享》,北京:经济科学出版社2000年版,第142页。
③ 〔新西兰〕尼古拉斯·阿加:《大数据时代生存法则》,武汉:华中科学技术大学出版社2021年版,第96页。
④ 速继明:《互联网背景下的财富革命》,《学术月刊》2011年第12期。
⑤ 李宗发:《财富创造论——国民财富产生原理研究》,北京:经济管理出版社2006年版,第218页。
⑥ 刘诗白:《现代财富论》,北京:生活·读书·新知三联书店2005年版,第22页。
⑦ 陶一桃:《经济文化论》,北京:冶金工业出版社2001年版,第20页。

的财富创造。具体来说，国内学者张世远指出，数字化时代，"财富的实物形态也不再是具体的、有形的、僵化的和凝固的实体，而是无形的知识"；①翁志勇强调数字化时代知识财富成为新的财富形态，要"通过知识资本所有权来实现财富的控制、财富的积累、财富的增值与财富的重复使用"。② 国外学者 L. F. 加里伏娃（L. F. Garifova）指出：数字化时代各种经济活动的开展主要依赖于知识和信息，在提升效率的同时，"创造更多的信息财富（信息产品和服务）"；③鉴于信息财富及其在推动财富生产中的重要性，国内有学者甚至提出"信息财富观"。④ 国内学者刘诚提出，"数据资产已成为全新的财富种类"，⑤韩国学者宋吉永更是认为大数据本身就是全新的财富形态。⑥ 在数据财富的基础之上，有学者提出数字货币会成为人类财富的全新形式；⑦还有学者指出，"互联网的'流量'和'数字资产'就是数字财富的代表"。⑧

4. 财富创造体系变革

财富创造体系实际上就是社会财富的创造方式。学界普遍认为数字化时代财富创造变革的深层表征集中于财富创造体系的变化，因而，着眼于总结新财富创造体系的特点。早在20世纪末，阿尔文·托夫勒就预测了财富创造方式将会发生巨大变革，描述了新时代财富创造体系的12个特点，具体为：数据、信息、知识的重要性凸显，以顾客为导向的个性化生产和服务，传统生产要素重要性下降，电子信息成为交换媒介，信息的控制权反复争夺，组织结构网络化灵活化，组织性单位数量增多，工人不可替代，知识拥有者与创新者的地位提升，财富的循环生产，消费者和生产者融合为"产消者"，新的财富创造系统既是局部的也是全球性的。⑨ 国内学界也开始探讨数字化时代的财富创造方式变革，维高认为，一个"完全依赖于即时的通信，

---

① 张世远：《知识经济条件下的财富创造》，《兰州学刊》2007年第1期。
② 翁志勇主编：《价值与财富的现代分析》，上海：上海大学出版社2004年版，第158页。
③ L. F. Garifova. "Infonomics and the Value of Information in the Digital Economy", *Procedia Economics and Finance*, Vol.23, 2015.
④ 吴宗敏、吴佳佳：《知识经济时代信息财富观的基本特征与发展趋势》，《兰台世界》2006年总第16期。
⑤ 刘诚：《优化数据资产规范财富积累》，《中国金融》2023年第3期。
⑥ 参见〔韩〕宋吉永：《隐藏在"大数据"背后的巨大财富》，安胜煜译，北京：清华大学出版社2015年版。
⑦ 李菲：《大数据时代带来的"数据财富"》，《浙江经济》2013年总第17期；李拯：《数字经济浪潮：未来的新趋势与可能性》，北京：人民出版社2020年版，第208页。
⑧ 欧阳勤：《数字经济时代的数字财富创造与辨别——以"数字藏品"为例》，《沿海企业与科技》2023年第1期。
⑨ 〔美〕阿尔文·托夫勒：《力量转移：临近21世纪时的知识、财富和暴力》，刘炳章等译，北京：新华出版社1996年版，第271页。

即时的数据、思想、符号和象征体系的传送"①的全新财富创造体系已经出现。古越则从产业发展的角度看未来财富的创造方式,认为传统标准化大规模生产方式已经无法持续创造大量财富,应突出"产品和服务的数字化、网络化、智能化,主张敏捷制造和个性化商品的规模化生产",②提供个性化的服务与产品。付文忠、梁少春认为,新的财富生产方式主要表现为"注意力成为非常重要的稀缺资源,成为新兴的财富源泉与财富创造手段";③王可也认为数字化时代互联网的发展产生了注意力经济,"在互联网中寻找不同方法吸引注意力并进行变现,已经成为现阶段许多个体或组织创造财富的主要方式"。④ 其实人类历史演进过程中共经历了三次财富创造体系的转换,新时代财富体系变革有如下几个显著特点:知识作用凸显;基于个性化的经济;网络化结构;传统关系结构瓦解;虚拟经济主导趋势明显。⑤

(四)数字化时代财富创造效应的多维审思

学界对数字化时代社会财富来源、场域、内涵、形态、创造等维度历史性变革的理论阐释与概括,基本上勾勒出了数字化时代财富创造的新范式与新理路。理论源于实践,又要观照现实,国内外学界进一步探讨了新财富范式对人类社会发展的深刻影响,主要观点如下:

其一,高度赞扬数字化时代及其推动的财富创造新趋势,认为数字化时代财富创造会给人类社会带来无限的财富,推动全球经济发展,并最终为人类创造一个更美好、更普惠的未来。尼古拉·尼葛洛庞帝在《数字化生存》一书中就预测数字化时代具有"分散权力、全球化、追求和谐和赋予权力"⑥的特质,将会是一个乐观且充满希望的时代。杰里米·里夫金(Jeremy Rifkin)认为在数字化时代财富创造新趋势的影响下,工业社会中"鼓励获取物质财富和独占、排他"的财富观念和行为将被"全新的通过社交网络同他人分享经验的财产观所取代",⑦人类社会有望走向财富共有的美好未来。罗汉堂在2020年发布《新普惠经济:数字技术如何推动普惠性增长》报告

---

① 维高:《知识的革命——通往知识社会的超级护照》,北京:中国物资出版社1998年版,第5页。
② 古越:《财富的革命》,郑州:中原农民出版社2001年版,第60页。
③ 付文忠、梁少春:《数字化背景下马克思一般智力理论的重释》,《中国特色社会主义研究》2022年第2期。
④ 王可:《互联网与微观主体的财富创造行为》,山东大学,2019年,博士论文。
⑤ 速继明:《互联网背景下的财富革命》,《学术月刊》2011年第12期。
⑥ 〔美〕尼古拉·尼葛洛庞蒂:《数字化生存》,胡泳、范海燕译,海口:海南出版社1997年版,第269页。
⑦ 〔美〕杰里米·里夫金:《第三次工业革命——新经济模式如何改变世界》,张体伟、孙豫宁译,北京:中信出版社2012年版,第225页。

中提出数字化技术"能将'创造性破坏'转变为'创造性建设'",①使技术进步惠及所有人,实现社会财富增加的同时,推动经济普惠发展。张丽君、巩蓉蓉也强调数字化时代"既兼具创造财富和共享财富属性,又能够促进公平与效率更加统一"。②还有一些学者从数据、信息、知识等新型财富要素的角度出发,认为数字化财富创造打造了一个全新的财富创造赛道,"穷国几乎可以与富国站在同一起跑线上,世界的经济格局将重新变化",③"互联网让大家驶入致富快车道"。④贝瑞·卡特指出,数字化时代财富创造活动"不像对于有限财富的竞争,我们可以合作地创造无限财富而每个人都可制胜",⑤这会是一个无限财富的时代。张家喜也认为,数字化时代财富创造使得人类财富创造更具有可持续性。⑥

其二,在大多数学者肯定数字化时代财富创造带来巨额社会财富的同时,也有学者选择关注财富占有与分配问题,尖锐地提出数字化时代财富创造新趋势实际上加深了财富鸿沟,扩大了财富两极分化,共同发展、公平正义问题依旧横亘在全人类面前。20 世纪中期,经济学家约瑟夫·熊彼特(Joseph Alois Schumpeter)就曾用"创造性破坏"来描述技术创新带来的负面社会效益。对于数字化技术发展带来的负面效应,学界的讨论集中在劳动者就业、贫富差距、财富分配不均等方面。以色列学者尤瓦尔·赫拉利(Yuval Noah Harari)在《未来简史:从智人到神人》一书中指出,当权威从人类转移到算法技术时,人工智能技术将几十亿的人赶出就业市场,99%的人将沦为无用阶级。⑦杨慧玲、张力认为数字化时代的就业形式看似更为灵活,但却是"越来越被束缚在资本化的生产体系之中"⑧的劳动剥削,新就业形态的劳动者收入不稳定且应有权益无法得到有效保障。一些学者认为数字化时代在带来巨大财富创造效应的同时,也产生了财富分化和分配悖论。

---

① 罗汉堂:《新普惠经济:数字技术如何推动普惠性增长》,北京:中信出版社 2020 年版,第 1 页。
② 张丽君、巩蓉蓉:《充分发挥数字经济在推进共同富裕中的重要作用》,《光明日报》2022 年 6 月 13 日。
③ 李宗发:《财富创造论——国民财富产生原理研究》,北京:经济管理出版社 2006 年版,第 217 页。
④ 古越:《财富的革命》,郑州:中原农民出版社 2001 年版,第 9 页。
⑤ 〔美〕贝瑞·卡特:《无限财富——知识时代里的一个合作和充实的新世界》,王焱、李雪梅译,沈阳:辽宁画报出版社 2001 年版,第 12 页。
⑥ 张家喜:《财富创造论》,上海财经大学,2008 年,博士论文。
⑦ 〔以色列〕尤瓦尔·赫拉利:《未来简史——从智人到神人》,林俊宏译,北京:中信出版社 2017 年版,第 275 页。
⑧ 杨慧玲、张力:《数字经济变革及其矛盾运动》,《当代经济研究》2020 年第 1 期。

埃里克·布莱恩约弗森（Erik Brynjolfsson）和安德鲁·麦卡菲（Andrew McAfee）在分析数字化技术对经济社会的影响时指出,数字化技术创造着巨大的社会财富,但是"没有哪一条经济法律指出,所有的劳动者,或者是大部分劳动者,都将会从这种发展中有所获益"。①国内学者王永章也强调,智能技术革命实际上带来了总财富增加而"大多数劳动者所享有的财富不增反减"②的财富分配悖论。波妮娜·卡拉（Bonina Carla）和科斯基宁·卡琳（Koskinen Kari）等特别关注了数字平台,他们认为数字平台经济创造了巨大的财富,"但这些财富一直集中在少数公司和国家身上";③国内学者沙烨也认为,"数字平台对财富形成'虹吸效应',这大大加快了社会财富的集中度",④加深了各个阶层、各个行业之间的财富鸿沟;美国学者尼古拉斯·卡尔指出,"Facebook和谷歌等价值数十亿美元的公司正在将数百万个人的慷慨转化为少数人的利润";⑤更有学者直言,"平台正吞噬这个世界"⑥。

其三,数字化时代财富创造新趋势在不同的价值引导与制度规范下会产生不同社会历史效应。许多学者认为数字化时代及其财富创造是一个客观趋势,既可以成为增加社会财富、实现更加普惠包容发展的助力器,也有可能产生相反的效果。德国学者克劳斯·施瓦布（Klaus Schwab）在分析第四次工业革命时就指出,"创新与颠覆对我们生活水平和福祉的影响既有正面的,也有负面的"。⑦美国学者布莱恩·阿瑟（Brian Arthur）也强调,"每一次以新技术作为解决方式都会创造出新的挑战、新的问题",⑧人类社会也总是在问题与挑战中进步。正是由于这种二律背反,一些学者才呼吁政党、政府、国家应该积极行动起来,制定相关政策和制度,而不是任由财富持续分化。德国学者理查德·大卫·普雷希特（Richard David Precht）在《我们

---

① 〔美〕埃里克·布莱恩约弗森、安德鲁·麦卡菲:《第二次机器革命:数字化技术将如何改变我们的经济与社会》,蒋永军译,北京:中信出版社2016年版,第178页。
② 王永章:《智能革命的"财富分配悖论"及其破解路径——唯物史观视域下的考察论析》,《上海师范大学学报（哲学社会科学版）》2018年第4期。
③ Bonina Carla, Koskinen Kari, Eaton Ben, Gawer Annabelle. "Digital Platforms for Development: Foundations and Research Agenda", *Information Systems Journal*, Vol.31.
④ 沙烨:《跨越财富鸿沟》,北京:当代世界出版社2021年版,第89页。
⑤ 〔美〕尼古拉斯·卡尔:《大转变:审视世界,从爱迪生到谷歌》,闫鲜宁译,北京:中信出版社2008年版,第147页。
⑥ 〔美〕亚历克斯·莫塞德、尼古拉斯·L.约翰逊:《平台垄断——主导21世纪经济的力量》,杨菲译,北京:机械工业出版社2018年版,第1页。
⑦ 〔德〕克劳斯·施瓦布:《第四次工业革命:转型的力量》,李菁译,北京:中信出版社2016年版,第9页。
⑧ 〔美〕布莱恩·阿瑟:《技术的本质:技术是什么,它是如何进化的》,曹东溟、王健译,杭州:浙江人民出版社2018年版,第222页。

的未来——数字社会乌托邦》一书中认为政府应该为未来数字社会的发展制定一个明确的目标,"指明政治应该挑战什么,推动促进什么";①国内学者潘毅刚也指出,数字化"不会天然带来共富结果,数字时代的共富,是数字文明的彰显",②这需要形成数字文明,引导数字化时代的财富创造、积累与分配活动。也有学者提出社会主义制度相比于资本主义制度在推动数字化财富创造发挥普惠积极效应中具有明显优势。肖峰、杜巧玲认为,数字化技术在"资本主义社会和社会主义社会两种不同制度形态下的应用会产生截然不同的效应",③在社会主义社会中数字技术发展所创造的巨大社会财富能够更公平地惠及每一个人,为实现共产主义奠定坚实的物质和精神基础。严宇珺、龚晓莺也认为数字化经济不仅有助于社会财富的创造与积累,而且能在社会主义制度下发挥"普惠效应和协同效应",④推动共同富裕进程。虽然社会主义制度在推动财富创造、财富分配方面具有明显优势,但是,如果只停留在理论推演的应然层面是远远不够的。有学者相应提出应该将"分配上升为经济学的中心议题",重点探讨数字化时代社会财富按需分配的路径,"保障全体人民能够合理地分享人工智能发展所带来的成果"。⑤也有学者提出要在规范财富积累机制、⑥加强数字经济平台监管和构建统一数据市场⑦等实践层面推动共同富裕。

(五)现有研究总结与展望

综合以上对国内外学界相关领域研究成果梳理,可以看出,数字化时代财富创造这一课题具有重要的理论和实践价值。正是数字化技术革命席卷、传统财富创造核心依托力量变化以及数字化时代劳动转型,才推动了财富创造体系的全面转向和时代性变革;财富创造来源、内涵、形态及方式的变化构成了数字化时代财富创造变革的基本图景;新财富创造范式有利于推动人类社会实现共同富裕,也会加大财富分化,有待于人类社会的共同努

---

① 〔德〕理查德·大卫·普雷希特:《我们的未来——数字社会乌托邦》,张冬译,北京:商务印书馆有限公司 2021 年版,第 75 页。
② 潘毅刚:《数字时代共同富裕的关键变量》,《浙江经济》2022 年第 7 期。
③ 肖峰、杜巧玲:《人工智能关联的共产主义趋向探析》,《华南理工大学学报(社会科学版)》2022 年第 1 期。
④ 严宇珺、龚晓莺:《数字经济助推共同富裕:基本逻辑、作用机制及实现路径》,《西南民族大学学报(人文社会科学版)》2023 年第 2 期。
⑤ 朱富强:《人工智能时代的价值创造和分配——不平等加剧的社会和经济基础》,《财经问题研究》2022 年第 3 期。
⑥ 张晓晶:《关于规范财富积累机制的思考》,《中国金融》2022 年总第 22 期。
⑦ 梁东亮、赖雄麟:《数字经济促进共同富裕研究——基于均衡增长视角》,《理论探讨》2022 年第 3 期。

力。不难发现,学界对于数字化时代财富创造这一课题已经作出了有益探索,也取得了诸多成果。但仍然存在着一些问题与不足,为后来研究者留下了许多待研究的空间。

其一,对于数字化时代财富创造这一课题,现有研究成果都是从数字化时代这一新背景出发,探讨基于新技术变革背景下财富创造活动变化的原因、表现和社会效应,而忽略了一个重要层面——财富创造活动之于数字化时代的重要性和影响。具体来说,财富创造活动及其变化反映了数字化时代的哪些特殊要求?透过财富创造这一实践活动透视数字化时代将走向何处?人类应该以什么样的财富创造方式更好地实现数字化生存与发展?如果仅仅考虑数字化时代财富创造变化,而忽视其背后数字化时代的要求与限制,是无法理解财富创造变革的时代必然性的。

其二,在论述数字化时代财富创造变化的具体表征及其社会效应时,现有研究成果省略了精神财富创造活动的变化和社会效应。精神财富因无法被量化,所以不是被忽视就是被笼统地归纳在数字化时代财富创造的大趋势、大方向之中。然而,精神财富具有相对独立性,能够反作用于物质财富的创造活动,总是呈现出不同于物质财富创造活动的发展趋势,值得被单独讨论与研究。而且,数字化时代财富创造能否走向普惠、可持续化的发展方向与精神财富的创造直接相关,如果没有共同价值的引领,财富创造活动容易失去人本方向,放大负面效应。基于此,对数字化时代精神财富创造变化与趋势的理论关切是极为必要的。

其三,探讨构建数字化时代财富创造的话语体系。财富创造因关涉人类生产生活以及社会发展的方方面面,不仅仅是经济学领域经久不息的热点话题,还延伸到社会学、哲学、伦理学等学科领域。对于数字化时代财富创造问题,不同学科领域的专家都从各自的学科背景出发进行深入的论述与探讨,取得丰硕成果的同时,也不免碎片化、离散化,亟须系统化、理论化的话语总结。此外,进入数字化时代全新的财富创造赛道,掌握数字化时代财富创造、积累、占有、分配的国际话语权,赢得未来发展的主动权,也亟须面向中国实际,构建具有中国特色的数字化时代财富创造话语体系。构建中国式数字化时代财富创造话语体系,讲好中国式现代化的财富创造故事和优势,应成为数字化时代财富创造各研究领域的共同课题。

二、数字化:财富创造的新维度

作为人类社会实践活动,财富创造活动的展开、路径、意义与时代背景息息相关,并呈现出不同的时代特征。探讨数字化时代财富创造活动的表现及其变革性,自然离不开对数字化时代这一全新财富创造背景和语境的解读。

（一）数字化时代的概念界定

数字化时代不是一蹴而就的,而是随着数字化技术变革及其对社会生活、生产各个领域日益深入的介入而来。从时间维度上看,可以追溯到20世纪中期第一台电子计算机的发明。不过此时,计算机更多被应用于军事国防领域的数据处理和保存。直到20世纪90年代人们发明万维网并向全世界开放之后,数字化、网络化浪潮迅速席卷全球,尼葛洛庞蒂预测的"数字化生存"时代拉开大幕。进入21世纪,"以人工智能、量子信息、移动通信、物联网、区块链为代表的新一代信息技术加速突破应用",[1]世界主要国家和经济体都把引领、推动数字化作为优先发展的战略目标,数字化技术对人们生产生活的强势介入与改造表明人类社会已经置身于数字化时代之中。

学界从不同维度对数字化时代这一概念进行了界定。从科学技术发展层面看,数字化时代是对在数字化技术引领和推动下各国社会和经济领域变革趋势的描述。正如埃里克·布莱恩约弗森和安德鲁·麦卡菲所说,"数字技术引领的这种变革将会给社会带来巨大的收益。我们正在进入一个截然不同的时代"。[2] 人类社会的每一次跃升,都离不开科学技术的助力。如同蒸汽技术革命推动以大机器生产为主要特征的工业社会取代农业社会一样,数字化技术革命及其推动的数字化时代"是人类社会发展过程中一个既一般又特殊的技术进步和经济发展阶段",[3]是人类社会在化解物质资源有限性与自身需求无限性间矛盾的新探索,也标志着新一轮数字信息技术在社会各个领域全面而深刻的渗透。从经济发展的角度看,数字化时代以全新的经济形态——数字经济为生产力基础,其划时代意义就在于其是以数字化的知识和信息为生产要素、依托现代信息网络系统、以数字化技术运用为核心推动力的经济活动,代表着人类社会从以分子和原子作为劳动对象转向以电子作为工作对象的全新生存样态和经济形态。正如德国学者理查德·大卫·普雷希所说,"数字化不是一个墨守成规、单纯的经济模式效率的提高,而是二百五十年来我们经济模式的一次巨大转变"。[4] 从社会发展

---

[1] 习近平:《努力成为世界主要科学中心和创新高地》,《求是》2021年第6期。
[2] 〔美〕埃里克·布莱恩约弗森、安德鲁·麦卡菲:《第二次机器革命:数字化技术将如何改变我们的经济与社会》,蒋永军译,北京:中信出版社2016年版,第13页。
[3] 谭洪波:《数字经济与共同富裕》,《光明日报》2022年2月15日。
[4] 〔德〕理查德·大卫·普雷希特:《我们的未来——数字社会乌托邦》,张冬译,北京:商务印书馆有限公司2021年版,第26页。

的层面看,数字化时代是继农业时代、工业时代之后人类社会的新发展阶段,带来了一种新的数字文明。数字时代的基本图景是万事万物的数字化,文本、音乐、视频、图像、方位、情绪等都只是"比特"而已,物理世界中的一切都可以以前所未有的方式连接、匹配、使用,传统社会中的关系、连接、互动在空间和方式上都发生了历史性变革,数字化"为我们提供了一个从未有过的审视现实的视角。它是一种可以渗透到所有生活领域的世界观",[1]人类社会、文明展示出新气象。

综上所述,可以看出,数字化时代是一个多层次、多维度的概念指涉,不仅仅指数字技术及其在生产、生活领域中的全新应用,还是一种从关注技术转向关注信息的全新思维方式,更是一种整个人类社会远程在场的生存状态,"世界的客观性已经变为一个庞大的数字化虚拟世界"。[2] 正如尼古拉·尼葛洛庞蒂所说,"我们无法否定数字化时代的存在,也无法阻止数字化时代的前进,就像我们无法对抗大自然的力量一样",[3]数字化时代到来的历史必然性与现实合理性就在于其代表的是对生产力发展新阶段、人类社会生活新变化的客观反映。正因如此,数字化时代构成了现阶段财富创造活动的全新问题视域,成为财富创造变革的新语境。

(二) 数字化时代对财富创造的影响维度

财富创造是处于一定时代和历史背景中的人的实践活动,数字化时代成为人类生产、生活的新语境,自然影响到财富创造的具体表征,为财富创造带来新的规定性。进一步分析数字化时代对现阶段财富创造的影响,具体探讨数字化时代在何种程度上、哪些维度上影响财富创造活动,有助于理解数字化时代的变革意义、把握数字化时代财富创造的新变化新特征。总的来说,在数字化革命的浪潮下,数字劳动、数字技术以及数字文明在不同层面上规定了数字化时代的财富创造活动。

数字劳动是数字化时代财富创造的新要素。财富的表现形式不管如何变化,都离不开财富的创造手段——劳动。劳动是有意识、有目的的活动。在劳动过程中,人与自然、人与人、人与社会不断发生关系,也在持续收获物质财富和精神财富。马克思指出,"整个所谓世界历史不外是人通过人的劳

---

[1] 〔英〕维克托·迈尔-舍恩伯格、肯尼斯·库克耶:《大数据时代》,盛杨燕、周涛译,杭州:浙江人民出版社2013年版,第125页。
[2] 速继明:《论数字化对社会治理的空间重构及其思维变革》,《国外社会科学前沿》2021年第12期。
[3] 〔美〕尼古拉·尼葛洛庞蒂:《数字化生存》,胡泳、范海燕译,海口:海南出版社1997年版,第269页。

动而诞生的过程"。① 人们在劳动中不断确证自己的本质,创造出人们所需的物质财富以及精神财富,推动着财富化社会的生成。随着数字化革命浪潮的不断推进,数字劳动也开始揭开神秘的面纱,展现在人们面前。在数字化革命浪潮下,劳动也拥有了"数字"的前缀,数字劳动过程显示出不同于传统劳动过程的新特点。概括来说,数字化革命催生的数字劳动是以数字技术的渗透为前提的劳动数字化过程的结果,具有虚拟性、超越性、共享性、时代性等特征。但是,数字劳动没有脱离劳动的本质,仍是在劳动中实现人的自我确证,即数字劳动本质上是马克思劳动观的时代延展,旨在实现人的主体性的复归。马克思认为,"生命的生产,无论是通过劳动而生产自己的生命,还是通过生育而生产他人的生命,就立即表现为双重关系:一方面是自然关系,另一方面是社会关系,社会关系的含义在这里是指许多个人的共同活动"。② 数字劳动在进行时,同步地,人与人的社会关系也是变化发展的,这个过程包含两方面内容:一是通过数字劳动人在进行创造社会生活的实践,二是在创造中人在不断占有自己的本质。从社会角度来看,人们进行数字劳动创造出大量财富,导致社会财富总量膨胀。从个人发展角度来看,人通过数字劳动不断体现和生成自身的创造性本质力量,是获得精神财富的表征。

数字化技术是财富创造的动力因素。数字化时代是由以大数据、移动互联网、物联网、人工智能、区块链等为代表的数字化信息技术蓬勃发展和广泛应用推动的,数字化技术有着强大的"渗透"功能,下沉到社会生产、生活的方方面面,极大地推动了人类社会财富的创造与积累。一方面,数字技术与现代化信息网络全面运用于经济活动之中,引起原有物质资料生产体系的彻底性变革,推动人类社会经济活动范围向虚拟空间延伸、活动重点向数字经济迈进。先进的数字技术、流动的信息要素和便捷的互联网在生产、流通、消费等领域相互作用、相互支撑,形成数字化生产、数字化流通、数字化消费等数字化经济活动,涌现出一大批以提供数字技术、信息、产品和服务为核心的数字化产业新业态,成为经济发展的新活跃领域。另一方面,先进数字技术与实体经济相融合,突破产业之间、行业之间的物理界限,重塑着传统产业生产、运作、营利形式,推动供给与需求间精准匹配,助力经济高质量发展。可以说,数字化技术在经济生产领域的应用,在降低生产成本、促进融合协同、推动创新发展、提高生产效率等方面展示出无可比拟的优势,极大提高了经济效益,推动了财富创造。数字化技术推动的数字经济所

---

① 《马克思恩格斯文集》(第1卷),北京:人民出版社2009年版,第196页。
② 《马克思恩格斯文集》(第1卷),北京:人民出版社2009年版,第532页。

具有的"高创新性、强渗透性、广覆盖性",①在世界经济增长疲软、各国经济下行压力增大的情况下逆势上升、稳步增长,"正成为重组全球要素资源、重塑全球经济结构、改变全球竞争格局的关键力量"。②

数字文明是财富创造的重要旨归。文明是一个历史范畴,人类社会大致经历了原始文明、农业文明、工业文明等几个阶段,跨越每一个阶段都离不开技术的进步与发展。推动文明发展的力量来源于科学技术的革命。正如马克思强调的那样,"手推磨产生的是封建主的社会,蒸汽磨产生的是工业资本家的社会"。③ 数字化不仅仅是经济效率的提高、财富量的激增,"而是二百五十年来我们经济模式的一次巨大转变,是世界历史范围内生活和价值观的巨大转变"。④ 数字化浪潮在席卷全世界的同时,也带来了新的文明冲突与文明诉求,这就要求我们在关注数字化引起的经济效益的同时,也应该关注数字化对人类文明的切实影响。在 2021 年世界互联网大会乌镇峰会上,习近平总书记在致贺信中号召,"构建数字合作格局,筑牢数字安全屏障,让数字文明造福各国人民",⑤正式提出了"数字文明"这一概念,也展示了以数字文明引导人类社会实现更好发展的构想。

基于唯物史观,"生产方式变革、新一轮技术革命爆发和数字时代的现实需要构成了数字文明形成的动力"。⑥ 但是,文明的形成从来都不是自发的,且在不同的制度环境和体制机制的作用下会呈现出不同的发展趋势。西方国家对工业文明解释权和定义权的长期把持,使得西方工业文明=工业文明,不仅没有创造一个更加进步繁荣的世界,反而把世界推向一个更黑暗、更动荡的方向。数字文明应体现进步、包容、普惠的人类共同价值追求,让数字技术的进步红利和财富平等地惠及更多人、更多地区。我国《"十四五"数字经济发展规划》中明确了"'十四五'时期,我国数字经济转向深化应用、规范发展、普惠共享的新阶段"。在中国特色社会主义语境下,普惠共享是数字经济发展的价值旨归,也是走向共同富裕的必然要求,这就为数字化时代财富创造明确了方向。

---

① 习近平:《不断做强做优做大我国数字经济》,《求是》2022 年第 2 期。
② 《把握数字经济发展趋势和规律 推动我国数字经济健康发展》,《人民日报》2021 年 10 月 20 日。
③ 《马克思恩格斯文集》(第 1 卷),北京:人民出版社 2009 年版,第 602 页。
④ 〔德〕理查德·大卫·普雷希特:《我们的未来——数字社会乌托邦》,张冬译,北京:商务印书馆有限公司 2021 年版,第 26 页。
⑤ 《习近平向 2021 年世界互联网大会乌镇峰会致贺信》,《人民日报》2021 年 9 月 27 日。
⑥ 刘卓红、刘艺:《中国式数字文明的形成、特质与意义——基于历史唯物主义的视角》,《学习与探索》2022 年第 7 期。

三、数字化时代对财富创造的多维重构

数字化时代成为财富创造的新背景、新语境之后,数字劳动、数字技术、数字文明又从不同角度规范了财富创造活动、提供了价值框架,财富创造拥有了变革性力量,其空间、动力、方式、效率和目的等维度被数字化重构,由此展示出了新面向。

(一)财富创造空间

财富创造空间是人类实践活动空间的投射。随着数字化时代的到来,人类各类活动向虚拟空间中全面迁徙,财富创造空间也相应地迁徙至虚拟空间,获得新的规定性。一方面,虚拟空间并不是虚幻缥缈,而是现实的虚拟化存在,通用数字技术的快速传播、互联网的全面覆盖,使得时间、空间的边界模糊化,时空差别对人类社会生产活动的影响程度变小;另一方面,虚拟空间模糊了传统社会的身份尺度,"我们所有的个体和个体的交往,已经完全被一般数据所穿透,是一种被数据中介化的存在",[1]身份、性别、年龄、职业等束缚被打破。也就是说,在这时空脱域的新空间,财富创造活动拥有着全新的逻辑与赛道,无限的财富创造空间带来的是无限财富创造的可能,时间、场所、资源、身份造成的获取财富机会差别被弥合,虚拟数字空间相应成为社会财富的新场域和未来增长的新高地,"人类的财富创造系统从宏观到微观都发生了质的变化"。[2] 其中,数字平台经济的崛起与发展成为数字虚拟空间财富创造潜力的突出表现。数字平台依托强大的互联网,连接生产端和消费端,生产商和消费者可以不受地区和规模的限制,平等地面对该平台内的所有用户和购买商品。这就消解了不同经济主体在交易市场中面临的机遇差异。此外,平台用户并不受制于平台,有进入和退出的自主权,推动消弭不同经济主体在交易市场中的条件差异,极大赋能了普通人的财富创造力。

(二)财富创造动力

数字化时代不仅拓展了财富创造空间,还带来了数据这一全新的财富创造动力要素,掀开了财富创造的时代新篇章。"在数据和知识成为主要生产资料的今天,数据的生产和知识的创造是财富的主要来源",[3]财富创造的动力从依赖自然资源的消耗转换为依靠知识、信息、数据。在数字化时

---

[1] 蓝江:《从物化到数字化:数字资本主义时代的异化理论》,《社会科学》2018 年第 11 期。
[2] 张家喜:《财富创造论》,上海财经大学,2008 年,博士论文。
[3] 都超飞、袁健红:《资本逻辑批判视域下的智能化生产方式探究》,《中国地质大学学报(社会科学版)》2020 年第 5 期。

代,数据从辅助性生产要素的地位上升为核心生产要素,革新了以往的财富创造逻辑,开辟了经济发展的新空间,为经济社会可持续发展注入源源不断的动能。一方面,不同于土地、劳动力、资本等传统要素的有限性、使用时的排他性和边际效应递减,数据具有规模效应、共享性和低边际成本等特点。这就决定了,它在使用时不仅不会消耗数据资源,还会产生新的知识、信息以积累和增加数据的价值,带来持续性递增的经济收益,大大缓解了物质资源有限性与经济增长持续性间的矛盾。另一方面,数据具有黏性,能够低成本、不限时空、顺畅高效地与其他要素资源相融,使要素使用成本更低、流动更快、配置效率更高。土地、劳动力、资本等要素经过数字化融合与改造,以数据信息的形式全面渗透到社会再生产各个环节,对于传统产业的改造升级,实体经济的壮大有着重大意义。数据可以被所有人低成本地获得、在不同空间下同时被使用、进行无数次交换还没有损耗,没有人能完全拥有数据,也没有谁不可以拥有和利用数据创造财富。这是全新的、相对平等的财富创造起点,"是以人的创造力、影响力、技术知识等作为数权核心资产的流量分配体系",[1]推动着财富创造实践活动。

（三）财富创造方式

数字化时代为财富创造活动置换了一个新空间与场域,带来了全新的财富创造动力,自然也引发了财富创造方式的变革。财富创造方式不是凭空进化的。在工业经济时代,人类社会对物质财富的片面追求,无节度开发自然环境与资源,自身遭到严重反噬,人类社会财富积累和创造的方式不得不转向。进入数字化时代,财富创造空间与致富源泉被极大地拓展,无限的财富空间与源泉带来了多样的财富创造方式,万事万物在数字化改造与连接下又使得"许多在过去没有价值的东西,现在已经被纳入了价值增值的过程中",[2]在减少对有限自然资源的开发与利用的前提下增加了财富创造的方式与渠道,数字化时代财富创造方式表现出前所未有的多样性。多样化的财富创造方式首先意味着不再局限于通过物理化学的方式加工自然资源来获取财富,而是"依赖于即时的通讯,即时的数据、思想、符号和象征体系的传送"[3]的方式来获取财富,知识、信息、数据的共享与流动成为财富创造

---

[1] 中国人民大学重阳金融研究院编著：《中国金融软实力：金融强国新支撑》,北京：人民出版社 2021 年版,第 130 页。

[2] 付文忠、梁少春：《数字化背景下马克思一般智力理论的重释》,《中国特色社会主义研究》2022 年第 2 期。

[3] 维高：《知识的革命——通往知识社会的超级护照》,北京：中国物资出版社 1998 年版,第 5 页。

的方式,在财富创造中的地位愈加突出。其次,非物质劳动逐渐成为财富创造的主要方式。进入数字化时代,数据等无形资源成为财富创造的主要推动力,人的创造性思维与活动成为财富创造与积累的关键变量,这其实意味着"人类智力劳动的重要性已经明显压倒了资本和土地,重新成为生产力的第一要素"。① 以获取注意力、流量的非物质劳动成为财富创造的重要方式,展示出财富创造的巨大潜力。最后,随着数据、数字化网络与生产、消费领域的全面绑定,社会财富创造模式正"经历着从以'货币+机器'为中轴向以'信息+网络'为中轴的一个转换",②数字化时代财富创造方式在数据信息、数字网络的迭代更新下展示出更多面向。

(四) 财富创造效率

数字化时代不仅在横向层面拓展了财富创造的空间、动力和方式,还在纵向层面提升了财富创造活动的效率。数字化时代财富创造效率的提升,首先表现在数字化时代对时间、空间的重新整合。财富创造活动"倾向于遁入纯粹循环的超空间,呈现出'财富—财富'的扩张逻辑。这种逻辑的疯狂,达到了使一切能财富化的自然资源、社会资源乃至法律和道德所不能容忍的行为方式都陷入财富增长的目的因序列的地步"。③ 传统的时间、物理原理已经不适用于数字化时代的财富创造活动,财富以前所未有的速度和规模增长着、集聚着。互联网数字平台巨头始终包揽着世界首富排行榜前几名。其次,数字化时代财富创造效率的提升还表现为数据这一全新财富动力要素不仅能够直接创造出可观的财富,而且能够与其他财富要素相结合,"可以有效消除信息不对称引起的市场失灵,优化资源配置,提升各要素资源的配置效率",④在创造财富总量的同时缩短财富创造周期。最后,数字化技术能够在最大程度上实现对财富资源的充分利用与优化配置。从宏观层面上看,借助网络、云计算、区块链等技术,可以不受时空限制地把资源配置的触角延伸至各个角落、各个用户端,在精准化了解各地资源盈余情况的基础上,形成资源数据库以高效匹配各类资源,这对于国家经济发展、社会财富创造有着重要意义。从微观层面上看,数据、信息等财富资源可以不受限制、低成本地惠及更多人、更多地区,互联网平台又平等地纳入所有触网

---

① 王振中主编:《转型经济理论研究》,北京:中国市场出版社 2006 年版,第 316 页。
② 路军:《信息网络时代的财富增长方式——试论当前社会变革的数字化根源》,山东大学,2001 年,硕士论文。
③ 速继明:《互联网背景下的财富革命》,《学术月刊》2011 年第 12 期。
④ 闵路路、许正中:《数字经济、创新绩效与经济高质量发展——基于中国城市的经验证据》,《统计与决策》2022 年第 3 期。

的用户,使共建共享的财富创造活动成为可能,微观经济主体的财富创造效率明显提升。

(五) 财富创造目的

"每一次以新技术作为解决方式都会创造出新的挑战、新的问题",①数字化技术及其推动的数字化时代是作为缓解物质资源有限性与人类需求无限性间矛盾而产生的新技术经济时代,赋予了人类社会改造世界、创造社会财富的巨大力量,同时,也衍生出新的矛盾和问题。根据《2022 年世界不平等报告》,"当代的全球收入不平等与 20 世纪初估计的水平相似""世界上底层 50% 的人在全球总财富中的份额是 2%,而前 10% 的人的份额是 76%",②全球范围内、国家内部财富集中与分化现象愈发突出,进一步加剧着财富不平等。面对尖锐的发展问题,人类社会应该向何处去? 应该拥有什么样的未来?"对这一重大命题,我们要从人类共同利益出发,以负责任态度作出明智选择。"③数字化时代财富创造是进一步推动共同繁荣,还是受到抑制加剧社会分化,不是由技术自身决定的,而是取决于人类社会的选择。"数字化改变一切,那么谁改变数字化呢?"④数字化时代财富创造迎来新的变革,并不是意味着人类任由数字化改造和左右一切,而是应该积极作为,为数字化时代的财富创造活动注入价值准绳与目的旨归。普惠性,是全人类的共同价值追求,意味着社会全体成员在经济活动中权利、机会、规则的平等,意味着更多人平等共享经济、社会和文明发展成果。复归财富创造的普惠本质、消解数字化财富创造的负面效应,使"数字化技术的进步浪潮能够推起所有领域的'航船'",⑤既是一个重大的经济问题,也是一个重大的政治问题。以财富创造为手段而不是目的,意味着数字化时代财富创造活动更注重激发人的创造性思维、推动人的全面发展,精神财富的积累在社会财富、个人财富创造活动中的地位更为突出。

---

① 〔美〕布莱恩·阿瑟:《技术的本质:技术是什么,它是如何进化的》,曹东溟译,杭州:浙江人民出版社 2018 年版,第 222 页。
② 《世界不平等报告 2022》,https://wir2022.wid.world/。
③ 习近平:《同舟共济克时艰,命运与共创未来》,《人民日报》2021 年 4 月 21 日。
④ 〔德〕理查德·大卫·普雷希特:《我们的未来——数字社会乌托邦》,张冬译,北京:商务印书馆有限公司 2021 年版,第 27 页。
⑤ 〔美〕埃里克·布莱恩约弗森、安德鲁·麦卡菲:《第二次机器革命:数字化技术将如何改变我们的经济与社会》,蒋永军译,北京:中信出版社 2016 年版,第 230 页。

第一章　数字化生存世界的生成

　　数字化所带来的大数据变革已无可抵挡。伴随着云计算、物联网、移动互联网的发展,数字化已经成为人类社会的重要特征之一,我们正进入一个"不一样的数字化时代",也就是一个"VUCA"①的世界。从尼古拉·尼葛洛庞帝、马克·波斯特(Mark Poster)到维克托·迈尔-舍恩伯格(Viktor Mayer-Schönberger)等思想家,都敏锐地发现了当下社会发展的数字化趋势以及数字化特征。现今社会网络技术的发展表明,数字化技术已经渗透到我们生产生活的方方面面,并深刻地影响着人们看待这个世界的方式。基于这样的时代背景,2019年10月31日,党的十九届四中全会审议通过的《中共中央关于坚持和完善中国特色社会主义制度　推进国家治理体系和治理能力现代化若干重大问题的决定》首次将数据作为一类单独的、新的生产要素列在劳动、资本、土地、知识、技术、管理之后,"由市场评价贡献、按贡献决定报酬",纳入国民收入分配制度,就是看到了数字化对于现代经济生活(尤其是数字经济发展),乃至政治生活的重要意义。2022年10月16日,党的二十大报告强调要加强建设数字中国,主张"加快发展数字经济,促进数字经济和实体经济深度融合,打造具有国际竞争力的数字产业集群",进一步彰显了数字化建设对于推进中国式现代化的重大意义。

　　正如德国哲学家海德格尔(Heidegger)看到了现代技术以光速运转为基本特征,与之相对应,知识的逻辑也在发生底层的、深层次的改变,他预判"光速时间的技术信息这一范例可能像控制论那样成为当代技术的知识",并做出了一个大胆的预言,即这将会是有史以来的一个"独一无二的事件"。② 一旦知识的传播与发散以光速时间为基本单位,知识的积累和运用将变得更加迅速和高效,那么知识综合架构就会成为我们对待人与自然关

---

① "VUCA"即动荡性(volatility)、不确定性(uncertainty)、复杂性(complexity)和模糊性(ambiguity)的首字母,也有学者把这称为"乌卡"时代。
② 〔德〕海德格尔:《传统语言与技术语言》,转引自〔法〕斯蒂格勒:《技术与时间》(第2卷),南京:译林出版社2010年版,第204页。

系的最基本前提,这种系统性、综合性的思考框架将帮助我们更好地理解和应对人与自然之间的相互作用和影响。届时,世界的客观性已经变为一个庞大的数字化虚拟世界。这为社会治理带来了机遇与挑战。

一、人类数字化生存图景的历史演进

所谓数字化,就是将原有的、随机变换的输入,即类似图像的线段或音频的声纹,转变为不相连但呈序列状排列的单元,也就是通过一定的方式变成计算机能处理的"0"和"1"的二进制码的过程。简言之,数字化就是通过抽象和编码,使物理实体、图像、声音、文字等非数字化的信息转换为数字形式,使人们对信息的认知、存储、交换从分子介质进入原子介质的过程,从而更加高效、精准地处理、传输、运用各种信息。正如古希腊数学家、哲学家毕达哥拉斯(Pythagoras)提出"数是万物的本原",维克托·迈尔-舍恩伯格等提出"世界的本质就是数据",①数字化的动力来源于人类对世间万物奥秘探索的求知欲,来源于对不可知性的超越和可知性的探求。人们通过测量、记录和分析世界,不懈追求确定性,不断提高生产力和创新能力,从而催生了关于数的理论及其应用技术的发展。从最初误差极大的、粗糙的测量以及简单的计算到如今的精确测量、浩繁计算和前瞻预测,人类数字化生存图景经过了历史的发展与演化过程。②按照人类数字化生存图景的演进过程,以及人类社会生产力和生产方式的变革特征,按照原始社会、农业社会、工业社会和信息化社会四个历史时期来分析,会发现人类数字化生存的演进特征。

(一)原始社会数字意识的产生和测量技术的探索

在原始社会中,人类的生产力和生产方式相对简单,通过狩猎、采集和农业种植等最基本的生产方式来获取生活必需品和创造财富。到了原始社会中后期,出于对确定性的把握与追求,人类萌生了朴素的数字意识,开始探索如何计数、测量和记录,产生了粗糙的、相对较为简单的数据测量能力与记录技能,并在简单抽象的基础上进行基本的计算。从根本上来讲,原始社会的数字意识和测量技术起源于实用需要,即是为了解决原始社会人类生存所面临实际问题。按照维克托·迈尔-舍恩伯格的考据,早在公元前3000年左右,黄河流域、印度河流域、埃及和美索不达米亚平原等较为发达

---

① 〔英〕维克托·迈尔-舍恩伯格、肯尼思·库克耶:《大数据时代》,盛杨燕、周涛译,杭州:浙江人民出版社2013年版,第125页。
② 逄继明:《互联网技术革命与社会进步》,《教学与研究》2016年第7期。

地区的人们就已经具备了简单的测量能力和一定的记录能力,已经可以使用简单的工具来测量长度、面积、距离等,并使用符号来代表和记录数字,这种能力虽然还比较初级,精度也比较有限,但从本质上而言却超越"感知着的主体所获得的印象",开始朝着"可画""可塑"的方向"描写客体在空间中的形状、轮廓、位置、运动、动作方式,一句话,描写那种能够感知和描绘的东西"。① 从这个层面理解,原始社会中这种最初对数的认知和数所对应的物的认知具有高度的粘连性,"原逻辑思维不能清楚地把数与所数的物区别开来。这种思维由语言表现出的那个东西不是真正的数",②应该说,是数与物的混合。

总之,在粗浅的认知抽象基础上,原始社会的人们产生了简单的基础计算。这种认知、抽象、解释或计算能力,促成了数据的诞生,是数字化的最早根基,并且与政治环境息息相关,具有以下特征:第一,借助于原始的、简陋的测量工具,人们产生了最初的数和对数的理解,虽然较为简陋、粗糙,测量结果误差也较大,但由此形成了人类进化早期系统化的集体表象的"原逻辑思维",构成了人类思维的基础;第二,对于数探寻的渴求正是来源于生活和财富创造所需,比如处理生产生活中的土地丈量、重量测定、偶然的交易记录等的需要,人们通过数的测算能够更好地管理生活、生产的方方面面,从而提高生活水平,增强生产的稳定性,即数的产生提升了原始社会部落管理的有序性和交流的便捷性;第三,原始社会中人类的活动空间有限,主要集中于居住地附近或周围的自然环境中,所以人们的测量、记录方式具有较大的地域性,由此对数的认识也具有地域性特征,导致度量衡不统一,在一定程度上造成了文化的差异性,这恰恰成为部落首领特权的表征,从而保持了管理权的权威性;第四,数具有神秘性,有其特殊的内涵,甚至某种特殊"力场",其解释权和宗教、文化及社会地位相关联,成为重要的统治手段。这些数具有超越基本计数功能的神秘性,具有了"某种神秘的氛围、某种'力场'",③而这种"神秘特性"由于是非同一个序列的,因而"不能进行加、减、乘、除"。④ 自然,对这些数的神秘性的解释权为统治者所掌握,其解释权与其统治术密切结合在一起。

(二)农业时代数字系统的发展

在农业时代,人类的生产力和生产方式发生重大变革,开始使用农业技

---

① 〔法〕列维·布留尔:《原始思维》,丁由译,北京:商务印书馆1985年版,第150页。
② 〔法〕列维·布留尔:《原始思维》,丁由译,北京:商务印书馆1985年版,第187页。
③ 〔法〕列维·布留尔:《原始思维》,丁由译,北京:商务印书馆1985年版,第201页。
④ 〔法〕列维·布留尔:《原始思维》,丁由译,北京:商务印书馆1985年版,第201~202页。

术和工具来种植作物、养殖家禽、畜牧等,社会生产规模、效率和财富创造能力不断提高,开始出现更加细化的社会分工和专业化趋势,人们也开始将农产品和手工制品作为商品进行交换,形成了商品经济。在此过程中,随着农业生产的发展和人口规模的增长,为了更加精确地计算和记录农业生产的收成、耕地面积、人口数量等生产生活信息,产生了更加精准的计数和计算需求,从而推动了农业时代数字系统的形成和发展。具体而言,在奴隶社会、封建社会时期,中国、印度等文明的数字系统就开始诞生,并不断完善、精确,提高了人类计量、记录和再现人类活动的能力。[①] 随着抽象能力与计算能力的增强,最晚在公元前1世纪左右,中国的《周髀算经》就已面世,[②] 提出了盖天说和四分历法,还对日月星辰的运行规律和勾股数问题进行研究,涉及代数、几何、算数等数学知识,为中国古代数字系统的发展奠定了重要基础。此外,《周易》《九章算术》《孙子算经》等重要文献中还蕴含着极为丰富的二进制思想。公元1世纪左右,印度才产生了相对完备的数字系统,经过了在波斯的改善和在阿拉伯的巨大改进及最终完善后,成为被世界普遍运用的阿拉伯数字系统。虽然这一时期的数字系统还不是很适合计算,但也基本准备就绪。到了13世纪中叶,现实需要尤其是自然科学的发展对"数"的精确度提出了更高的要求和标准。无论是出于生产生活还是科学研究需要,人们对"数"的需求不再限于"直观",而是需要更加精密、精准地测量和计算,其本质就是阿尔弗雷德·克罗斯比(Alfred Crosby)所言的"测量现实",[③]从而进一步推动了数字系统发展和人类计算能力提高。

总体而言,农业社会是一个"将这个令人虔诚的构序物放到智识的观察之中",[④]以直观来探寻真理,力图把握外部世界的确定性的时代,具有以下特征:第一,人们的测量方式与测量能力有所改进。在汉代,我国就发明了浑天仪、地动仪、水排等具有世界领先地位的先进仪器和器具,尤其是"新莽铜卡尺"领先西方最早的英国"卡钳尺"1 000多年,是全世界发现最早的卡尺。测量工具的改进、测量技术的提高,使误差不断缩小,精确度进一步提

[①] 速继明:《互联网技术革命与社会进步》,《教学与研究》2016年第7期。
[②] 《周髀算经》是中国流传至今最古的数学经典著作,关于其成书年代,学术界主要有周朝说、春秋战国说和西汉说等观点,参见张波:《20世纪以来〈周髀算经〉研究综述》,《山西大同大学学报(自然科学版)》2019年第5期。
[③] 〔英〕维克托·迈尔-舍恩伯格、肯尼思·库克耶:《大数据时代》,盛杨燕、周涛译,杭州:浙江人民出版社2013年版,第47页。
[④] 〔德〕斯洛特戴克:《资本的内部空间》,常晅译,北京:社会科学文献出版社2014年版,第12页。

高,人们得以愈发精准地把握和认识世界。第二,度量衡的统一在时间上趋于同步、空间上逐渐拓展,逐渐打破地域的阻隔与限制。农业时代人们的时空观念以乡土为中心,虽然仍旧遵循年复一年的农耕循环时间,但人类的活动范围打破了地域的制约,进而使计量单位在不同的时间和空间渐渐得到统一,最终将地区隔阂和制约打破。第三,测量的动力来源于对变化的量度以及人类生产活动的记录、计算和交流的需要。从根本上而言,人类对于测量变化量的追求,是来自变化量对于社会生产生活的巨大帮助和不同群体间的沟通所需。

(三) 工业时代数字化趋势的演进

工业革命是人类生产力和生产方式的又一次重大变革,使人类社会发展迈入工业时代。在工业时代,人类进行工业化生产的典型特征就是利用机器和大规模的生产方式来生产商品和提供服务。伴随着生产技术的不断进步和优化,生产效率和商品质量不断提高,加速了经济发展,资本家通过投资和创新进一步推动工业化进程,也使得人类创造和积累财富的能力得到质的提升。这一背景下,新工具的使用和思维的进一步开放促进了测量、记录与计算的繁荣,孕育了现代数字化趋势,并反过来服务于工业化进程。正如物理学家开尔文(Kelvin)在其著作《自然哲学的历程》中所提出的"测量就是认知",人类对于未知领域的征服欲望是引领时代变革的不竭动力。纵观人类史,每一时代的飞跃都伴随着对于未知领域的探索。譬如,那些遥远未知的"远方""他处",随着"手持滑膛枪、大砍刀和模糊不清的地图",[①]人类历史打破边界限制而进入世界历史。尤其是工业时代物理学、数学、地理学、化学的发展,使人们渴望数量化和精准化地掌握客观世界的愿望不断得以实现。在数学家、物理学家、精算师、会计师等职业的推动下,量化世界的努力逐渐变成了现实。这一时期是真正意义上的数字化的国际化和标准化统一:首先,阿拉伯数字系统的形成及其传播,促进了国际数字化的规范化、标准化。在人类历史上,不同的民族形成了不同的记录方式和数字表达习惯,而阿拉伯数字系统的成熟和传播,形成了标准化的数字系统,缩小了不同数字文化间的差异。其次,世界度量标准的统一促进了数字化进程。至 19 世纪,作为当时的工业强国,法国为了加强自身的工业实力而研发出了当时十分先进的、能够准确计算出时间和空间的计量体系,这一计量体系逐步成为当时世界的标准,并为此后世界测量标准的诞生奠定了基础,促进

---

① 〔德〕斯洛特戴克:《资本的内部空间》,常晅译,北京:社会科学文献出版社 2014 年版,第 244 页。

了科学技术的国际交流和发展。

在数字化进程中,工业时代的数字化对政治空间的影响主要体现在:第一,数字化驱动了神性世界的祛魅和世俗化转向。工业时代的数字化是从观念上的"上帝之城"的神性世界向征服地球、大工业生产的世俗生活转向的构序机制。中世纪神学的神秘性、超验性逐渐被科学技术、生产实践所带来的工业化、商品化、数字化所溶解,神性隐藏,人性复归,"踏着彩虹的上帝在实验科学中隐遁,树丛中的小精灵被可计算性和可操作性杀死,这是古代欧洲旧时代和浪漫主义诗性的结束"。[1] 由此,"上帝的归上帝,恺撒的归恺撒",[2]宗教神圣不再,神的统治向世俗治理转变,资本主义的制度秩序逐渐确立并取得统治地位。第二,数字化促进了对乡土空间的超越以及"等值空间"的发展。古代社会受限于当时的生产力发展水平,人类在探索世界过程中最大的障碍便是空间的阻隔。但到了近现代社会,随着火车、汽车、飞机和互联网的出现,这种地域上的阻隔被不断消除,已经不再是障碍了。[3]随着大航海时代的到来,古代以宗族为导向、有着强大凝聚力和自愈力的宗族性社会,以及近代乡村男耕女织、自给自足的小农型社会便逐步瓦解。而具有地域黏附性、流动性较弱的空间,则被形式上等值的数字坐标点所替代。第三,由于数字化与世俗化具有同构作用,数字化的过程也是世俗政权超越神性统治的过程。尤其是,距离(空间)的消除,使权力控制得以更微细地渗透并植入存在的微分断面中去,从而形成表格化的数字式统治手段。所以,传统社会那种有地域性特质的地点被现代的交通方式、通信方式等击穿,也使人们固守在一定地域的外壳被击破,人们体验到:地球成为一个祛魅化的,同时不再是我们自认为的宇宙中心,而是宇宙亿万星球中的一员,既有的社会结构被夷平,被多中心化的网络社区所重构。[4]

(四)信息化时代万物互联的开启

到了信息化时代,数字化借助现代信息技术实现了万物互联,逐渐开启了"万物对话模式"。互联网技术的发展助推蓬勃发展的数字化以从未有过的速度深刻影响着社会的方方面面,数据逐渐成为新的生产要素,开始在社

---

[1] 张一兵:《文本的深度犁耕》(第3卷),北京:中国人民大学出版社2019年版,第123页。
[2] 这一格言最早出现在《圣经》中。
[3] 〔德〕斯洛特戴克:《资本的内部空间》,常晅译,北京:社会科学文献出版社2014年版,第12页。
[4] 〔德〕斯洛特戴克:《资本的内部空间》,常晅译,北京:社会科学文献出版社2014年版,第9页。

会发展和财富创造中发挥越来越重要的作用。维克托·迈尔-舍恩伯格（Viktor Mayer-Schönberger）和肯尼思·库克耶将依托互联网技术的数据特征描述为"4V"，即 volume（大量）、velocity（高速）、variety（多样）、veracity（真实）。他们深刻指出，互联网技术是一个机遇也是挑战，它方便我们获取信息却又无法保证信息的真实性；它为人们的生产生活提供便利，却又为社会治理带来新的难题。因此，信息化时代，对于数字化技术，人们既要善于使用，也要敢于质疑。①

其一，数字不再只是数字，数字化表明人类对事物的认识从分子思维向原子思维转变。数字化的本质是将各种数据转化为电脑可以处理的二进制代码。正如尼古拉·尼葛洛庞帝在 1995 年发表的《数字化生存》中将未来社会的发展趋势概括为"从原子到比特"。到了 20 世纪 90 年代，互联网等数字化技术突飞猛进、飞跃式发展，过去我们只能处理转换文本信息，但现在我们能够实现对于图像和声音的同样转换模式。②

其二，数字不再是静止、陈旧的，数字化是一个动态的变化过程。由于信息技术的发展，人类的数字化进程迈出极其重要的一步。数字处理能力的上升，打破了模拟时代数据收集和分析处理方面存在的耗时耗力的局限，使数据管理效率又向前迈出了重要的一步。数字化意味着我们要从诸多人类常识中与数据毫无瓜葛的事物中获取具有内在关联性的数据。其目的就是透过表面的繁杂，挖掘各种数据所蕴含的信息，最终准确地得出我们想要的结果。

其三，数字化突破了单位时间内对信息捕获与交换的极限，把"样本＝总体"，③从设想变为现实，进而无限放大了数字化的信息价值。互联网这一数字化思维并不是十分高深的理论。就本质而言，它就是一种意识，一种认为数据能够解决各种问题的意识。例如，2009 年，在卫生系统得出结论前，谷歌就利用大数据预测了甲型 H1N1 流感的传播情况，为病毒防治提供了重要的数据支持和帮助，进而成功地使甲型 H1N1 流感在美国蔓延开来前就得到有效遏制。

其四，数据流改变了管理模式，并逐渐结晶为创新型的组织和进化型的

---

① 〔英〕维克托·迈尔-舍恩伯格、肯尼思·库克耶：《大数据时代》，盛杨燕、周涛译，杭州：浙江人民出版社 2013 年版，第 247 页。
② 〔英〕维克托·迈尔-舍恩伯格、肯尼思·库克耶：《大数据时代》，盛杨燕、周涛译，杭州：浙江人民出版社 2013 年版，第 104 页。
③ 〔英〕维克托·迈尔-舍恩伯格、肯尼思·库克耶：《大数据时代》，盛杨燕、周涛译，杭州：浙江人民出版社 2013 年版，第 27 页。

制度安排。数字化技术通过编码和抽象的过程,将各种资源进行快速聚合并通过合理分配,从而让个人、组织和社会得到极大的内生动力,最终形成良性循环。在经济活动中,数据流会逐渐形成相对固定的流程、惯例和集体心智,并且沉淀下来成为经济生产的记忆,结晶为基本的管理方式和制度。

　　总之,在现代数据获取技术、存储技术、交互技术的推动下,数字化系统产生了两个变化:数字向数据的转换、数字向信息与技术权重关系的转换(人们习惯于注重"T"技术,但是随着信息化时代的发展,更多的人开始将注意力投向"I",即信息自身了[①])。上述双重转向为人们重新认识经济组织模式提供了视角和可能:首先,数字化改变甚至重塑了社会生活,产生了脱域机制,贝尔纳·斯蒂格勒(Bernard Stiegler)称之为"脱与境化"[②]。在传统社会中,具体的时间和空间是人们基本的社会关系发生的条件,也构成认识和理解这种关系的基本框架。在此框架下,社会交往具有"直接交往""共时空"等自然属性;同时,这种"在场性"受宗法、血缘等关系的制约,又具有了社会属性。这两种属性的交织,成为传统经济生活的基本特征。但在信息化时代,数字化技术使人们可以随时随地与其他地区的人进行实时沟通和交流,使人们的生活和工作不再局限于"共时空"和类似的社会文化背景。其次,数字化改变了人们行为的"记忆"和"表现形式"。信息技术造成的表象是"距离不再是问题",但是其背后的实质是人们行为脱离了与具体的时间、空间、物的关联性而呈现数字化和编码化,因而它既是一个有关人们行为编码和抽象的信息数据化过程,也是一个以电子的运动轨迹来取代分子的物质空间移动的过程。以往,人们对人类行为的记忆往往通过大脑的记忆功能和场景再现相关联,但在数字化时代,其表现为数码化,可以通过数字化技术真实地再现人们的行为。这从根本上改变了信息的传播途径,将过去的纸质信息留存文本转化为全新的、高效的新型存储模式。这极大推进了人们对于信息的获取速度和选择,空间距离已不再是障碍。最后,信息化、数字化构筑起异时空共在状态。信息化打破了时空的同一属性,而呈现远程登录的共在状态,也就是斯蒂格勒所言的"'谁'与'什么'的关系问题以背景解体(脱与境化)为特征"。[③] 由此,传统的领土化治理空

[①] 〔英〕维克托·迈尔-舍恩伯格、肯尼思·库克耶:《大数据时代》,盛杨燕、周涛译,杭州:浙江人民出版社2013年版,第104页。
[②] 在斯蒂格勒语境中,"脱域"被翻译为"脱与境化",参见〔法〕贝尔纳·斯蒂格勒:《技术与时间》(第2卷),赵和平、印螺译,南京:译林出版社2010年版,第204页。
[③] 〔法〕贝尔纳·斯蒂格勒:《技术与时间》(第2卷),赵和平、印螺译,南京:译林出版社2010年版,第163页。

间,实质上为非领土化所取代。由于互联网等数字化技术的快捷性和实效性,人们足不出户便可纵览全球事件。这种不同地域的事件同一时间在人们眼前呈现的感觉,让人产生了一种在家就能掌握天下的心理,进而使人们产生了割裂旧的生产生活方式的想法,实际上创造出在电子空间实现瞬时信息获取和交易完成的可能。

二、数字化生存世界的深层革命

在数字化生存世界,人们对"数据"(也即信息)的研究、开发、利用,在给经济社会的发展注入新动力的同时,以原子裂变冲击波般的方式席卷了整个社会经济生活,颠覆了人们探索世界的方法,不仅使得"数据"本身的内在属性发生深刻变化,也引起了人类社会经济生活、社会秩序的变迁。如维克托·迈尔-舍恩伯格所言,在不同的发展阶段,人们理解"IT"(即 information technology)时,关注点是有所不同的,过去,人们普遍关注"T"——技术,而现在,人们把注意力转移到"I"——信息上来。在以前,一旦完成收集工作,数据就只是作为存储或备份而存在。大数据使人们重新挖掘,从而获得新的认知、创造新的价值。舍恩伯格非常清醒地看到信息与技术在当下的权重关系,并进而指出,"为了得到可量化的信息,我们要知道如何计量;为了数据化量化了的信息,我们要知道怎么记录计量的结果"。[1]

(一)数据:不再是静止与陈旧

在数字化生存世界,数据不再是静止和陈旧的,在过去的数据中,隐含了当下与未来的选择项。[2] 据考证,古代美索不达米亚平原的记账人员发明了书写来有效地记录信息,在古代中国也很早就产生了类似于结绳记事之类的信息记录范式。但在计算机产生以前,数据受限于纸质记录或其他物理媒介,人们也主要采取人工方式处理数据,不仅低效,还不利于信息的复制和传播。而计算机的发明,使记录方式各异、进制不同的书面语言转化为电脑可以轻松、高效读取和处理的通用语言。这一技术使数据的流动性更强,不再局限在静态的物理记录(如纸质)中,人们可以通过网络方便地传输和分享数据,使数据的存储和处理变得简洁易行,且成本节约,数据的管理效率也大幅提升,还使数据更易于更新与拓展,人们不仅可以实时收集和

---

[1] 〔英〕维克托·迈尔-舍恩伯格、肯尼思·库克耶:《大数据时代》,盛杨燕、周涛译,杭州:浙江人民出版社 2013 年版,第 105 页。
[2] 速继明:《互联网技术革命与社会进步》,《教学与研究》2016 年第 7 期。

更新数据,也可以很容易地补充和修改数据。更重要的是,计算机使数据更易于分析,人们可以通过计算机算法和机器学习分析和加工数字化数据,所以人们不仅可以从大量"新"数据中获取"新信息",而且从"陈旧"数据中攫取"新信息"的能力也进一步提高,从而能提取更加丰富的信息。此外,信息的内涵也进一步拓展,不仅包括文本,还包括图像、音频等。在数字化背景下,人们逐渐学会了从一切太阳底下的事物中汲取信息,比如从手机的外卖点单记录、短视频的"点赞"与"浏览"时间、微信朋友圈分享的图片等获取信息。通过量化的方法把这些内容转化为数据,挖掘这些数据此前未被挖掘的潜在价值。总体而言,数字化突破了数据静止和陈旧的局限,使数据变得更加动态、更有价值、更具活力。

(二)人类的经济生活:数字化向数据化的转变

在数字化生存世界,人们的经济生活从数字化转向数据化。数据化和数字化是相关但不相同的两个概念,两者不是一回事,侧重点也不一样。数字化指的是把社会经济生活的描述以数据的方式表现,并能通过编码的方式用 0 和 1 表示出来,既可以用数字来标识,也可以用数字来计算和处理。正如尼古拉·尼葛洛庞帝在《数字化生存》中所预言的:人类的生活是"从原子到比特"。从 20 世纪 90 年代起,数字化的内涵越来越丰富,从原来单一的文本数字化,到现如今的菜谱、道路信息、图像、视频、音乐等都以数字化的方式呈现出来。在数字时代,"比特超越了原子,成为世界的主角;今天,物联网又让比特与原子紧密地结合到了一起,实现了比特和原子的无缝连接。此时,重返舞台的原子已经不再是传统概念的原子,而是一个用比特武装起来的原子"。① 这里面有三层隐含信息:第一,虽然数字化带来了数据化,但是数字化与数据化是两回事。数字化是通过编码实现对实物的文字描述或数字描述进行编码的过程,依据采样定理,在一定条件下,用离散的序列来代表一个连续函数,其实质是用"比特"来描述"原子",而数据化则包括数据的采集和数据的处理过程。第二,数据化表征着人类认识和改造世界能力的根本性转变。数据化使人们在意识到世界是由信息构成的同时,信息还起到了生产力增长乘数的作用。第三,通过数据化,人们就能对对象世界进行采集、存贮、加工、检索以及计算等处理。人们学会从数据的海洋里检索出过去未曾注意到的现象和关系,并且学会以一种新的、全景观察的视角来审视现实。

---

① 项有建:《冲出数字化:物联网引爆新一轮技术革命》,北京:机械工业出版社 2010 年版,引言。

(三) 数据价值：从"IT"到"TI"的历史转换

在数字化生存世界,数据价值发生从"IT"到"TI"的历史转换。最初,数据通常被看作信息或知识的一种表现形式,帮助人们更好地获取和处理信息,经济主体可以通过收集、存储、分析和处理数据,借此提高决策能力和生产力,从这一点上理解,数据价值关键体现在服务于财富创造过程。随着技术进步和数据增长,人们开始意识到数据本身的价值,数据开始作为新的生产要素被广泛运用于生产生活的各个领域,数据不再局限于服务财富创造,而是直接参与财富的创造与分配。数字化表明了单位时间的信息捕获和交换能力,使"样本＝总体"[1]成为可能,进而使数字化的信息价值得以极大化地彰显出来。[2] 通俗意义上的大数据思维,"是指一种意识,认为公开的数据一旦处理得当就能为千百万人急需解决的问题提供答案"。[3] 如前所述,数据在有效防治2009年甲型H1N1流感时立了大功：谷歌在医疗系统统计结果前,使公共卫生机构能够获得及时、有效的数据信息,通过海量数据进行分析以取代"没有分发口腔试纸和联系医生",从而准确预测疾病的传播趋势。近年来,作为集统计学家、图形设计师、软件程序员于一体的"数据科学家"这一新的职业出现了,通过挖掘潜在数据库中的信息,来发现过去没有注意到的东西,让数据来"澄明"真实情况,让数据自己说话来揭示隐藏在数据中的秘密。

三、数字化生存时代的思维变革

数字化时代,人们从关注信息的收集、储存、传输等"技术"转向关注"信息"本身,这实质上就涉及一场观念性革命,或者说思维变革,所以数字化对于现代社会管理模式而言,既是一种挑战,也是一种机遇。显然,基于大数据的数字化是人类在寻求精确把握世界的道路上的巨大进步。人们大部分的习俗和惯例都建立在一个预设好的立场上,但当过去不可计量、存储、分析和共享的东西被数据化之后,就打开了我们理解世界的一扇新大门。不断变大的数据量、快速增加的数据处理速度和能力,使生成于稳定社会结构的预设失去了现实根基。大数据开始驱使人们挖掘隐

---

[1] 〔英〕维克托·迈尔-舍恩伯格、肯尼思·库克耶：《大数据时代》,盛杨燕、周涛译,杭州：浙江人民出版社2013年版,第27页。
[2] 〔英〕维克托·迈尔-舍恩伯格、肯尼思·库克耶：《大数据时代》,盛杨燕、周涛译,杭州：浙江人民出版社2013年版,第27页。
[3] 〔英〕维克托·迈尔-舍恩伯格、肯尼思·库克耶：《大数据时代》,盛杨燕、周涛译,杭州：浙江人民出版社2013年版,第167页。

藏于数据背后的信息。如近些年来推行的简政放权、建设服务型政府以及政务公开，都体现了数据对于社会治理方面的改变，与此同时网络自媒体、流媒体对于社会热点事件的快速传播也迫使各级管理部门改变旧有官僚思想。维克托·迈尔-舍恩伯格预言，计算机的诞生与运用，数字存储与传输、计算能力的提升，正在带来一场意义深远的信息革命。上海求思信息科技有限公司的 platoguo 在《大数据时代，我们需要这样的思考方式》一文中非常精辟地概括了大数据的颠覆性影响，非常具有代表性。他从研究方法、研究对象等几个方面对小数据时代与大数据时代的特点和转化做了阐述。

（一）从"基于预设的结构化思维"到"无须预设的非关系型思维"

传统社会往往呈现静态的结构，长时期流动性不强的生活方式带来的是一个具有明显差序格局的社会结构。花名册上的变化往往只显示自然年龄的增长和人口的增减，人们往往不需要对几十年不变的相对身份作太多思维上的改变。在这种社会中，人们往往采用"基于预设的结构化治理思维"来维持社会秩序和进行社会生产。然而，在数字化时代，随着数字化技术的发展和普及，庞大的数据、流动的人口、远程在场的存在方式以及现实的复杂性和不确定性等，对基于预设的治理思维提出了巨大挑战。而这就需要发现隐藏于数据之后的价值，以更加灵活、相机抉择的方式来适应和创新。

在数字化时代，事情的发生往往不像过去一样能从结构化的秩序中理出头绪，"突发""混乱"甚至"无头绪"的事情或事件时常发生，过去那种能有效展示数据的整理排列与准确存储的分类法和索引法已经不再能够支撑人们对数据存储和检索的高需求。然而，数据的海量、混杂等特征无疑与预设的数据库系统相悖，如何从纷繁杂乱且充满复杂性与不确定性的数据中发现价值，需要新的策略，即人们开始转向"无须预设的非关系型治理思想"。微软的数据库设计专家派特·何兰德（Pat Helland）在题为《如果你有足够多的数据，那么"足够好"真的足够好》的文章中把数字化思维称为一个重大的转变，"我们再也不能假装活在一个齐整的世界里"。[①] 对此，斯蒂格勒在《技术与时间》里批判道，以互联网为代表的数字化技术具有其不足性，因为虽然它极大地方便了我们的生活，但其被资本控制，而资本本质是逐利的，如张一兵教授在解读斯蒂格勒《技术与时间》时所言，"以光速发生

---

① 转引自〔英〕维克托·迈尔-舍恩伯格、肯尼思·库克耶：《大数据时代》，盛杨燕、周涛译，杭州：浙江人民出版社 2013 年版，第 62 页。

的网络技术的布展,制造出一种全新的先天综合构架,它让我们自动看到、听到和买到的新世界。今天,资产阶级正是利用这种全新的先天综合构架布展其获利的阳谋",①这无疑是分析经济资本化、教育资本化等乱象的最好注脚。

(二) 从"随机样本思维"到"全量数据思维"

采样分析的精确性是统计学中的一个重要目标,也是重要的衡量指标。一般而言,采样调查是现今十分常见的调研方式,但很少有人知道其准确性和样本数量并没有直接关系。② 事实上,采样分析的精确度同向变化与采样随机性,这是剔除主观因素的必然结果。人们发现,该结果与样本的大小关联不大。无疑,这很好说明了随机采样的必然性与成功性。但是,人们也随之认识到,采样的随机性很难实现,主观因素或多或少会影响采样过程,这就必然导致结果对真相的背离。在数字化时代,全量数据成为可能,这就使我们能够站在更高的层级更为全貌地看待和分析问题,就能够发现过去难以获得的数据价值。在样本越来越大、越来越趋近于全量数据的现实情形下,客观上要求变革小样本时代的思维模式,进而以更加宏观、更加全面的思维解决难点问题,发现过去不曾发现的数据价值,并观察其隐藏于表面下的深层次原因。在当前数字化时代,数字化技术的快速发展使数据处理不再是难题,海量数据在极短时间便能处理完毕。这极大地方便了我们对于全局的把控,从而为数字化技术在社会治理方面的应用打下坚实基础,也很好地解决了过去样本抽查对于人力、物力、财力投入大以及统计时间长等问题。在特殊情况下,虽然样本分析法仍有一定优势,但是其被数字化的全量数据分析方式取代也只是时间的问题了。

(三) 从"数据的精确性和结果的准确性思维"到"数据的混杂性和结果的容错性思维"

某种程度上,对确定性的追求是人类对物质世界绝对运动的一种精神对抗。从绝对主义、绝对观到相对主义,人们对结果精确性的认识经历了一个转变阶段。在过去,人们普遍追求通过那些排列整齐如士兵的数据序列得出确定无疑的唯一结果,难以容忍非精确,每一个调查统计都需要耗费大量人力、物力、财力,对每一个数据都需要反复核实其准确性,因为每一个数据都不可或缺,每一个数据都有可能对统计结果造成极大偏差。所以说,在

---

① 张一兵:《数码记忆的政治经济学:被脱与境化遮蔽起来的延异——斯蒂格勒〈技术与时间〉的解读》,《教学与研究》2017 年第 4 期。
② 速继明:《互联网技术革命与社会进步》,《教学与研究》2016 年第 7 期。

过去,我们要确保每一个数据的精准。① 然而,由于数据量较小,人们必须尽可能地准确记录和认真分析数据,以突破数据量不足带来的影响和限制。而数字化时代,海量数据必然带来数据的混乱性,结果也未必那么准确。事实上,"执迷于精确性是信息缺乏时代和模拟时代的产物。在那个信息贫乏的时代,任意一个数据点的测量情况都对结果至关重要。所以,我们需要确保每个数据的精确性,才不会导致分析结果的偏差"。② 而随着数字化时代的悄然到来,数据量的扩张带来了新洞察、新趋势和新价值,"除了一开始会与我们的直觉相矛盾之外,接受数据的不精确和不完美,我们反而能够更好地进行预测,也能够更好地理解这个世界"。③

(四)从"审慎的决策与行动思维"到"快速的决策与行动思维"

从"因果关系"到"相关关系"的思维方式转变,是从"审慎的决策与行动思维"到"快速的决策与行动思维"的前提。在过去,人们获得数据和分析、计算的能力有限,人们无法就研究对象的全景来分析和做出决策,这就使探究隐藏在现象背后的逻辑——"为什么"成为不得不遵从的必然选择。然而,数字化技术的发展,海量数据的获取、存储、传输以及处理等技术群的发展,人们会发现过去不被关注或被忽视的联系,从而提供了新的问题研究视野和有价值的预测指南,这就使探究"是什么"成为我们发现和了解世界的便捷途径,且能减少主观因素的干扰。

就数据之间的关系而言,相关关系的核心是数据值之间的同向或反向的变化关系。在过去,由于信息匮乏,人们只能通过对经验和内部因果关系的梳理,来理解错综复杂的现象,并做出慎重的决策解决问题。无疑,在人类的认知能力和处理能力有限的阶段,这种追求确定性的、逻辑化了整个世界的做法,只能带来一种认知上的安慰感和安全感。然而,数字化技术高速发展的同时,也产生了一些无法预料的负面作用,比如人类对数字化技术的普遍应用、数字技术下海量信息数据爆炸式产出、对于因果关系的追寻,已经越来越难以适应处理复杂情况和快速决策的需要。今天,强大的数据分析处理能力,完全可以分析和发现形式上似乎不相干的事物之间存在的较高关联度,但这却是传统的因果分析、逻辑推理调研难以解释,也无法企及

---

① 〔英〕维克托·迈尔-舍恩伯格、肯尼思·库克耶:《大数据时代》,盛杨燕、周涛译,杭州:浙江人民出版社 2013 年版,第 55 页。
② 〔英〕维克托·迈尔-舍恩伯格、肯尼思·库克耶:《大数据时代》,盛杨燕、周涛译,杭州:浙江人民出版社 2013 年版,第 55 页。
③ 〔英〕维克托·迈尔-舍恩伯格、肯尼思·库克耶:《大数据时代》,盛杨燕、周涛译,杭州:浙江人民出版社 2013 年版,第 56 页。

的。因而,数字化时代大数据的出现,使数据的价值得到最大利用,开始依靠关联、非关联等相关关系来决策,对因果关系的探究逐渐成为决策之后的需要。

　　总之,数字化时代大数据的目的就是让数据自己发声。"大数据时代开启了一场寻宝游戏,而人们对于数据的看法以及对于由因果关系向相关关系转化时释放出的潜在价值的态度,正是主宰这场游戏的关键。"①各种便携式智能终端、网络等数字化技术工具的使用使这一切成为可能,"宝贝不止一件,每个数据集内部都隐藏着某些未被发掘的价值。这场发掘和利用数据价值的竞赛正开始在全球上演"。②

　　应当说,社会分工通过资本扩张的哲学教条与政治谱系的历史同构,获得坚实的物质基础、牢靠的政治制度保障和深厚的资本主义精神支撑。阿尔弗雷德·马歇尔(Alfred Marshall)在《经济学原理》中把社会分工称为社会机能"微分",而把社会有机性、密切性、稳固性的增加称为"积分",由此分析经济社会"分化—整合"的两个向度,"社会机能的再分之增加,或称为'微分法',在工业上表现为分工、专门技能、知识和机械的发展等形式;而'积分法'——就是工业有机体的各部分之间的关系的密切性和稳固性的增加"。③ 科学技术的进步,使社会在分化与整合的两个向度上分别获得深化与强化。而数字化技术的飞跃,又使这种变化得以往前迈出一大步。

　　一方面,无可否认,数字化技术的发展正改变着原来的社会分工格局,为实现自觉分工提供了物质基础。人类的社会分工总是离不开一定的科学技术条件,因为社会分工主要依据以数字化技术为核心的生产资料状况、对劳动过程的合理分割以及劳动者的优化组合,即劳动要素的合理流动分配而展开的,数字化技术的发展样态,生产力水平的发展阶段,都决定了分工形态,因而,随着数字化技术的发展变化,也引起了生产部门的结构变化,在消灭一部分生产部门的同时又催生出新的生产部门。显然,数字化技术体系及其开发过程正呈现复杂化、多元化、精确化等趋势,这也导致了研究开发领域不断湮灭或衍生出新的方向或分工。

　　另一方面,不要神化数字化技术革命,尤其是大数据的神奇力量,也不要神话社会分工的伟力。在通常情况下,人们并不需要弄清楚"为什么",而

---

① 〔英〕维克托·迈尔-舍恩伯格、肯尼思·库克耶:《大数据时代》,盛杨燕、周涛译,杭州:浙江人民出版社2013年版,第20页。
② 〔英〕维克托·迈尔-舍恩伯格、肯尼思·库克耶:《大数据时代》,盛杨燕、周涛译,杭州:浙江人民出版社2013年版,第20页。
③ 〔英〕马歇尔:《经济学原理》(上卷),北京:商务印书馆2009年版,第288页。

只要知道"是什么"就行了,"大数据的相关性将人们指向了比探讨因果关系更有前景的领域",①能够帮助我们以更优惠的价格买到东西,以更快捷的方式预测舆情,以更有效的方式教导人们,等等。但问题是,仅仅知道这些显然不够,科学的发展、知识的进步,更需要使"彼此不关联的事物"链接在一起,并知道某种关系的背后逻辑。

---

① 〔英〕维克托·迈尔-舍恩伯格、肯尼思·库克耶:《大数据时代》,盛杨燕、周涛译,杭州:浙江人民出版社2013年版,第240页。

第二章 数字化社会的现实摹写与重构

进入新时代,我国数字化建设迈入了快车道。但不可否认的是,距离党的二十大提出的建设"数字中国"①还有一段路要走。数字化是现代化的重要变革性力量,走中国特色的数字化发展道路,能够为中国式现代化提供有力支持,建设数字强国也就成了我们奋斗的重点方向之一。在大的技术指标上,目前我国网民数量、网络零售交易额等多项技术指标位列全球第一,并且诞生了一批有影响力的互联网企业和数字技术企业,数字产业体系逐步建立并完善。从数字技术的发展来看,伴随应用工具、应用场景、应用领域的不断更新拓展,"互联网+"成为人们生活中的热词,数字化网络化转型步伐明显加快,数字化助推现代化发展的效应不断增强。不可回避的是,我国数字化发展同样也面临着"剧痛",那就是核心技术和设备的原创能力不足,数字资源的开发利用还存在短板,在一些欠发达地区,基础设施仍然落后,东西部、城乡两级之间还是存在明显差距,网络安全领域的风险挑战形势依然不容乐观,互联网环境的法治建设还要加强,数字化对中国式现代化的促进作用还有巨大空间等。②

一、数字化与信息经济学假设

古典经济学对市场信息的假定极为苛刻,然而事实证明,这样的假设与现实相去甚远。信息经济学的诞生是20世纪80年代以来最具有标志性的世界经济学事件之一。尤其是1995年3位研究信息的学者获诺贝尔经济学奖殊荣,更是无以辩驳地宣告了信息经济学时代的来临,也由此揭开了信息经济学研究、运用的序幕。

---

① 《高举中国特色社会主义伟大旗帜 为全面建设社会主义现代化国家而团结奋斗——在中国共产党第二十次全国代表大会上的报告》,北京:人民出版社2022年版,第30页。
② 《中共中央办公厅 国务院办公厅印发〈国家信息化发展战略纲要〉》,http://www.gov.cn/zhengce/2016-07/27/content_5095336.htm。

信息经济学的诞生虽然是晚近的事情,但有关信息经济学方面的研究成果却异常丰富,学者们从不同角度对信息经济学的理论和实践问题进行研究。本部分试图从另外一个角度,即从对称性破缺理论的视角来重新认识信息不对称问题。

(一) 对称性思维与信息完全假设

对称性是系统内部诸要素(或子系统)结构、功能分布的均匀性、无序性。对称性普遍存在于自然界万物之中,它是万物起源的内在信息。在空间和时间的两个维度上,自然界都普遍存在着对称性,如蝴蝶、叶子、雪花、人体的物理意义的对称,又如春夏秋冬轮回、黑夜白天交替、生老病死的周期性对称等。这些自然现象在无形中契合了海森堡关于"万物的始原是对称性"法则。在某种程度上,对称性的形式原则完全压倒了真理对大自然的摹写原则,①成为大自然勾勒和构造自然万物的一大原理。随着对称性规则的研究,大自然的这一造物特性逐渐成为一种思维方式,尤其是随着近代经典物理学大厦的建立,对称性研究思维对包括经济学的广大学科领域产生了深远的影响。

在这种思维方式的影响下,古典经济学假设了一个信息完全、不存在信息残缺不全不对称现象市场的存在:"假如我们具有一切相关的信息;假如我们能从一个已知的偏好体系出发;假如我们掌握现有方式的全部知识,所剩下的就纯粹是一个逻辑问题。换言之,什么是现有方式的最好利用这一问题的答案,已隐含在上述假设中了。解决这个最优化问题所必须满足的条件已全部列出,它们能用数学形式得到最好的说明。最简单地说,这就是,任何两个商品或要素间的边际替换率在所有不同的用途中必须相同。"②

显然,这是一个注重逻辑性、数字化、精确化的理想市场。该市场假定了经济行为人具有商品交易的一切知识:每个市场主体都拥有关于市场的完全信息。如果(u)代表可能事件u_1、u_2……的集合,(p)代表这些事件相应概率p_1、p_2、……的集合,那么,如果经济活动者懂得(p),或通过对有关数据的分析估计得到(p),或关于(p)的概率,这样的情况就称为信息完全或完全信息。在这个假设中,价格是凝结所有市场信息的重要参数,经济行为者之间的相互作用通过市场机制包含于价格之中,完全理性的经济行为者在价格机制下进行决策,借助市场的作用,发挥"看不见的手"的资源配置

---

① 〔德〕魏尔:《对称》,钟金魁译,北京:商务印书馆1986年版,第7页。
② 〔英〕哈耶克:《个人主义与经济秩序》,贾湛译,北京:北京经济学院出版社1989年版,第74页。

功能,促使个人理性自发升级为集体理性,自动实现市场出清,整个经济社会从无序或偏差走向有序和精确,最终达到帕累托最优这个理想状态。该假设敉平了现实经济行为人的差异性,掩盖了私人信息的不完全或不对称性等,从而使竞争的差异性、多样性和风险性等市场的本来意蕴被竞争的同一性和确定性替代了。在信息对称性假设下,经济活动者作为一个个参与市场活动的基本"元素",他们拥有完全对称的信息结构,不存在信息分布不均衡、不对称的状况。也就是说,在经济活动中的人们可以自由地"交换位置"而不影响单个的利益以及整个经济活动的进行。

归纳起来,信息完全假设的隐藏规定有如下几个:一是零制度。古典经济学假设不存在能对市场主体产生影响的制度性安排。也就是说,在这种理想的经济环境中,没有高于市场主体的结构:不存在政府、不存在经济组织,也不存在伦理关系(血缘、地缘、亲缘关系被过滤,简约化为市场经济行为),仅仅存在能够按照自己的意愿开展经济活动的孤立的市场主体。二是无虚假信息。市场中的所有信息都是真实且完全的,即使有虚假信息,经济活动者也可以低成本地将其立刻甄别出来。从而他们所采取的行动都是根源于真实完全的信息,不会有发生失误的现象。三是零信息成本。市场中所有的经济活动者都能以零成本获得其所需要的全部信息,不存在任何信息壁垒,只要他们愿意,就可以对自己和其他人的效用函数与经济环境等约束条件都了如指掌,因此,既没有搜寻成本,也不存在选择成本。四是孤立的理性经济人。经济系统中的对称性思维认为,整个经济系统就是一个严格按照计划塑造出来的、逻辑上协调一致的整体存在,经济秩序服从于一种内在逻辑,由一只看不见的手来指引"原子"式的"经济人"通过自利和互利的行为统一,最后达到社会普遍丰裕的结果。这种经济人具有如下特点:经济人是自利的,追求自身利益是经济行为的根本动机;经济人行为是理性的,他能根据各种信息判断自身的利益,并追求利益最大化。

然而,"真实的经济学"却不是这样:完全信息假设的制约环境过于苛刻而难以实现。市场机制并不能集中所有经济主体所需的信息,价格体系也不能长期保证社会稀缺资源的有效配置,[①]更为重要的是,不同的信息结构将导致经济体系发挥不同的经济功能。因此,富兰克·H.奈特(Frank H. Knight)在1921年《风险、不确定性与利润》一书中指出了真实的情况:在一个充满不确定性的世界上,一部分人会努力获取信息以寻求获利的机会,而他们也会比其他人得到更多的获利机会的信息。

---

① 中国"有计划的市场"机制却被实践雄辩地证明是富有效率的。

引起信息不对称、不均衡的主要因素包括：其一，社会分工。分工是经济学史上最具重要性的概念之一，但大多数经济学家都从分工—效率的角度来考察分工现象。事实上，分工还有另外一个方面的影响：在分工促进专业化和行业分工从而促进生产率的同时，也产生了它的孪生物——信息不对称。在分工社会中，若人们专门从事某一生产，只关注与自己从事的工作相关的较小范围的方面，而不过问别的知识，那么，由于人的精力的有限性，他不可能对其他方面的知识进行积累。当社会中每一个人都如此做的时候，固然可以极大地促进该领域的发展，但却产生了行业之别，于是也就有了"隔行如隔山"的说法——其实也就产生了信息不对称。其二，有限理性。由于经济主体的知识有限性，每个经济主体在信息的获取、分析、应用上存在着差异。在知识有限性这一点上，有很多的思想家、经济学家都做过讨论，在此不赘述。其三，分立的个人知识。按迈克尔·波兰尼（Michael Polanyi）、弗里德里希·冯·哈耶克（Friedrich von Hayek）的理论，知识体系可以简单地分为显性知识和默会知识。显性知识指那些可以用文字和数字等符号表达的，并且易于传播、编码、共享的知识。默会知识首次由波兰尼提出，并被哈耶克用于经济行为分析，它指向那些高度专有的难于规范化，由形象概念、理念、信念和知觉组成的，藏于个人意识之中且难以交流共享的知识。人类的知识结构中有很大一部分是默会的，难以在个体之间传播和共享。

总之，由于主客观的原因，造成了经济主体之间以及经济主体对经济活动过程和对象之间的信息差。这样一种"差"使我们既不会完全无知，也不会掌握充分完整的信息，我们总能得到一些"可资利用"的信息。下面，我们就从对称性破缺①的角度来分析一下信息不对称产生的机制。

（二）对称性破缺与信息不对称问题的产生

对称作为一种理想状态，表达了人们对秩序的向往。但造物主的神奇并不就此止步，一方面，对称法则勾勒了一个充斥对称性的世界。对此，我们可以按时间顺序从人类对对称性的认识与利用的不同历史时段来看。

在古代，中华文明将对称造型作为审美的重要标准之一，并在工艺品、建筑工程、艺术创作中广泛应用。从我国考古遗迹中挖掘发现的一些古老的陶器、瓷器、青铜器、以紫禁城为标志的古代建筑，以及对联、诗词等可看

---

① 所谓对称性破缺，简单来说就是在内在动因或者外界因素，即事物自身或外部作用下，事物原有的对称、平衡、稳定的状态被打破，出现了非对称、不平衡、不稳定的状态，这是一个动态的、变化的、发展的过程。

出，都普遍地考虑到了对称原理。而在古希腊文明中，对称性的概念就是指在一定比例下的平衡以及在这种平衡下形式上的完美性。雕塑家对美的观点很有代表性，如古希腊的波里克勒特(Polyclitus)在其著作《法规》中判定"身体美"主要体现在"确实在于各部分之间的比例对称"。①

中世纪，对称性被广泛应用于美学领域，他们把对称与和谐理解为美。如圣·奥古斯丁(Augustine)认为："建筑物细部上的任何不必要的不对称都会使我们感到很不舒服。"②这种思维广泛体现在建筑领域，也体现在人们的服饰、装扮等方面。通过对对称性的追求，使整个世界呈现为一种严苛的对称感。

到了近代，随着物理学的发展，人类进一步加深了对对称性的认识，由以往猜测和直观的视觉感官层面上升到理性抽象阶段。开普勒、伽利略、牛顿等都注意到物理定律在形式上的抽象对称性。1918年德国女数学家阿玛莉·艾米·内特尔(Amalie Emmy Noether)证明了一个重要定理，即著名的内特尔定理，定理是这样描述的：任何一种对称性都是与一个物理量的守恒定律相互对应的。爱因斯坦很早就认识到了对称性的普遍存在，并在其著名的狭义相对论以及广义相对论的创立中创造性地应用了对称性原理，最终取得了巨大成功。20世纪以来的科学发展表明，天体演化、地球变迁、物质构成、生命进化、社会发展，可以说就是一个从完全对称到对称性逐步丧失、非对称性逐步形成的过程，也是一个从混沌到有序、从低序到高序的演化发展过程。正是在这个意义上，我们领悟到了"非对称创造了世界"。

另一方面，为了创造复杂的新事物，大自然又不满足于对称的呆板，她努力破坏原始的完美对称，创造了一个别样的世界，这里到处充斥着对称性破缺的元素。因为完美的宇宙统一、无缺陷的对称都是无变化、无结果和死亡的同义语。因此，只有打破因追求精确的对称而使活力丧失的局面，才能使世界呈现变化和多样性。系统在破缺中演化，社会在破缺中前进。没有对称性破缺就没有物质、能量与信息的多种形式的交换、转化，就不可能有新系统状态的产生与发展。正如森林中的迷途者一样，死守对称性就必然困死于森林，相反，一旦实现了对称性破缺则使他绝路逢生。因此，对称性破缺的存在，促成了变异、进化和多样性的存在。物理学、生物学、数学、化学等学科都有力地证明了对称性破缺的存在及其对当下世界发展变化的影

---

① 北京大学哲学系美学教研室《西方美学家论美和美感》，北京：商务印书馆1980年版，第14页。
② 转引自沈小峰：《自然辩证法范畴论》，北京：北京师范大学出版社1990年版，第129~130页。

响。因此,有很多思想家都从不同的角度论证对称性破缺,如约里奥·居里称"非对称创造了世界",①尤·柴可夫斯基在《令人惊叹的不对称》一书中讲到"世界是个不对称的世界,单偏的世界……",②洪荒在其著作《自然的和谐》中论述了"生命的精髓在于对称性破缺"③的观点。弗赖在《论艺术中的对称性问题》中对两者进行了对比,"对称性意味着静止与束缚,对称性破缺意味着运动与放松,一个是秩序与规律,另一个是任意与偶然,一个是刻板的坚定不移和拘束,另一个是活力、游戏和自由"。④

对称性与对称性破缺,有着丰富的辩证内涵:对称性象征的是一种绝对性和普遍性,对称性破缺代表的是一种变革性和突变性;对称性破缺的背后则是"组元的构形在其自同构变换群作用下所具有的差异性";对称的实质在于某一现象(或系统)在某一变换下的不变性,对称性破缺的实质是变化与发展,是接收到新信息、吸收到新能量、吸纳到新物质后,打破旧机制的束缚,促使事物在某一方面出现非对称、非平衡、非稳定的动态性。通过现象透射出来的"非对称性""对称性破缺"往往是更高层级的,是更高对称性的内在规律的外在反应或表现形式。在一定时期内,对称性、不变性像一对孪生兄弟,在自然界同时存在着,但事物的发展总是有迹可循,那就是从对称变化到非对称,从平衡发展到不平衡,从肯定过渡到否定。因此,"对称性破缺"往往成为为对称性开辟道路的依赖力量。纯粹对称性和必然性的世界缺少了可能性和生命力,是呆板的,没有进化动力的,而带有"对称性破缺"的世界,带来了更多的可能性和创造力,也带来了多样性、生命力和更高层次美的景象,如柏格森(Bergson)说:"存在就是变易,变易就是成熟,成熟就是无限的自我创造。"⑤对称性破缺是不满足于原先对称、平衡和稳定的一种平稳的状态,打破这种平衡,破解这种僵局,从而帮助事物从禁锢中挣脱出来,实现进化与发展。

一言以蔽之,对称和对称性破缺是相辅相成、相互依存的两个方面,没有对称性就不会有对称性破缺,少了对称性破缺也就没了对称性。事物在包含差异的同一性中呈现出了对称性。

---

① 转引自沈小峰、王德胜:《自然辩证法范畴论》,北京:北京师范大学出版社1986年版,第145页。
② 转引自高隆昌:《大自然复杂性原理》,北京:北京科学出版社2004年版,第139页。
③ 洪荒:《自然的和谐》,武汉:湖北科学技术出版社2004年版,第132页。
④ 弗赖:《论艺术中的对称性问题》,转引自〔德〕魏尔:《对称》,钟金魁译,北京:商务印书馆1986年版,第13页。
⑤ 〔法〕柏格森:《创造进化论》,王珍丽、余习广译,长沙:湖南人民出版社1989年版,第8~11页。

哲学家黑格尔在三个层次上把握对称和非对称的辩证统一关系：首先，自然界的对称性和非对称性、平衡性和非平衡性、静态性和动态性、可逆性和不可逆性、偶然性和必然性是辩证统一的。对称中也蕴含着差异和变化，只是表现为外在的不变性，这种不变性应该也包括了差异的不变性，即"一致性与不一致性相结合"。对称性往往是通过"非对称"而表现出来的。他指出："平衡对称是和整齐一律相关联的。"① 其次，差异产生了非对称。"一致性与不一致性相结合，差异闯进这种单纯的同一里来破坏它，于是就产生了平衡对称。"② 最后，对称与对称性破缺是动态的，并不是一成不变的，是可以互相依存并且在一定条件下互相转化的，这解释了自然界多样性构成的前提。对称和非对称的统一是辩证发展的过程，对称性破缺之后的新的对称是新的另一层次的平衡对称，这也是事物发展变化的根源和表现，"平衡对称并不只是重复一种抽象的一致的形式，而是结合到同样性质的另一种形式，这另一种形式单就它本身来看也还是一致的，但是和原来的形式比较起来却不一致。由于这种结合，就必然有了一种新的、得到更多定性的、更复杂的一致性和统一性"。③

信息对称性和不对称性归根到底也遵守上述规律。在构成这个世界的物质能量过程与信息过程两大层次上，信息必须以物质能量为载体，而当信息通过载体形成之际，也就是信息对物质能量的组织和控制之时。人们通过信息使物质能量以特定方式排列起来，实现对物质能量过程的组织与控制，从而使世界系统结构有序化。在古典经济学的理想假设下，经济系统的信息是对称性分布的，不存在差异性。然而，分工、有限理性、分立的个人知识等客观现象的存在，使这样的理想状态成为海市蜃楼。由于信息对称性的打破，系统内部元素对信息的占有就会产生差异，在信息的分布上，就会有信息富集区和信息贫瘠区。在富集区的经济活动者就会拥有比贫瘠区的活动者更多的信息量。从信息的公开性来说，就产生了公开的、能为公众获知的共享信息和少部分经济活动者占有的、非公开的、具有垄断性质的私有信息这一信息不对称现象。共享信息和私有信息的出现，促使经济系统结构发生变化。占有私有信息的经济活动参加者在经济活动中占有优势地位，利用私有信息在经济活动中牟取更大利益，而这种情况随私有信息占有量的变化而变化。从信息的角度看，对称性破缺的过程就是信息的均匀分

---

① 〔德〕黑格尔：《美学》（第1卷），朱光潜译，北京：商务印书馆1981年版，第174页。
② 〔德〕黑格尔：《美学》（第1卷），朱光潜译，北京：商务印书馆1981年版，第174页。
③ 〔德〕黑格尔：《美学》（第1卷），朱光潜译，北京：商务印书馆1981年版，第174页。

布状态被打破,造成一个信息分布不均、信息被保护、被利用、被伪造、被人为延迟传递的状态的过程。

为消除由信息不对称带来的市场扭曲,人们总是千方百计通过承载于物质之上的信息构成对物质能量的组织和控制,提高对经济行为的预见性和控制力,从而实现市场目标。这个目标只有通过信息对称性破缺以及在新的层次上的平衡来实现。每一次对称性的破缺,都是从原来均匀、衡等的信息总量里衍生出新的信息。新信息的占有,使在新的市场行为中更占有主动地位。因此,在经济系统中,数字化使经济信息在物质能量过程中一方面形塑了经济系统,使无序的物质能量有序化;另一方面,数字化的机制客观上造成了信息的选择与舍弃、反馈与散失、放大与衰减等结果。

(三) 方法论上的能级跃迁

人们对数字经济发展过程中的信息及信息传播规律的认识,是一个逐渐加深、不断深化的过程。在此过程中,方法论变革的影响是巨大的。在方法论上,现代信息经济学与古典经济学理论信息完全假设的差异性表现在如下几个方面:

其一,预成论和生成论的矛盾。古典经济学的完全信息假设认为包括其研究对象在内的、世界上的所有事物,本质上都是预定的、刚性的、一成不变的、相互之间没有排除形式性因果关系之外的其他本质性联系和变化生成过程。该思维方式把世界视为外在于人、独立于人的,不存在伦理规范,没有社会制度约束的自我封闭的、一个预先给定的既有存在,以一个与人无关的东西为研究对象,通过它来论证世界是具有统一性和客观性的,并把这个结论延伸到人类自己和整个人类历史。这也就注定了预成论的特点,就是要以逻辑性为基础,通过数字化来精确化表达或者描述这个世界。这种研究方法的根本任务是去认识和了解世界运行的本质和规律,而不再把重点聚焦在人身上。该研究方法认为人是超然于万物之外的,只是观察外部世界的存在与演变过程。这也是牛顿力学体系下思维方式的局限性或者说是滥觞,把物理学、力学等领域的方法扩张到包括经济学在内的一切领域中,泛化了作用范围,却也可能导致方法失效。现代信息经济学的生成论思维则与古典经济学的完全信息假设不同,它重信息产生与传播的过程而非结构,重信息分布的实然而非信息应然状态,重具体的人的世界而非抽象的理想世界。具体来说就是,首先,认为数字化及数字化的信息交互是一个过程,而非僵死的结果。其次,认为信息的产生与传播过程是社会个体通过既具有历史性又具有现实性、既有冲突又有协作的各种具体社会互动的过程。

其二,抽象的个人与现实的个人的矛盾。古典经济学的完全信息假设中的经济人是脱离社会关系、抽象地生活在市场中的冷冰冰的个人。这种抽象的个人是经济个人主义的一种假定,也即经济个人主义中的"经济人",他具有无限的计算能力和充分完全的信息,能通过计算对各项利益进行比较,并从中选择自我的最大利益,逐渐变成一部部盈亏的计算机器的"非人化"的人。现代信息经济学的生成论思维则看到现实的市场经济活动中任何个人都具有双重性特征。一方面,有着寻求确定和坚持标准,通过计算和注意细节,努力追求极大化的倾向;另一方面,又有着不关心标准,不注意计算和细节,不努力追求极大化的倾向。该假设看到了社会个体间的竞争与合作,看到了市场的单一目标与群体目标的一致性与差异性,看到了人性中的自在与他在、人性中的私向化与社会化的矛盾问题。

总之,信息经济学作为非对称信息博弈论在经济学上的应用,突破了传统经济学关于信息对称性的僵死设定,揭示了传统经济学关于价格蕴藏市场完全信息的假设前提的虚假性,指出传统经济学注重逻辑性、数字化、精确化的预成论方法的弊端。尤其在数字化的过程中,商品、资本、交易方式、生产方式、价格等相关因素都实现了编码和数据交互,从而在数据链条及运算中弥补了传统假定的不足,使现场行为主体——人,成为理论上信息完全占有,现实中接近"全样本"的适时、动态的行为主体。因而,从现实的个人出发,对既具有历史性又具有现实性、既有冲突又有协作的数字化互动过程的关注,科学揭示了信息对称性破缺的原因与过程。这是一种面向现实注重实践的"真实的经济学",对称性破缺理论在信息经济学研究中的运用,对于丰富信息经济学的研究路径,扩大学术视野,是有一定积极意义的。

二、数字化时代的社会分工

分工是理解数字化时代财富创造很重要的一个视角。尤其是进入21世纪以来,数字技术与实体经济迅速融合,一方面对组织结构、经营管理、业务模式等进行升级改造,另一方面,数字化转型也产生了企业专业化分工趋势的推动和深化,使整个社会的生产效率得以极大提升,这是数字化赋能实体经济在微观领域的映射,大幅提升了能够适应该趋势的企业和个人的财富创造能力。这一过程可以放在一个更宏大的人类分工发展演进的过程中来看。

正如马克思在《1844年经济学哲学手稿》中寻解"历史之谜"时,意识到"考察分工和交换是很有意思的",[①]并且还意识到社会分工对社会进步的

[①] 《马克思恩格斯全集》(第3卷),北京:人民出版社2002年版,第357页。

巨大推动作用,并认为它是"大工业建立以前的最强有力的生产杠杆"。①从"人猿相揖别"时的手足分工,到性别、年龄等因素引起的自然分工,从早期人类社会三次大分工,到人类社会的普遍分工,从传统社会的分工到数字化时代的分工……社会分工水平伴随社会结构、生产力水平以及社会功能的改变而变化,下文从社会系统②的演变与测量、记录、计算能力,即数据科学的发展来考察人类历史上的几次社会分工。

(一) 原始社会中后期的"分支型社会"三大社会分工

原始社会是由家庭、部落等小型社会组成的社会模式。在该社会中,粗糙的信息获取能力能够支持人们对长度和重量等进行最为简单的测量与记录,进行初步的社会探索和社会改造。简陋、粗糙,测量结果误差大以及测量技术的属地性等因素没有,也不能够孕育更多更精巧的社会功能,因此也不存在更深程度和更广范围的社会分工。这一时期的分工有三个基本特征:一是自给自足,社会成员通过原始的采集和畜牧而满足生存和发展的需要。这种需要可以说由一种模糊的数的认识和浅陋的对应关系即可匹配,没有交换,也不需要精确的量的关系与比例。二是原始的"差序格局",根据血缘亲疏远近来确定系统内部结构,这种自然的血脉延续显然不需要经过计算,也不需要 DNA 的识别技术,其活动范围也是囿于地域的局限。三是根据血缘、身体的自然禀赋和德行来确立原始的"权威"体系,但该体系既不成熟,也不稳定,更没有体系性的心智模型来维持该秩序结构。无论是观念意识、技术手段,还是社会制度,都不足以产生成熟的社会分工体系。当然,这一社会分工,还是成为原始社会向奴隶社会演进的助推器:畜牧业的分离、手工业和农业的分离以及商业和其他产业的分离,产生了人类社会历史上的四大产业。

(二) 奴隶社会、封建社会时期的层级式社会分工

这一时期的社会分工得到奴隶社会、封建社会国家制度架构的支撑,以血缘、业缘等因素连接起来的家庭、行会等社会单位为依托,在一定层面上推进了社会分工进一步的细化和深化。某种程度上,相较于原始社会粗糙测量计算能力的进步是支撑这种深化的重要因素。不断完善并广泛运用的数字系统的诞生,提高了人类计量、记录和再现人类活动的能力。相对成熟

---

① 《马克思恩格斯选集》(第3卷),北京:人民出版社 2012 年版,第 679 页。
② 德国社会学家卢曼在其社会系统理论中提出三种社会类型:"分支式分化"(segmentary differ-entiation)、"层级式分化"(strat-ification differentiation)和"功能式分化"(functional differentiation),参见 G. Kneer, A. Nassehi.《卢曼社会系统理论导引》鲁贵显译,台北:巨流图书公司,1998 年版,第 181 页。

的测量、计算技术使"测量现实"成为可能,这无疑为自然科学的诞生、为跨地域的社会实践奠定了坚实的基础。在思想史上,人们已经开始较为系统和深入地反思经济社会分工等现象,并熟练运用概念对经济现实进行理性的把握与反思。如色诺芬在《经济论》中阐述社会分工思想:"社会分工的发展程度受市场规模制约。"柏拉图基于正义思想来阐述分工理论,他试图从人的多样化需求来分析社会分工产生的根源,他认为社会分工是人的禀赋才能发展的结果。但马克思却认为柏拉图没有看到社会分工的决定因素和影响因素,认为其分析具有片面性。马克思认为,个体的性格,并不必然有一份工作相适合,把时间花在适合自己的工作之上,生产各种各样的产品是理想化的,"柏拉图在《理想国》中的论述,对于在配第之后但在亚当·斯密之前写作分工问题的一部分英国著作家来说,是直接的基础和出发点"。① 柏拉图分工思想还是较为系统的,是一种理想化的分工形态,为马克思后来探索分工现象提供了基础。

这一时期的"数字技术"支持了如下的生产力结构:一方面,社会分工模式和程度与社会层级体系相匹配,受生产力制约,与之对应的社会关系和社会结构相匹配;另一方面,社会分工的深化和扩展有限,难以打破团体、组织或个人一身多职、一职多能的局面。伴随这种社会分工格局,由于职业上的分工和学术研究分科还没有深化,产生了人类历史上盛产百科全书式人物的时代,人们兼具多种身份:物理学家、数学家、天文学家、哲学家等。

(三) 工业社会的功能式社会分工

工业社会是以市场意识的多元和市场法则的契约化为支撑,由功能各异的社会领域以及领域间有明确界限和规则构筑的网络型社会结构。领域间界限清晰、规则鲜明、独立自治、进出自主;领域内部具有自治和独立发展能力,这就拆除了阻碍社会分工发展的藩篱,为社会分工的无限扩展奠定了基础。众所周知,必要的测度和记录时间、空间和重量的技术手段催生了具有独立性、系统性的测量科学,进而为物理学、数学、地理学、化学的发展,为地理大发现以及大航海时代的到来提供了记录技术、测算技术,更为重要的是,提供了强大的逻辑思维能力,也为这种思维能力提供了最为丰盛的经验素材,从而使这一时期成为人类历史上生产力发展最为迅猛的第一个时期。马克思曾对此评价:"资产阶级在它的不到一百年的阶级统治中所创造的生产力,比过去一切时代创造的全部生产力还要多,还要大。"② 亚当·斯密的

---

① 《马克思恩格斯全集》(第32卷),北京:人民出版社1998年版,第321~322页。
② 《马克思恩格斯选集》(第1卷),北京:人民出版社2012年版,第405页。

"制针"例子就很好地说明了这一点。他认为,互通有无的交换倾向是分工的根源,而市场规模限制分工的程度和大小。穆勒则认为发达的交换是分工的结果。埃米尔·涂尔干(Emile Durkhem)在《社会分工论》中从"社会关系和社会结构演变"的角度对现代社会中分工不断深化的现象进行了探讨。涂尔干认为,分工是一种普遍存在的现象。分工不仅仅出现在生产领域,还存在于整个世界(包括人类社会与自然界),"我们了解到劳动分工的规律不但适用于社会,而且还适用于有机体"。① 而马克思在认可斯密等思想家把社会分工视为交换发展和人类需求多样化结果的同时,也看到了斯密等经济学家的局限性。在他看来,古典政治经济学的诞生,标志着人类从古代社会单纯的感性需要及其满足方式,过渡到有思想地认知人类"需要体系"并自觉地组织生产与交换形式。这种有意识的思想体系,初步构建了人类的经济学大厦,对作为大厦之基的社会分工有了较为系统而深入的认识。有两个方面的认识是比较深刻的:一是对现代社会分工基础的分析。现代社会分工的基础是个人概念的发育以及"个人权利"的产生。虽然人类在进化过程中,一开始就是以"社会性群体"的形态出现的。但吊诡的是,在人类的演进历史过程中,个人主义获得优先发展,社会性却逐渐缺位。一旦"理性化的个人从具有统一信仰的社会有机体中脱出",就产生了现代的个人观念和个人权利,从而个人追求自身发展、追求个人财富、追求个人价值的体现就变得理所当然,这样,市场制度的建立获得了来自心灵的支撑。二是从发端于人类本能的"生物基因"到历史进程中沉淀下来的"文化基因"的形成及影响,人类的分化与合作机制逐渐成熟起来。在生物个体和族群里天然地蕴含了合作关系,这是支配人类社会的重要因素。在长期交往中形成的合作行为,会逐渐演变为习俗、道德乃至信仰,逐渐沉淀出类似于"生物基因"的"文化基因"。该基因能使人类群体在规模扩张的同时保持合作的倾向与可能。

(四)数字化背景下的社会分工

现代数字技术的发展导致了信息化、网络化、符号化和专业化,在产生吉登斯意义上的符号系统和专家系统的同时,又以新技术来"摧毁"和"替代"这样的系统。

第一,就深度和广度而言,社会生活领域间的壁垒被电子化的交流方式击穿,由此带来社会分工的大整合,表现为分工越来越细,分化越来越复杂,

---

① 〔法〕涂尔干:《社会分工论》,渠东译,北京:生活·读书·新知三联书店2000年版,第3~4页。

以及越来越专业化的专家系统。该系统打碎了人们生活、工作的区域环境限制，把人们牵引出来，并向广阔的外界空间延伸，导致吉登斯所谓的"脱域现象"。传统社会的生产力水平和生活方式决定了人们社会交往必然被地域所限制，这种在具体条件中展开并受诸多限制的交往方式限制了分工的范围和程度。现代性的萌育，当地事件对远方事件的形塑，摆脱了时间、空间的束缚，使跨距离的交往成为可能。也就是说，掌握各种专业知识和信息的"专家"突破地域壁垒，超越地域限制，打破传统社会架构制约，他们是现代教育和技术革新引起的复杂分化和高度专业化的产物。而他们的存在，站在各自专业领域的高地，在专业知识的催化下，使专业领域的分工深化达到了历史的顶点，在新领域上的突破，又催生了新的职业和工种。

第二，现代数字技术使"专业知识"不再被行业壁垒所保护，逐渐成为整个社会的"默会知识"，这对吉登斯意义上的"专家系统"形成形式上的挑战。现代数字技术迫使行业专家面对更加透明的行业知识，使之与网络等信息平台的知识信息进行博弈。这将改变和调整人们在管理、决策等方面的理念。数字化使过去难以计量、存储、分析和共享的知识为所有人敞开了大门。这就好比为每一位能接触信息平台的人都发放了一本"操作手册"，可以按章操作，人们可以自己查验得了什么病，如何做菜，如何修理家电（当然，这样一种方式并不能替代行业专家）。爆炸式的信息使人们无暇消化知识，并依据因果关系的传统偏好做出决策，而是从海量信息中发掘相关关系来做出决策。此外，经验的作用和影响权重降低，转而依靠数据做出决策与反应，也就是说，人类从依靠自身判断做决定到依靠数据做决定的转变。社会繁荣和人类历史的进步基石是建立在因果推理基础之上的，如果没有寻求因果的动力，人们就无法探寻物质现象之间、社会现象之间，包括法律现象之间的关系，也就无法获得社会进步的不竭动力。然而，伴随数字技术的发展，行业专家和技术专家的光芒都被统计学家和数据分析家的光芒所掩盖。统计学家和数据分析家能够聆听数据发出的声音，其判断建立在相关关系的基础上，可以较为快速地做出判断和行为决策，从"审慎的行为决策"转变为"快速的行动"。

第三，现代数字技术改变了知识的价值，从而引起了社会分工中对下一代的教育投入和工作技能的培训内容与方式发生改变。大数据正在重构我们的生活、学习、科研、工作以及思考问题方式。因为"过去确定无疑的事情正在受到质疑。大数据需要人们重新讨论决策、命运和正义的性质。我们的世界观正受到相关性优势的挑战。拥有知识曾意味着掌握过去，现在则更意味着能够预测未来"。① 一是数学知识、统计学知识,甚至是有少许编程和网络科学的知识由于在数据价值发现方面的特殊作用,将导致这些学科门类社会地位的改变。二是非专业的"专业化",即通过统计学等知识的运用,打破学科分界,呈现出学科之间的"跨界"现象。在 2015 年 5 月 4 日的"互联网大爆料"微信公众号中,有一篇题为《文科生终于可以被"消灭"了》的文章。② 文章开篇就问:"你羡慕那些出口就会吟诗的文人吗?现在可以不用再羡慕他们了!"甚至有位网友"yixuan"算出《全宋词》的 99 个高频词汇,"熟记这些高频词,你就可以随心所欲进行创作了!"根据词频,得出了最流行的宋词就是"东风何处在人间"。

一般而言,科学技术的进步,使社会在分化与整合的两个向度上分别获得深化与强化。而数字技术的飞跃,又使这种变化得以往前迈出一大步。一方面,不可否认,科学技术的发展正改变着原来的社会分工格局,为实现自觉分工提供了物质基础。固然,人类总是在一定的科学技术条件下进行社会分工,针对以科学技术为核心的生产资料状况、以劳动过程为分割对象的合理分配以及不同类型劳动者的优化组合而展开的。科学技术达到了什么水平,就会有什么样的分工形态。比如,"手工磨"和"蒸汽磨"所代表的技术水平和对应的分工状况。现代科学技术的发展不断地使生产部门处在变化中,在消灭一部分生产部门的同时又催生出新的生产部门。此外,大数据对因果关系的淡化,决策过程的主观因素的淡化以及对快速决策的强调,再次印证了科学技术对人类生产活动的简化,能在一定程度上消除主观因素的影响。另一方面,不要神化数据的神奇力量,也不要神化社会分工的伟力。大数据的相关性将人们指向了比探讨因果关系更有前景的领域。③ 似乎知道"是什么"就已经够用,没必要一定搞明白"为什么"。更要看到,虽然大数据的相关性为人类提供了一定的便捷,带来了积极的作用,如帮助我们合理规划行程从而节省了交通支出,预测流感爆发并提前做好预防措施,在一个资源有限的世界中如何提高效率筛选出要检查的沙井盖和建筑物,在不做体检的前提下,健康保险公司可以借助大数据决定保险业务的覆盖范围,同时降低提醒病人服药所投入的成本……在大数据相关性的帮助下,

---

① 〔英〕维克托·迈尔-舍恩伯格、肯尼思·库克耶:《大数据时代》,盛杨燕、周涛译,杭州:浙江人民出版社 2013 年版,第 239 页。
② Oooooooak:《文科生终于可以被消灭了》,https://www.douban.com/group/topic/34424967/?_i=4905057LFGuPvb。
③ 〔英〕维克托·迈尔-舍恩伯格、肯尼思·库克耶:《大数据时代》,盛杨燕、周涛译,杭州:浙江人民出版社 2013 年版,第 240 页。

不同语种的语言可以得到准确的翻译,汽车在预测算法的支持下可以实现自动驾驶,沃尔玛也可以在飓风来临前根据销量数据提前准备好最受欢迎口味的蛋挞……但不得不提的是,在一些特定的情景中,我们仍然需要通过对因果关系研究和控制实验进行精心设计来获取准确的数据,得到部分或完整的因果关系结论,例如对试验药物副作用的测试、大型航天航空设备的关键部件等。

在人类知识积累的大视野下,相关性的贡献偏向于事务的处置,而因果性的贡献则在于事实性知识的基础上,提供事物内部规律,事物相互管理的原理性知识增加了人类知识的总量,为人类认识世界做出贡献。

三、数字化时代个体财富创造逻辑与财富观念的变革

200多年前,哲学家康德在西方货币化生存世界趋于成熟期时提出了一个十分重要的历史哲学命题:世界公民观点之下的普遍历史观念何以认知并读写。康德认为,人类的历史进程不过是大自然一个隐秘计划的实施过程。它充满了个体、民族与类的种种对抗,贯通着历史普遍性与历史特殊性的矛盾冲突。在他看来,人类的终极目的乃是要达到最完美的国家制度,历史学家应当揭示人类在各个不同的时代里曾经接近这个终极的目的或者是脱离这个终极目的各到什么地步,以及要达到这个终极目的还应该做些什么事情等宏旨。在数字化时代,个体的财富创造意愿、创造能力与整个社会的历史发展具有高度的一致性。

个人行为与民族整体的关系从来就是一个令人费解的历史迷思。改革开放以来,个人主体性不断萌育,权利意识、参与意识逐渐彰显,追逐经济社会发展大潮不断创造和积累个人财富的意愿和能力也不断加强。在宏观层面,近代的中国,历经百年都在寻求摆脱外来殖民与侵略,走上独立自主的国富民强之路。在微观层面上,具有分散的、独立的、狭隘的个体性非社会化倾向的社会成员也在追逐个人摆脱贫困,实现丰裕生活的个人主张,在这所谓个人"主见"的张扬中,追逐个体的利益和自我实现。从某种程度来说,上述两个层面具有内在的紧张和冲突感。而从恩格斯的历史发展动力说的角度来看,充满个体的、异质化的、非社会性的个人行为背后,又在恢宏、庞杂的历史多样性中内蕴着一致性趋向。

(一)经济生活中的"真实个人"

斯密以降,西方学者主张用"自利性""完全理性"等行为特征来刻画个体行为,并把其命名为"经济人"。这样的"人"有如下几个特征:一是具有完全理性,即能够根据市场信息计算得失盈亏;二是以个人利益的最大化为

目标取向,即能在单一的效用函数中计算并排列决策选项;三是以自利为目标导向,即追求自身利益是其行动的根本动机。在某种程度上,自利的"经济人"是冷冰冰的没有感情的孤立的经济动物。应该说,"经济人"假设是当时经济社会发展和哲学、伦理学科发展的产物。首先,斯密"经济人"的自利原则与社会丰裕原则主要受了霍布斯道德理性原则的影响。霍布斯认为,人性具有两项原则,即欲望和理性。他认为人性中的道德理性既可以满足个人自利的欲望,又可以使社会达到平和的环境。其次,斯密的"经济人"范式是自然秩序和经济个人主义相结合的产物。西方学者抽象出理性"经济人"并以此概念作为分析经济现象的原子式设定,用范畴设定和逻辑演绎的方法来表达社会经济运行的"自然秩序",有其学科发展的合理性。他们看到人的自利天性,具有追求自身利益的天然倾向,这一点与费尔巴哈抽象的"人"不同,看到了人的需求与理性之间的关系。这一视角既看到了利己和利他的统一可能性,也看到了个人利益与社会利益的辩证关系。他们从个人和社会相互联系的角度出发,主张近期利益和远期利益、个人利益和社会利益的结合,具有利己和利他相统一的价值取向。最后,抽象地分析人性,只看到狭隘的感性欲望,并把利己性上升为人的本性。在他们眼中,"人是肉体的、有自然力的、有生命的、现实的、感性的、对象性的存在物"[①]的自然属性替代了人作为"一切社会关系的总和"和"人的一般性"的社会属性。因而认识具有片面性和局限性,从而无法解释如下两个问题:自在与他在、人性中的私向化与社会化的矛盾问题,市场目标的单一性与群体目标"合力论"的问题。马克思虽然主张用一把宏观的尺子整体把握人类社会的历史进程及其规律,但他并没有忽略对历史活动的前提——个人的必要分析。也就是说,马克思并不排斥对个体动机和行为的分析。只有深入集体行动的微观基础的解析才能更有助于解开集体行动、个人行为与历史进步之间的迷思。

在数字化社会演变的过程中,作为"殊相"的个人与传统社会中的个人发生了巨大变化。首先,在数字化社会,个体是以传统的或现实的个体和虚拟的或数字的个体双重存在。与此对应,个体创造财富的过程也在现实空间和虚拟空间同时进行。虚拟与现实紧密结合在一起,已经很难进行截然的划分,这其实演化成"虚拟现实的融合"。其次,在虚拟空间,由于"匿名性""远程登录共在""全球构境"等影响,个人的活动具有物理空间的有限性与电子空间的无限性、全球性特征。因而,财富创造过程就不再是区域

---

① 《马克思恩格斯文集》(第1卷),北京:人民出版社2009年版,第209~210页。

的、民族的或国别的,而成为全球的、世界的或人类整体的。这样一种转化,更需要在一个更为宏观的视阈下进行考量。

一是作为"总体性"中的个人。马克思反对以抽象的总体来寻找历史演进规律,他主张以"具体的总体"为历史研究的方法来分析历史演变。马克思以社会的整体性为视角对资本主义社会进行剖析,并以"个人"作为分析单位对历史社会的发展规律进行研究,"每一个社会中的生产关系,都形成一个统一整体",①"个人在何处发现自己处于作为人类社会基本结构的生产关系之中"。② 总体性是在某一时刻现实中所包含的各种"特殊利益"的"殊相"的统一体,是"带有特殊因素的普遍性",个体性是指与作为"整体"相对的充满特殊性的个体。作为包容个体于自身中的整体,不是消灭个体和否定特殊性,而是由诸多具有特殊利益诉求的异质个体中的同质性因素所组成的集合。因此,总体作为动态的现实,是一个从过去到现在,再到未来的发展过程的历史整体。卢卡奇在《历史与阶级意识》中谈了对该历史研究方法的理解:"总体范畴,整体对各个部分的全面的、决定性的统治地位(Herrschaft),是马克思取自黑格尔并独创性地改造成为一门全新科学的基础的方法的本质。……总体范畴的统治地位,是科学中的革命原则的支柱(Trger)。"③在此意义上,任何一个历史片断或历史事件,如果不把它放到作为整体的历史过程而作"切片式"理解,都注定是片面的、局限的,都无法得到准确的说明。同样地,任何个体的行为只有放在历史大潮中,才能看到其天然带有时代印记,也才能发挥其作为"平行四边形"的社会发展动力的组成释放历史的主动。

二是作为"社会现实"中的个人。历史行动的前提不可能是抽象的、概念中的个人,而只能是从事具体社会实践、具有丰富社会属性的现实个人。在感性的、异质性个体内部蕴含着丰富的历史行动质料因与动力因的内在关系。深入认识该关系是正确认识个体行为特征及规律的前提。马克思主张不能把人性看作某种永恒不变的抽象人性,也不能用抽象不变的永恒人性来分析多样化的经济关系,而应该秉持人性的历史性和人性的社会性的关系。首先要看到自然性与社会性。所谓自然性,是指人作为"自然的、肉

---

① 《马克思恩格斯全集》(第4卷),北京:人民出版社1995年版,第144页。
② 〔德〕伽达默尔:《哲学解释学》,夏镇平、宋建平译,上海:上海译文出版社1994年版,第114页。
③ 〔匈牙利〕卢卡奇:《历史与阶级意识》,杜章智等译,北京:商务印书馆1999年版,第77页。

体的、感性的"①客观存在,具有动物属性。所谓社会性,是指个体生存的相互依存性,这是人类生存的必要条件。社会交往作为人的自觉行为和需要是社会发展和个体发展的必要条件。人类交往中的规则性、道德性,作为保证社会有序性而必须共同遵守的规则。在人类历史的很长一段时间里,在思考和认识人自身时,人们会倾向于把人的本性与自然性等同起来。其实,在社会实践过程中呈现出来的合作与互助性才是人的社会性中最为关键和深刻的内容。其次要看到个人利益与普遍利益。个人利益是指作为个体物质、精神等方面的需要而产生的利益诉求,具有局部性、个体性。普遍利益是作为异质性个体利益中的同质部分。个人利益与普遍利益间没有绝对的界限。历史上曾有以个人利益(私人利益)否认或抹杀普遍利益的情况,也有以普遍利益否认或抹杀个人(私人)利益的情况。这都或是违背人性,或是违背社会发展真实性的。在马克思看来,这个世界对单个人的私人利益而言是"充满危险"的,"因为世界并不是一种利益的世界,而是许多种利益的世界"。② 任意个人都能够也必须清楚地认识到,其自身利益的实现必然依赖于其他个人并受其他个人行为选择制约;同时,也能认识到在与异质他人间的社会互动中能更好地实现自身利益。马克思强调,每一个人自身利益的实现不仅与自身状况有关,也离不开其他个人,并且受到他们个人行为选择的综合制约,"个人利益总是违反个人的意志而发展为阶级利益,发展为共同利益,后者脱离单独的个人而获得独立性,并在独立化过程中取得普遍利益的形式"。③ 在数字化社会,这种迹象更加明显,在万物互联的状态下,每一个行为都变成数据和数据流,也都更具有交互性;而每一个行为,其主观可能是为了实现个人目标,但也为别人提供"生产资料"。譬如网络浏览,既是个人实现寻找资讯,检索信息的过程,也为网站平台进行顾客和顾客群体画像提供了信息;又如"京东""美团""饿了么"等,个人的检索和购买行为,也为平台的算法提供了数据,为算法推荐提供了依据。在这样的模式下,人们之间的"相互性"得到史无前例的彰显。

三是作为"具体化路径"中的个人。历史进程的内在联系、"大自然的一个隐秘计划",甚至民族命运的宏伟目标都需要具体化为历史事变本身,并且真实地具体化为人们的行为观念、行为动机乃至行为结果,"对现实的描述会使独立的哲学失去生存环境,能够取而代之的充其量不过是从对人

---

① 《马克思恩格斯文集》(第1卷),北京:人民出版社2009年版,第209页。
② 《马克思恩格斯全集》(第1卷),北京:人民出版社1995年版,第272页。
③ 《马克思恩格斯全集》(第3卷),北京:人民出版社1960年版,第273页。

类历史发展的考察中抽象出来的最一般的结果的概括。这些抽象本身离开了现实的历史就没有任何价值"。① 要做到真实的具体化,就不得不深入"历史的本质性的一度中去",②而不是脱离现实的纯观念形态的逻辑演绎。马克思所持的基本观点是,"表现为全部行为的动因的共同利益,虽然被双方承认为事实,但是这种共同利益本身不是动因,它可以说只是在自身反映的特殊利益背后,在同另一个人的个别利益相对立的个别利益背后得到实现的",③作为群体的共性的共同利益其实是由"私人利益的一面产生的,它决不是作为一种具有独立历史的独立力量而与私人利益相对抗"。其他人"许许多多的利益"是不依其个人意志为转移的,从而使得阶级的共同利益也具有了某种不依任意个人的私人意志为转移的客观性。

历史的发展,往往表现为个体利益与集体利益"相互作用"和"同一"的结果。在真实的历史进程中,两种利益相互作用,"为了'普遍的'、肯牺牲自己的人而扬弃'私人',——这是纯粹荒诞的想法……",④最终实现两种利益的融合,即具体的统一,"这种对立只是表面的,因为这种对立的一面即所谓'普遍的'一面总是不断地由另一面即私人利益的一面产生的,它决不是作为一种具有独立历史的独立力量而与私人利益相对抗,所以这种对立在实践中总是产生了消灭,消灭了又产生。因此,我们在这儿见到的不是黑格尔式的对立面的'否定统一',而是过去的由物质决定的个人生存方式由物质所决定的消灭,随着这种生存方式的消灭,这种对立连同它的统一也同时跟着消灭"。⑤ 在人性的社会化需求和追求社会利益共享的价值选择中,大自然把人类的非社会性的社会性对抗性引入人类社会中,将人类的艰辛劳作和痛苦不幸作为人类趋向完善的基本动力。⑥

总之,马克思以"总体性""具体化""社会现实"作为历史考察的基本方法,并把历史活动的前提——个人置于其方法论视野之下,马克思开辟了与西方学者不同的社会考察路径,从而使他对"集体行为"的分析扎根于坚实的方法论和真实的历史活动前提之上。

(二) 财富创造的"个人前提"

财富创造的关键在于经济社会发展的内在机制。那么财富创造的动力

---

① 《马克思恩格斯选集》(第1卷),北京:人民出版社2012年版,第153页。
② 孙周兴选编:《海德格尔选集》(上卷),上海:上海三联书店1996年版,第383页。
③ 《马克思恩格斯全集》(第46卷上),北京:人民出版社1995年版,第196页。
④ 《马克思恩格斯全集》(第3卷),北京:人民出版社1960年版,第275页。
⑤ 《马克思恩格斯全集》(第3卷),北京:人民出版社1960年版,第276页。
⑥ 〔德〕康德:《历史理性批判文集》,何兆武译,北京:商务印书馆1991年版,第7页。

在哪里？机制是什么？结果或效果是什么？

在形式上，任何集体都是若干个体组成的联合体，历史行动依赖于无数个体以及"联合体"而得以展开。曼瑟·奥尔森(Mancur Olson)看重利益性因素，并认为共同利益构成了集体和集体行动存在的目的。但古斯塔夫·勒庞(Gustave Le Bon)认为，个体性因进入集体而消失。马克思也看到了意识性因素的作用，但起决定作用的是社会存在，是社会的那种"不依赖于个人的、通过交往而形成的力量，从而个人的行为转化为社会关系，转化为某些力量，决定着和管制着个人，因此这些力量在观念中就成为'神圣的'力量"。[①] 与奥尔森不同，马克思不主张把人的自然性还原为动物性，把人的欲望还原为动物欲望，以及把人的本能简单化、平面化地还原为动物本能的还原论，而是主张把人看作"自然的、肉体的、感性的、对象性"存在，也就是说，要看到现实的人不是抽象的，是有血有肉，结成一定社会关系，彼此需要，有物质交换的"能动地表现自己"，有着完整的精神整体结构的人。这既是个人参与经济活动的前提，也是个人参与经济活动的实质条件。

在人们的经济活动中，其活动目的表明了经济活动的整体趋向性，从而帮助我们从经济生活发展的宏观尺度去把握个体的行为特征，寻找蕴含其中的历史坐标意义。在新的数字技术条件下，种种突发的、偶然的或早就潜在于前一阶段历史进程中的新情况、老问题会形成惯性思维，也会对数字化带来的创新趋向形成干扰。唯有通过数字化革命，不断推进数实融合、虚实融合，形成新的产业体系，数字化带来的巨大革新力量才会促进产业转型升级和新业态的诞生。

如果说经济活动的质料因表明了经济社会发展的客观物质性，那么，对该问题的回答就能揭示经济活动的质料因与目的因的辩证关系，能指引我们更好地把握经济活动的主观目的性与前提的客观性之间的决定与被决定、认识与被认识、限制与反限制等互动关系。如此看来，数字化带来的财富革命就不再是"根据隐匿的和超个体的力量所产生的作用来解释历史——社会的构造物和过程"。[②] 经济活动的物质性、客观性表明：一是财富创造不能脱离具体的社会环境，它既是对上一经济活动结果的继承，无论喜欢与否，无论接受与否，它都客观实然的存在那里，只能被动接受；它也是下一财富创造活动的起点，规定了下一经济活动的历史坐标。二是财富创造的动

---

① 《马克思恩格斯全集》（第3卷），北京：人民出版社1960年版，第273页。
② 〔德〕诺贝特·埃利亚斯：《个体的社会》，翟三江、陆兴华译，南京：译林出版社2003年版，第5页。

力蕴藏于异质个体的"本性"或"意识"之中,在力的平行四边形法则下,理想社会的发展目标与个体行为相互影响、相互整合。因此,人们思考经济社会发展时必须从个体、从"原子"、从社会的"最小单元"出发。

人类社会的发展史表明,整个人类社会遵循某种不以人的意志为转移的规律性发展。这种发展趋向不以个体的非社会倾向而改变——无论个体意识到与否,"个别的人,甚至于整个的民族,很少想得到:当每一个人根据自己的心意并且往往是彼此互相冲突地在追求着自己的目标时,他们却不知不觉地是朝着他们自己所不认识的自然目标作为一个引导而在前进着,是为了推进它而在努力着;而且这个自然的目标即使是为他们所认识,也对他们会是无足轻重的"。① 经济活动的目的之所以能够凝聚社会发展动力和引导社会发展进程,是因为经济活动的合目的的方向以及单个个体的目标和行为之间具有通约性,能够架起沟通的桥梁,"现实中并不存在那种分隔个体和社会的鸿沟"。②

总之,"大自然的根本宗旨就在于使人类的自然禀赋通过合目的性法则充分实现出来,这种实现所借以进行的根本手段或有力工具就是人的理性的运用,并以理性和以理性为基础的意志自由获得健康发展为基本目标"。③

以新的经济思想(习近平经济思想)等指引下的计划手段、宏观调控等政府力量对历史进程的支配与整合,使个体力量在追求自身利益不断创造财富的时候,也会因分有共有理念而使其理性自觉对历史发展的影响有着聚沙成塔的作用。这种自觉的个体逐渐成熟、群体逐渐增大,成为一股无法忽视的历史行动力量之时,会形成勒庞论述传统社会向现代社会转型的活跃因素,"是群众作为一种民主力量的崛起,而且在西方文明的发展过程中,这种'群众的崛起'有着'命运'一般无可逃避的特点。他断定,未来的社会不管根据什么加以组织,都必须考虑到一股新的、'至高无上的'力量,即'群体的力量''当我们悠久的信仰崩塌消亡之时,当古老的社会柱石一根又一根倾倒之时,群体的势力便成为唯一无可匹敌的力量,而且它的声势还会不断壮大'"。④ 历史发展中的这种个体能动性、自觉性与客观制约性之

---

① 〔德〕康德:《历史理性批判文集》,何兆武译,北京:商务印书馆1991年版,第1页。
② 〔德〕诺贝特·埃利亚斯:《个体的社会》,翟三江、陆兴华译,南京:译林出版社2003年版,第7页。
③ 张雄、速继明:《历史进步的寓意——关于历史普遍性与历史特殊性的解读》,《哲学动态》2008年第12期。
④ 〔法〕勒庞:《乌合之众》,北京:中央编译出版社2004年版,导言。

间的辩证统一关系受到了马克思的重视。在《路易·波拿巴政变记》中,法国社会充斥着各种"惊人的矛盾"和"矛盾的惊人的混合",在马克思看来,表面上杂乱无章、偶然的、互不连贯而互相矛盾的事实,正好表明了个体经济活动的决定性因素不全然是个人能动性的结果。作为经济社会发展的事实是,个体的力量必然作为集体力量(包括社会各阶级和各阶层)之间因各自利益驱使而相互影响和作用从而展现为集体力量,这些相互影响和作用所构成的现实趋势又对个体行为形成规制。

不可否认的是,伴随着主体性哲学的兴起,不断彰显的主体性表现在现实实践活动中就是突出和强调人的选择自由性。从古至今,有关全人类、整个国家或者一个民族命运走向的重大问题,比如选择什么样的发展方式、建构什么样的经济制度、国家选取什么样的发展战略等关乎前途和命运的问题,这些问题的选择都是与该时期经济基础相匹配的,与科学技术发展密切相关的。

因此,经济活动的现实逻辑,本质地体现在一个国家、一个民族对自己发展道路的新探索,表现在指导思想的不断丰富与完善。唯有把握好财富创造活动的精神实质,才能把握经济社会背后的流变性、始基原理和追求历史进步的动力学原理。首先,在一个更加开放、竞争更加激烈的时代,民族的发展与崛起不再是地方意识和地方现象,只有把民族的发展有意识地融入整个世界的历史大尺度进化图式中加以查审,才能确定其历史方位和发展方向。这是历史进步两重性:历史的合目的性与历史的合规律性两者相统一的逻辑必然。其次,在一个更加强调自由与选择,强调私有产权、个性和私利的时代,经济活动的现实逻辑本质地体现在通过共有理念对社会对抗性矛盾的超越而走向理想境界。

(三)数字化时代的财富观念演变

于人类而言,财富"人人都经手,事事离不开,天天都相遇,处处皆流通",[1]可谓须臾之间都离不开它。正如马克思指出的:"人们奋斗所争取的一切,都与他们的利益有关。"[2]但它显然又是个广为人知却鲜为人解的概念。

技术变革是社会变革的决定性力量,特别是随着数字技术的产生,对传统的财富观念产生了巨大冲击。数字技术引发的不仅是一场突飞猛进的信

---

[1] 张雄、速继明:《历史进步的寓意——关于历史普遍性与历史特殊性的解读》,《哲学动态》2008年第12期。
[2] 《马克思恩格斯全集》(第1卷),北京:人民出版社1956年版,第82页。

息革命,更是一场深刻的前所未有的社会变革。自数字化浪潮奔涌而来,犹如原子反应释放出的强大冲击波,裂变着人们的经济行为方式和思维法则,改变着传统的财富生产、流通、分配模式,创构了一种新的财富话语。

1969 年 8 月 30 日,因特网雏形(阿帕网)诞生了,这个平凡的事件宣告了一个不平凡时代变奏的到来——由信息革命引致的财富革命。这次革命是一次以知识为基础,以信息为主导,以世界为舞台,以个人计算机为终端,以网络为载体,以财富创造和流转为血液的新型经济社会革命。这次革命影响如此之深、之广,人们不得不从各个角度审视它。

令人感到惊异的是,20 世纪中期兴起的新技术革命掀起了横跨全球的历史变革浪潮,每个对发展有着美好期许的民族和国家都被这场浪潮所席卷,并且生成一种新型的人类社会实践和生存模式,新的现代化或后现代社会结构在加速形成,成为历史客观进程的一部分,震撼着一切有感觉神经和思维能力的生命体。

正如阿尔文·托夫勒(Alvin Toffler)在《财富的革命》一书中极力强调的:"财富正发生着前所未有的变革,不仅在数量、形态上发生了变化,而且也是被创造、分配、流通、消耗、储存和投资方式上的变化。此外,财富有形或者无形的程度必须要得到改变,知识资产将成为未来绝对主导的财富。"①也就是说,网络空间的建立,嵌入财富空间的权力结构的改变,引发了一场由数字技术引起的资源分配和重组,这是一种全局式的联动,需要人们重新评估财富的创造、财富体系、财富的分配等问题。具体来说,互联网引起的财富变革主要表现在三个方面:一是赋予了财富范畴新的时代内涵,需要重新诠释和理解;二是改变了财富的创造机制,需要重新理解财富创造深层原理;三是推动了财富进程,需要重新查审新的财富体系。

事实上,人类社会诞生以来,财富观念大体经历了以"实物形态""货币形态"和"知识形态"为主导的几种历史类型。

1. 使用价值的规定性——直接的实物形态财富观

人类对财富的认识是从物的有用性开始的,因此,"使用价值"成为财富的天然尺度,只要具有了满足人们某种需要的属性,就具备了财富的资格,"物的有用性使物成为使用价值",②而"不论财富的社会形式如何,使用价值总是构成财富的物质内容",③但"这种有用性,不是悬在空中的。它决定

---

① 〔美〕阿尔文·托夫勒:《财富的革命》,吴文忠等译,北京:中信出版社 2006 年版,导言。
② 马克思:《资本论》(第 1 卷),北京:人民出版社 2004 年版,第 48 页。
③ 马克思:《资本论》(第 1 卷),北京:人民出版社 2004 年版,第 49 页。

于商品体的属性,离开了商品体就不存在",①也就是说,内含于商品中的这种属性与"实物形态"是载体与属性的关系。早在古希腊和古罗马时期,人们已经开始从物的有用性来认识商品的使用价值。古希腊哲学家色诺芬在他的经济著作《经济论》中指出"财富就是具有使用价值的东西",指出了使用价值即对人们有用的东西就是财富的思想,肯定了商品的使用价值的重要意义。亚里士多德也认为,真正的财富就是生活上的必需品,财富也就是具有使用价值的物品的总和。法国重农学派早期学者也认为财富等同于实物本身。如皮埃尔·布阿吉贝尔否认货币本身是财富,而是认为,"只有衣食等物品,才应当称为财富,这是造物主在创造大地之后,安排了第一个占有土地的人的时候所给的名称"。重农学派另一个创始人费朗斯瓦·魁奈(Francois Quesnay)亦认为只有物质本身增加,即使用价值的增加,才是财富的增加。例如,在《谷物论》中,他把财富分为"实物财富"和"货币财富",并认为"一个国家财富,并不由货币财富的总量所规定"。② 在《人口论》中,他进一步更明白地指出:"货币是在交易时同一切种类的商品财产的售价等价的财富。货币或金银(它们可以作为货币)本身绝不是消费性财富,因为货币可以说只是贸易的工具。"③

应该说,这个时期人们关注的焦点在于物能否满足人们某个方面的需要。这样的认知在财富观念生成的早期有其合理性。这样的认知有两个特征:一是直接性。此时的人们,还没有具备深层次抽象能力,更多的是物与人的关联,也就是从最直接的关系来看物相对于人的关系。二是有用性。也就是从物的使用价值这一直接形态来认识财富。因而财富的创造过程就表现为有用物的创造过程和积累过程。

2. 交换价值的规定性——"货币形态"为主导的财富观

生产实践的扩大催生了货币这一充当一般等价物的特殊商品。马克思认为正是货币的诞生,从根本上改变了人们的心理和价值目标,从而打开了人类真正的财富源泉。④ 因为随着货币的诞生,直接使人性中"贪得无厌的占有欲和统治欲"⑤构成了恶的历史推动,使历史演化创新具有了原动力。货币的诞生,也使货币、理性与以理性为基础的意志自由相耦合,三者的结

---

① 马克思:《资本论》(第1卷),北京:人民出版社2004年版,第48页。
② 《魁奈经济著作选集》,吴斐丹、张草纫选译,北京:商务印书馆1983年版,第90页。
③ 《魁奈经济著作选集》,吴斐丹、张草纫选译,北京:商务印书馆1983年版,第120页。
④ 陶国富:《马克思与西美尔货币哲学的历史追问与现实思考》,《马克思主义研究》2008年第1期。
⑤ 〔德〕康德:《历史理性批判文集》,何兆武译,北京:商务印书馆1991年版,第7页。

合使人类的自然禀赋通过合目的性的历史过程而得以展开。正如格奥尔格·西美尔（Georg Simmel）在《货币哲学》中认为的，"从来没有一个这样的东西能够像货币一样如此畅通无阻地、毫无保留地发展成为一种绝对性的价值，一种控制我们实践意识、牵动我们全部注意力的终极目的"。①

重商主义的财富观。重商主义作为"资本的最初解释者"，他们开展了"对现代生产方式最初的理论探讨"。② 重商主义倾向于把货币看成财富的唯一形态，把货币多少看成衡量国家富裕程度的标准。重商主义的出现，使人们在学术视野上摆脱了中世纪神学的藩篱，使人们开始用世俗的标准和原则研究财富问题，从而不仅从实践的角度对社会财富的来源做出了符合历史逻辑的解释，而且研究了财富的运动逻辑。但重商主义仅把金银货币看成财富的唯一形态，把对外贸易看作增加财富的唯一源泉。也就是说，重商主义颠倒了手段与目的的辩证关系，误把财富作为最高目的本身，人们需要做的就是不惜任何代价来获得货币和扩大货币的积累，因而重商主义"仍然只是把这种活动本身理解为局限于取得货币的活动"，③而人类自身沦为匍匐在货币面前的卑贱的奴隶。在此基础上，发展出了拜物教和拜货币教。

重农学派的财富观。重农学派开始从流通领域向生产领域转变来研究财富问题。将财富源泉从流通领域转向生产领域，具有重大的经济学意义。正如马克思所说："真正的现代经济科学，只是当理论研究从流通领域过程转向生产过程的时候才开始。"④重农学派这一研究路径的转换，开辟了古典政治经济学财富研究的新视域。如配第就认为：财富的源泉不是在流通领域而是在物质生产领域。重农学派财富思想的转换具有重要的理论意义。首先，对人的主体性的初步确认，在重农学派这里，"全部财富被归结为土地和耕作（农业）"，⑤也就是说，"财富的主体本质已经移入劳动中"。⑥其次，为资本主义经济秩序的建立奠定思想基础。重农学派以"自然秩序"的思想来探索经济社会发展的规律，这一点与资本主义经济秩序的思想基础具有一致性。

古典政治经济学派的财富观。发展到古典政治经济的中期，政治经济

---

① 〔德〕西美尔：《货币哲学》，陈戎女、耿开君、文聘元译，北京：华夏出版社2002年版，第8页。
② 《马克思恩格斯文集》（第7卷），北京：人民出版社2009年版，第375页。
③ 《马克思恩格斯文集》（第8卷），北京：人民出版社2009年版，第27页。
④ 《马克思恩格斯文集》（第7卷），北京：人民出版社2009年版，第376页。
⑤ 《马克思恩格斯文集》（第1卷），北京：人民出版社2009年版，第180页。
⑥ 《马克思恩格斯文集》（第1卷），北京：人民出版社2009年版，第180页。

学走向成熟,并以宏大的理论体系为资本主义所创造的强大生产力作了理论的说明。斯密在以《国富论》为代表的著作中,为资本主义的财富扩张提供了宏大的逻辑证明,并力图揭示资本主义制度与财富原理的深层勾连。他从经济人假设出发,构建了恢宏的财富扩张体系。斯密首先对配第以来的观点作了重新审察,比较系统地阐述了"劳动价值论",指出劳动才是财富的唯一源泉。他"在私有制范围内""揭示出财富的主体本质"①:"私有财产的主体本质,作为自为地存在着的活动、作为主体、作为个人的私有财产,就是劳动。"②而大卫·李嘉图(David Ricardo)对斯密"劳动是财富的唯一源泉"没有涉及自然因素(土地)的观点作了补充,指出财富的最终源泉,除了劳动外还有自然因素。斯密及其追随者的财富研究并不单单完善了财富体系,而且还涉及财富的源泉、财富的积累、财富的分配等领域。总之,斯密及其追随者从理论上对财富体系进行了梳理,从心理机制、市场机制、制度机制对财富体系、财富源泉进行了最初的说明论证。

马克思对古典经济学财富理论的继承与批判。随着货币向资本的转换,人类由传统的生存体系步入现代市场意义上的以资本为内核的财富扩张体系,财富已然脱离了受黑格尔意义上的"绝对精神"所支配的市民社会财产关系的抽象形式,成为资本中轴社会不可或缺的社会坐标。马克思就是在此坐标下考察财富问题的。马克思的财富概念包含三层含义:物的纬度、社会关系维度和人的全面发展的维度。

一是物的维度。在马克思看来,"人作为自然存在物,而且作为有生命的自然存在物",③总是依靠一定的物质财富才能生存下去,"任何人如果不同时为了自己的某种需要和为了这种需要的器官而做事,他就什么也不能做"。④ 因此,为了满足人类的某种需要,人类的对象化劳动与人的"需要"本性链接起来,"任何一种不是天然存在的物质财富要素,总是必须通过某种专门的、使特殊的自然物质适合于特殊的人类需要的、有目的的生产活动创造出来"。⑤ 财富满足了人类生存需要的路径使人类社会发展出繁荣蓬勃的经济,"资产阶级在它的不到一百年的阶级统治中所创造的生产力,比过去一切时代创造的生产力还要多,还要大",⑥但在另外一条路径上走得

---

① 《马克思恩格斯文集》(第1卷),北京:人民出版社2009年版,第178页。
② 《马克思恩格斯全集》(第3卷),北京:人民出版社2002年版,第289页。
③ 《马克思恩格斯全集》(第3卷),北京:人民出版社2002年版,第324页。
④ 《马克思恩格斯全集》(第3卷),北京:人民出版社1960年版,第286页。
⑤ 《马克思恩格斯文集》(第5卷),北京:人民出版社2009年版,第58页。
⑥ 《马克思恩格斯文集》(第2卷),北京:人民出版社2009年版,第36页。

也很远：财富过溢的通兑性，使其对人性产生侵蚀，改变了人与人内在的关系维度，也影响了人的认知系统和评价系统。马克思在肯定财富对人类自身及人类历史进程巨大影响积极意义的同时，也批判了商品拜物教背后的拜物逻辑，并对人类对传统的发展理念所包含的人与自然、人与社会、人与人之间关系进行深刻反思。

二是社会关系维度。马克思不但看到了财富"属物"的自然属性，还看到了蕴藏在商品体中的社会关系，"它是隐蔽在物的外壳之下的关系"，①即"一种社会生产关系采取了一种物的形式"。② 马克思非常关注社会关系维度中的财富。他力图从财富关系中发现财富背后的社会关系问题，他对人类奴役自然、资本奴役"他者"等现象予以无情揭露，并对物质主义的生存本体论予以深刻批判。

三是人的全面发展的维度。马克思把人的全面发展作为财富的尺度，在马克思看来，人的存在作为一种自由自觉的历史活动，在于人能够通过对象化活动不断为自身的全面发展创造条件。而这个过程，也是财富不断使人的存在及其本质"对象性确证"过程，正如马克思指出的，"真正的财富就是所有个人的发达的生产力"。③ 总的来说，马克思关于财富的讨论既没有武断地否认实物财富与货币财富的历史积极性，也没有只看到财富于人的生存与发展的意义，而是在人与自然、人与社会、人与人的坐标中为财富标定刻度，正如他所说的："事实上，如果抛掉狭隘的资产阶级形式，那么，财富不就是在普遍交换中产生的个人的需要、才能、享用、生产力等等的普遍性吗？财富不就是人对自然力——既是通常所谓的'自然力'，又是人本身的自然力——的统治的充分发展吗？财富不就是人的创造天赋的绝对发挥吗？"④这段论述表明，人类经由对象化劳动创造财富的过程也是为自身发展不断创造条件促进自身全面发展的过程。

应该说，伴随货币成为人类经济活动的中介，改变了财富创造过程中时间、空间、地理等因素对人们创造财富过程的限制，使经济行为在一定程度上"松绑"，在一个更为自由的时空维度中组织生产和交换。这一点的意义是影响深远而重大的，为财富的充分涌流奠定了重要基础。首先，对财富的认知从有用性、从流通领域转向生产领域，这对于深刻理解财富的本质及其

---

① 《马克思恩格斯全集》(第31卷)，北京：人民出版社1998年版，第426页。
② 《马克思恩格斯全集》(第31卷)，北京：人民出版社1998年版，第427页。
③ 《马克思恩格斯全集》(第31卷)，北京：人民出版社1998年版，第104页。
④ 《马克思恩格斯文集》(第8卷)，北京：人民出版社2009年版，第137页。

背后社会关系是重要的一步。其次,在资本主义社会,货币向资本的转换,存量货币(剩余劳动)不断的资本化,使财富创造的雪球得以在资本逻辑的轨道上不断滚动。最后,伴随财富观念的转化,对财富认知的不断深化,使财富在社会关系、人的全面发展等维度的认知上也不断深化,为人们正确认知财富、使用财富奠定了基础。

3. 知识经济的规定性——"知识形态"为主导的财富观

到20世纪中叶,经济发展的核心生产要素由传统农耕文明发展所需的土地和劳动,发展到传统工业文明生产经营所需的资本和劳动,并最终在数字化时代(抑或互联网时代)发展为科学技术为核心的知识。尤其是在20世纪末随着电脑软件这一脑力劳动产品对物质生产活动的重大改变,让人们从依靠体力劳动获取生产资料转向了依靠脑力劳动提高生产效率,人类从传统经济历史发展阶段进入知识经济或新经济历史发展阶段。也就是说,现代社会逐渐进入了安东尼·吉登斯所说的"由技术成就和专业队伍所组成的体系",并且"正是这些体系编织着我们生活于其中的物质与社会环境的博大范围……以连续不断的方式影响着我们行动的方方面面"[1]的专家系统组成的知识社会。早在100多年前,马克思就敏锐地发现,"资本主义生产方式的特点,恰恰在于它把各种不同的劳动,因而也把脑力劳动和体力劳动,或者说,把脑力劳动为主或者以体力劳动为主的各种劳动分离开来,分配给不同的人。但是,这一点并不妨碍物质产品是所有这些人的共同劳动的产品,或者说,并不妨碍他们的共同劳动的产品体现在物质财富中"。[2] 丹尼尔·贝尔(Daniel Bell)对"知识社会"做出具体阐述并产生巨大影响。他在《后工业社会的来临》中认为,"在识别一个新兴的社会制度时,人们不仅要根据推断的社会趋向来设法了解基本的社会变化,而且要根据成为社会制度中轴原理的某些明确特点,才能确立一种概念性图式"并进而指出,"后工业社会是围绕着知识组织起来的,其目的在于进行社会管理和指导革新与变革;这反过来又产生新的社会关系和新的结构……"[3]20世纪90年代初,知识在社会经济中的作用更加凸显,彼得·德鲁克(Peter F. Drucker)在《后资本主义社会》中进一步提出,我们正进入知识社会,这个社会是"基本经济资源……不再是资本、自然资源……它现在是并且将来也是知识。现在,价值由'生产力'和'技术创新'来创造,而这两者都是将知识

---

[1] 〔英〕安东尼·吉登斯:《现代性的后果》,田禾译,南京:译林出版社2002年版,第24页。
[2] 《马克思恩格斯全集》(第26卷第一册上),北京:人民出版社1972年版,第444页。
[3] 〔美〕丹尼尔·贝尔:《后工业社会的来临》,高铦、王宏周、魏章玲译,北京:新华出版社1997年版,第21页。

应用于工作"。① 也就是说,这是一个知识成为社会的核心,并且日益代替权力与资本,成为世界向前发展的动力的社会。

知识经济的产生,对财富产生了巨大的冲击,这种影响体现在对财富概念以及财富体系的重新审视。综上,我们可以看出财富由实物形态到货币形态再到知识形态的嬗变轨迹。因特网催生的数字化的诞生,使全球财富一体化进程大大加快,跨国金融活动克服了地域和时间上的限制,人们几乎可在全球范围内实现信息的瞬时传送,使财富流通瞬时完成。在财富从根本上摆脱了时间和空间约束,不断向虚拟性转换的同时,大量新的金融工具、金融市场和金融机构不断涌现,为全球金融一体化提供了适当的载体,这就促使财富概念的外延有了拓展。

知识经济的产生,也引起了财富载体的变化。也就是说,确立了新的财富体系,"我们取得这种成就的方式是通过发明犁、战车、蒸汽机车和麦当劳快餐,是通过共同发明了一系列我们一直称之为'财富体系'的东西而取得的"。② 按照阿尔文·托夫勒的观点,至今人类已经实现了三次财富体系的变革:第一次发生在大约1万年前,人类发明了农业,这是"创造财富的一种具有革命意义的新方法"。③ 因为人类"不再靠大自然恩赐,而可以在某种程度上让自然界按照我们的意愿去做了"。④ 在这次财富浪潮中,大多数农业社会里以数代同堂的大家庭为生产单位创造了我们所谓的农业文明。第二次革命性财富体系和社会(即工业主义)出现于17世纪晚期,在地球的许多地区掀起了第二次改革和剧变的浪潮,这次财富浪潮是基于标准化生产流水线的制造技术,按照标准化、专业化、同步化、集中化、集权化和最大化的普遍原理建设起来的,所带来的是工业一体化。第二次浪潮社会用核心家庭替代了第一次浪潮中大多数农业社会里数代同堂的大家庭,并且建立了越来越高的垂直型等级制度。第三次浪潮大概肇始于20世纪50年代,革命性财富的根源可以追溯到1956年。因为在这一年,"美国的白领和服务行业的就业人员人数首次超过了蓝领工人的人数。这种劳动力结构上的巨大变化可以说是一个新的起点,以体力劳动为基础的工业经济开始过渡到了以知识或者脑力劳动为基础的产业经济"。⑤ 也就是说,这次财富革

---

① [美]彼得·德鲁克:《后资本主义社会》,张星岩译,上海:上海译文出版社1998年版,第8页。
② [美]阿尔文·托夫勒:《财富的革命》,吴文忠等译,北京:中信出版社2006年版,第19页。
③ [美]阿尔文·托夫勒:《财富的革命》,吴文忠等译,北京:中信出版社2006年版,第20页。
④ [美]阿尔文·托夫勒:《财富的革命》,吴文忠等译,北京:中信出版社2006年版,第20页。
⑤ [美]阿尔文·托夫勒:《财富的革命》,吴文忠等译,北京:中信出版社2006年版,第6页。

命用"愈加精深"的知识替代着工业生产、土地、劳动和资本的各种传统因素,用"非对抗性的知识"的运用来影响获取和分配财富的过程。托夫勒确信:这次财富革命一经触发,那将会是以知识为基础,并融合社会体系、文化体系、宗教体系、政治体系甚至更多体系的宏大架构。这次基于服务、思考、了解和试验的财富浪潮,通过将生产、市场和社会的一体化分解而建立一种个性化经济、体验型经济、以消费为主导的服务型经济。这次浪潮承认并且接受不同模式的家庭结构,以一种"松散的联合"模式打破了各种组织,并且向网络和其他许多替代的结构过渡。随着知识传播以电子代替原子,知识大爆炸真切地在全球范围内上演,这使财富浪潮获得持久的推动性力量,促进财富体系以一种史无前例的气概扩张,"随着明天的经济和社会初现端倪,我们所有的人都面临着一次最疯狂、速度最快的旅行,而这次旅行所驶向的未来是任何前辈们都没有经历过和想象过的"。[①]

总的来说,与知识经济具有相似背景的数字化过程,财富观发生重要变化,有如下一些特征。

一是内涵更加丰富,外延更加广泛。1995年世界银行首次公布了用"扩展的财富"指标作为衡量全球或区域发展的新指标,"扩展的财富"由生产资产、自然资产、人力资源和社会资本四组要素的总和构成。托夫勒也对新财富概念做了阐释:"它指任何财产,或是共有或是独有,并具有经济学家们所谓的'用途'——它给我们提供了某种形式的安乐,还可以用于和其他形式的能够提供安乐的财富来交换。不管怎么说,财富就是欲望之子。"[②]

二是财富概念展现出其包容性特征,不但指向经济学视域中的涂尔干和西美尔所说的那种"自成一类的存在"的物质财富,把财富仅仅看作是生产、交换、分配和消费领域的东西,看作是资本、土地和劳动等生产要素相互作用的结果,也指向人与人、人与物,包含着丰富的社会属性、人学属性。

三是互联网平台的使用,使财富从一个个体性、家庭型的概念演变成为一个跨地域的全球性概念。在数字化的推动下,一方面,财富从根本上摆脱了时间和空间约束,其概念外延有了拓展;另一方面,数字化使全球财富一体化进程大大加快,跨国金融活动克服了地域和时间上的限制,财富流通瞬时完成。

当然,财富概念的这种转换一方面拓宽了人们的财富认知,指引人们更好地创造财富;另一方面,一旦财富范畴理解和把握上的非批判性和抽象性

---

① 〔美〕阿尔文·托夫勒:《财富的革命》,吴文忠等译,北京:中信出版社2006年版,第373页。
② 〔美〕阿尔文·托夫勒:《财富的革命》,吴文忠等译,北京:中信出版社2006年版,第14页。

得以无限扩张,就可能导致人们难以从根本上消解意识深处所充斥的财富幻象,从而驱使人们走向疯狂追逐财富的道路上来,扭曲对财富的价值和意义的理解,并繁衍成一种充斥社会的意向性存在,把人变成盲目的、失去对自身逐利行为进行德性反思的个体。

四、数字化引发的财富创造的变革

数字经济是创造社会财富的新经济形态,将持续赋能经济实现高质量发展。党的二十大报告明确指出要打造数字中国,并以数字强国,"加快发展数字经济,促进数字经济和实体经济深度融合",[①]大会还对数字经济的发展趋势、发展特点作出判断,指出要"加快发展数字经济,促进数字经济和实体经济深度融合,打造具有国际竞争力的数字产业集群。优化基础设施布局、结构、功能和系统集成,构建现代化基础设施体系"。[②] 在数字化的大浪潮之下,科技创新与金融元素不断融合,社会生产过程中的生产、流通、分配和消费四个环节正在实现数字化变革。

(一) 重塑了财富生产过程

数字经济时代,数据作为一种新的生产要素,在整个生产中的比重不断增加,重塑了传统的生产模式。生产开始由消费者主导,个性定制需求使得生产从批量供给到按需定制,生产模式更加柔性化、模块化,数据的流通与共享也使得网络协同生产成为可能。生产商可以不再依靠生产产品本身,而是产品所附带的数字增值服务产生新的价值空间。

1. 从批量生产到按需生产、个性化定制

在过去,厂家生产什么,消费者就只能买什么,整个生产流程由供给端发起并主导。生产依附于计划,"销售预测"是整个组织生产的核心,所有工作都围绕这一假设展开。供给端和需求端之间存在层层经销商的距离,制造商难以直接触及消费者,消费者也很难将自己的真实需求传递给制造商,两者之间存在割裂。而数字经济时代,基于互联网、大数据、人工智能的C2M(消费者直连制造商)新型生产模式对传统生产模式造成了巨大的冲击和挑战。用户跨过中间渠道,向制造商提出自己对产品的个性化需求,厂家根据需求制定具体的生产计划,进行反向生产制造,打破了传统的"生产—库存—销售"模式,转向以销定产。消费者还能直接参与到产品的设计、生

[①] 《高举中国特色社会主义伟大旗帜 为全面建设社会主义现代化国家而团结奋斗——在中国共产党第二十次全国代表大会上的报告》,北京:人民出版社2022年版,第30页。

[②] 《高举中国特色社会主义伟大旗帜 为全面建设社会主义现代化国家而团结奋斗——在中国共产党第二十次全国代表大会上的报告》,北京:人民出版社2022年版,第30页。

产、服务等各个环节中,甚至可以通过终端实时监控产品生产情况。此外,传统制造型企业交涉的对象大多数是品牌商、批发商、经销商等B端客户,以大批量订单为主,生产的节奏是"按部就班的",而C2M模式下,制造商直接面对C端用户,要求对用户需求做出及时的响应,使得生产的节奏更加灵活、敏捷,传统生产要素的生产率得到提高,推动企业生产线、供应链、内部管理制度乃至整个商业模式都发生了变革,对生产端带来深层次的改造。生产价值链从传统以产定销下的"产—供—销—人—财—物"转变为以销定产下的"人—财—产—物—销",实现了消费者与制造商的直接交互,充分满足客户的个性化需求,打造了数据驱动的智能工厂。

2. 从刚性的流水线生产到高度灵活的柔性化、模块化生产

20世纪初,福特汽车推出的流水线生产模式揭开了工业经济时代标准化、规模化生产的序幕。福特发明的流水线把汽车制造分解成上百道工序,每个工序标准化、单纯化。生产线上人员的位置相对固定,每人只负责某个固定流程,按部就班地完成工作。一条生产线一般只能生产一种规格的产品,工人连续不断地进行规模化、标准化生产,生产效率得到大幅提高。流水线生产方式随着自动化和信息化的发展达到了顶峰。如可口可乐实现了全自动化生产,生产效率和成本达到极致。该生产方式所创建的标准化原理、作业单纯化原理以及移动装配法原理奠定了现代化社会大生产的基础,但也使得传统的生产显得过于"刚性":固定的生产节拍、固定的生产工艺、产品的任何变化都要适应现有的生产工艺。而数字经济时代,市场和产品被不断细分,用户的个性化、差异化需求越来越强烈且变化较快,订单碎片化趋势明显。在市场需求不确定性的情况下,很多厂商不愿意大批量订货,而是更多通过小批量订货来试产试销,等到测试出市场的真实需求后,才开始大批量订货,小单、短单、急单大行其道,倒逼生产端必须改变传统刚性的生产模式,以快速响应市场的新需求和新变化。通过流水线规模化批量生产出来的产品将不能满足人们的多样化需求。依托大数据、智能化等技术,以数据驱动的柔性化生产、模块化生产冲击了刚性的流水线生产模式,解决了大批量生产和小批量定制之间的矛盾,实现大规模定制生产。

3. 从集中式、单链条生产到分布式、网络化协同生产

传统生产制造环节基本在企业内部独立完成,集中化生产使得员工只能在特定的地点、有限的地理空间进行规模化生产。数字经济推动的制造业协同冲击了这种较为封闭的生产模式,更多生产环节从生产链条中剥离出来,通过分包、众包等方式完成,包括工艺过程开发等核心环节都可以外

包,并通过供应链管理、产品生命周期管理等软件系统进行管理,分散化的网络协同生产逐渐取代集中性的规模化生产。一方面,通过建立统一的标准,打通分散于不同层级、环节、组织的"数据孤岛",让数据在不同系统间自由流动,实现企业制造各层级(纵向)和产业链各个环节(横向)的互联互通和协同化生产。通过纵向和横向数据打通,最终实现设备、车间、工厂、流程、物料、人员乃至产业链各个节点的全面互联。另一方面,通过实时数据感知、传送、分析和处理,围绕用户需求和产品全生命周期进行资源动态配置和网络化协同,最终形成端到端生产制造全流程信息共享和融合,从而最大限度地实现个性化定制、快速响应市场需求。价值传递过程从传统制造单向链式转向并发式协同。

4. 从制造产品到制造产品以提供增值服务,即产品服务化

制造型企业传统的业务集中在以制造执行系统为核心的生产环节,包含人员、设备、物料、方法和环境等生产要素。然而,数字经济时代,消费者由过去对于产品功能的追求转变为基于产品的更为个性化的消费体验的追求。因此,生产制造的价值链不断向消费端延伸,注意力从以往以生产系统为核心,向以满足用户需求为导向的产品与服务转移。一个产品的价值不再仅仅是产品这个实体本身,而是以这个产品为载体的数字技术增值服务,由服务衍生出新的价值空间。产品服务化的业务模式将生产端和消费端衔接起来,彻底颠覆了传统制造业的商业模式。产品服务化也使得传统的"制造"概念得到扩展,制造不仅仅关注产品的生产过程,产品的全生命周期都应被看作是制造的过程,更注重客户使用周期的价值创造过程。这种服务型制造的运作模式不同于传统制造模式。传统以库存管理为基础的制造运作管理理论不再适用,需要建立基于能力管理的服务型制造系统的运作模式。

5. 生产管理从经验驱动到数据驱动、智能决策

传统生产车间中的主要生产要素是人、机、料,即由人以手工方式或控制机器将物料变成产品,人的知识、技能和经验起主导作用,生产效率主要取决于车间管理者的能力和执行者的效率。过去三大工业革命中,无论是使用统计科学进行质量管理,还是精益制造体系带来的工艺和生产效率的进步等,都是围绕人的经验展开的,运行逻辑始终是:发现问题—人根据经验分析问题—人根据经验调整生产要素—解决问题—人积累经验。而数字经济下智能制造的一大价值点在于制造企业可以传承自身积淀的技术、知识等,从以往"依靠人的经验"转变为"依靠数据的洞察",其运行逻辑是:发生问题—模型分析问题—模型调整生产要素—解决问题—模型积累经验

并分析问题的根源—模型调整生产要素—避免问题。① 简言之,数据驱动的智能制造系统能够学习人的经验,从而替代人来分析问题和形成决策;能够从新的问题中积累经验,从而避免问题的再次发生。通过给生产线、生产设备配备传感器抓取数据,并通过无线通信网传输数据,数据中心对收集到的数据进行分析,形成决策并反过来指导生产。机器算法将替代人的决策过程,形成对资源、能源、时间等生产要素的动态配置,并在数据反馈中不断优化算法精度,提升决策水平。

(二) 变革了财富分配机制

人类发展史是一部社会生产力的进步史,从农业时代到信息时代,每一轮科技革命不仅颠覆性地改变了人类的生产生活方式,还对国民收入分配格局产生了深入而持久的影响。当前,以数字技术为代表的新一轮产业革命方兴未艾,经济发展新业态、新模式和新分配关系更新加快,数字经济成为未来社会发展的主要"变"量,使社会生产关系和成果分享方式逐步转变,从而使得社会财富分配机制发生重大变革。

1. 数字经济参与初次分配

数字经济兼具创造和共享财富双重属性,既可将"蛋糕"做大,又能广泛惠及受益人群。首先,在促进生产力发展同时累积社会财富,使社会更加富裕。随着数据成为新的生产资料和关键生产要素,其通过充分发挥数据资源转化优势并链接到各项经济活动中,使得土地、资本、劳动力等传统要素发生变革、重组和优化,从而转化为辅助企业实现降本、提质、增效的生产要素,进而提高全要素生产率。其次,创造新供给与新需求,拓展市场空间,惠及广大中小企业。互联网技术的发展不仅赋予了产品和服务数字性能,还催生了许多新模式新业态,而这些新的消费方式将会重塑市场经营模式,给市场注入新的活力和创造力,也给企业带来新的发展机会。同时,中小企业可以借助新一代数字技术,与大企业一起更加广泛地参与创新合作,充分利用大型平台,快速迭代发展。最后,催生新的就业形态,使得就业方式更为灵活,有效提升就业质量。随着数字技术与各行业的融合,电子商务蓬勃发展,催生了诸如外卖骑手、网络主播、网约车司机等新型就业岗位,劳动力市场呈现出平台化、无组织、碎片化等新特点,有效开辟了就业新空间、释放了就业活力,有益于就业实现稳步增长。

2. 数字经济参与再分配

再分配旨在加强对分配差距的调节作用,其主要任务是通过税收和转

---

① 〔美〕李杰等:《从大数据到智能制造》,上海:上海交通大学出版社2016年版,第5页。

移来调节收入差距。客观地说，中国数字经济虽然发展迅猛，但对再分配的贡献并不突出，与数字经济的产值相比，税收总额及其增长率需要提高。而且，与传统经济相比，数字经济领域的不合理避税问题更加严重，在偷税、漏税方面的问题更为突出。原因是数字技术催生了多元化的雇用关系和劳动协作关系，数字经济中的诸多新业态新模式致使广大经营者收入来源灵活多样，更容易通过诸如成立公司或借助股权激励等方式进行转移，使得一些人的个人税率低于实际年收入。与此同时，除了跨境电子商务，大型电商平台、在线广告等还没有特别的税收政策。未来，国民收入分配格局的演变将进一步加快，也可能面临更多未知的情景，更需要"调高、促中、就低"，从而构建更有韧性、更具适应性的收入分配调节政策体系。

3. 数字经济参与三次分配

三次分配主要由高收入人群自愿以募集、捐赠或资助等慈善公益方式对社会资源和社会财富进行分配。数字产品本身具有普惠性，通过多方参与、协同共治，充分发挥科技伦理治理的成效，也是数字经济参与三次分配的一种方式。如 AI 传感器大大缩短了食品安全检测时间，一些数字企业通过产品的无障碍和适老化设计，以数字信息化手段营造平等、方便、舒适的现代生活环境，增强对老年人的护理和照料。此外，公益数字化也是数字经济参与三次分配的体现。实际上，在高效率保护生物多样性、便捷提供乡村弱势群体帮扶志愿信息、反诈骗等社会活动中，数字经济发挥了重要作用。尤其在疫情期间，数字经济在保障日常生活所需、提升经济韧性乃至助力乡村振兴、城乡融合发展等方面做出了积极贡献。三次分配作为初次分配和再分配的有益补充，通过全社会营造浓郁的人文关怀氛围，秉持"科技向善"的原则，数字经济将有利于重塑公益事业的价值链和生态格局，缩小社会差距，实现更合理的收入分配，从而助推国民物质、精神"双富裕"时代的实现显著提速。

（三）影响了财富流通与交换机制

从流通来讲，以电子商务为核心的平台型企业是当下数字经济发展最显现的部分，也是数字技术对传统行业冲击力度最大的领域，未来的流通行业将是数字流主导下的物流、人流与资金流的系统优化。

在工业经济时代，大规模生产和广大分散消费者之间的联系，主要是靠层层分销的流通体系，产品从生产企业，经过批发、零售，实现一个地方到另一个地方，从生产者到消费者之间的转移。而从亚马逊到淘宝、京东、美团等数字服务平台的出现改变了产销关系，改变了生产者与消费者之间传统的链接方式。淘宝、京东提供了一个基于网络的虚拟空间、交易平台，它和我们实体空间本质上的差别在于突破了时空的限制,让供需之间形成了更多更可能的交互机制。未来数字经济发展,将继续深度改革产销关系、改变流通行业格局。

从产销流通链条看,数字经济进一步发展将推动流通行业从电子商务升级到全产业链数字运营。数字经济发展的这种改变背后是信息网络技术的支撑结果,在3G、4G乃至5G出现以后,基于网络的流量支持,让传统生产与消费之间的信息流,从传统与线下面对面的交互模式,转向了基于网络的跨时空交互模式。但当前,数字技术对流通领域的改变仍处于供需链接方面,是"平台—商户—数字广告—流量导入"的电子商务模式。电子商务本质仍然是商品买卖的中间服务环节。电子商务主要解决的是渠道问题,对于上游生产商、下游消费者,目前的平台并未有更深入的增值价值服务。未来,产销之间,数字化技术将从流通环节渗透到生产环节,深刻改变生产的组织方式。未来流通领域的数字化变革在于消除流通,去中心化、去枢纽化、去平台化,让设计、生产和消费者之间形成直接的定制化服务链接,这将是未来最重要的变革趋势。

从流通要素构成看,未来的数字经济发展将全方位改变人流、物流、资金流和信息流之间的耦合交互机制。对于流通环节,我们需要从人流、资金流、信息流和物流这四流关系综合审视。过去这四流纵向是层层分割,横向是各自为政。未来,这四流中信息流将成为控制其他人流、物流、资金流流向的核心环节。所有的人流、物流、资金流都将转变为数据流,并与供销间、产销间的信息流叠加为一个复合的产业数据流。这个数据流是产业互联网研究的新命题,也是产业互联网和消费互联网之间在流量入口竞争方面需要破解的新命题,就是人流和信息流谁吸引谁的问题。

(四) 形成了数字化消费

随着中国居民可支配收入的攀升和数字化市场的繁荣,消费力步步升级,衍生了新需求、新场景、新产品,推动着整个行业朝着健康化、功能化方向转变,中国正迎来一个消费升级的全新时代。

一是数字经济背景下消费市场呈现新的发展态势。一方面,随着Z世代群体步入社会,个性独立、喜好多元已成为其鲜明的标签,消费能力和对流行事物的影响力也在不断攀升,逐渐成为提振消费的重要力量。与此同时,中老年人也因数字经济的全面渗透而不断接触、学习到许多新事物,其消费愈发注重精神层面的需求,消费升级趋势愈加明显,从而使得消费的主体力量呈现不断更替的局面。另一方面,移动互联网时代带来了前所未有的渠道红利,传统产业与互联网的结合开始加速发展,数字技术促使消费内容日趋多元化,短视频、直播带货等加速了电商业态发展,网络消费规模持续增大。同时,服务性消费同样也在不断发展,正在逐渐成为网络消费新热点,服务行业的发展也促进了消费的增长。

二是数字经济时代消费者行为的不确定性增加,更加多元化、个性化、特色化。一方面,由于数字技术持续迭代升级,且受到众多电商平台直播带货等的影响,消费者接收到的信息冗杂加大了信息不对称,容易造成消费行为的非理性化,甚至出现冲动型消费。而在消费需求呈现个性化、多元化的驱动下,新型数字消费蓬勃发展,催生了丰富的数字服务和产品,加之政府出招、平台出力,"促消费"手段可谓百花齐放,使得广大消费者可以通过数字技术以及人工智能技术等新技术对所需产品实现个性化、特色化定制。另一方面,消费者更倾向于体验消费,尤其是社交、运动等消费需求提升,总体来看更加注重消费质量。技术升级让消费者有了新的购物体验和更多的购物需求,除了重视商品本身的质量,更注重购买商品带来的愉悦体验。与此同时,随着消费渠道的多样化发展,线下购物也在逐步升级,街区式的购物中心更受消费者青睐,这种沉浸式、开放式的主题体验街区正在推动线下消费的发展。

三是数字化服务拓展消费新空间。一方面,数字化服务正在成为主流,可以看到传统的服务,如教育培训、医疗健康、养老托育、文旅体育等线上线下融合发展加快。2021年,在线购买职业培训服务持续增长;在线餐饮整体增速加快,销售额同比增长30.1%;在线文娱市场快速恢复,在线文娱场次数同比增长1.2倍。新型的数字服务,如网络直播、数字惠民等新型数字消费不断涌现,引领定制、体验、智能、时尚消费等新模式新业态发展。另一方面,电子商务培育高品质数字生活,引领消费升级。生活服务数字化赋能行动,如社区小店"一店多能",标准化连锁经营,提供零售、医疗、健身、垃圾回收等便利化、多样化生活服务,保障民生需求。消费数字化发展行动,发展新一代沉浸式体验消费,丰富电子书籍、影视等数字内容产品;引导红色场馆、剧场影院等开展线上服务,拓展在线教育、远程医疗等新兴数字服务消费。

四是数字经济驱动下消费升级呈现新方向。与传统消费不同,随着互联网技术的发展,加上消费者的消费习惯向多元化、个性化升级,依托数字技术、人工智能等新应用的新型数字消费蓬勃发展。大量机遇的背后,也意味着,消费服务的提供方,即企业和商家,需同步升级消费产品、优化服务模式。如临近国庆旺季,各地商家绞尽脑汁、各出奇招,并结合平台提供的数字化工具,希望促进消费、获得持续的盈利。与此同时,数字化情景具有更强的传播和示范效应,大众更加注重绿色、健康消费。消费者对生鲜、健康用品等必需品的地域壁垒被打破,社区对于数字化消费的认知度和接受度提高,大型商超和O2O(线上对线下)到家服务平台的合作模式有望持续推广。

五、数字化时代的财富体系变革

财富体系就是财富被创造的方式。某种程度上,人类所取得的物质文明、精神文明的丰硕成果正是财富体系不断建立和进化的结果。在漫长的人类历史演进中,人们先后建立了三个财富体系,也先后经历了三次财富体系的格局转换。

(一)农业文明的财富体系

第一个财富体系建立于大约1万年前,人类创造了农业文明。在这个体系里人类不像过去那样单纯依赖上天的恩赐从自然攫取而获得生存的可能。第一个财富体系具有三个特点:一是人类从攫取经济(向自然采集果实、渔猎等)向生产经济发展过渡。也就是说,第一次以农耕定居为特征的财富体系使人类社会由为了最简单的必需品而只能捕猎或者到处搜集食物的狩猎者(或粮食搜集者)逐渐转向了放牧或田园耕种。这使人类从食不果腹的饥饿和半饥饿状态进步到有能力生产出剩余产品。人类可以在自己的意愿指引下改造自然。这种"播种—收获"式的农业在其缓慢向全世界的普及中,给人类带来了一种全新的生活方式。二是带来了大范围的劳动分工。由于生产能力的提高,为人类劳动提供了商品交换的可能,从而产生了以贸易、易货贸易、买和卖等形式的交流的需要。在此之前,由于生产条件的不同,各氏族、部落之间只有个别的、偶然的交换,以获取生活必需品。自从畜牧业成为独立的生产部门后,生产效率提高了,产品有了剩余,便出现了扩大了的、经常性的物物交换。三是这次财富体系的建立,不但促进了社会分工,也推动了家庭分工。虽然仍然以数代同堂的大家庭作为生产的基本单位,但男子逐渐在畜牧业中占据主要地位,母系氏族逐渐衰落。

(二)工业文明的财富体系

第二次财富体系变革始于17世纪晚期,人类创造了工业文明。这次财富浪潮是基于标准化生产流水线的制造技术,按照标准化、专业化、同步化、集中化、集权化和最大化的普遍原理建设起来的,所带来的是工业一体化。第二个财富体系变革具有三个特点:一是这次财富体系的建立带来了工厂、城市化和世俗主义。标准化、流水线的生产模式结合泰罗制的刚性管理机制使自然资源和要求反复进行重体力劳动的技术结合到了一起,使生产活动变为一种机械的、不断重复的且能推广到全球并被复制的生产模式。

二是这次变革以核心家庭替代了第一个体系中的大多数农业社会数代同堂的大家庭,并且建立了越来越高的垂直型等级制度。三是这次变革带来了对抗性特征的生活模式。新的生产方式、家庭和社会结构与传统的价值观、家庭组成模式和政治、宗教观念产生了冲突,将一批新兴的商业、城市及工业精英的利益与根深蒂固的农业精英的利益对立了起来。同时,呈几何级数扩展的规模工业主义污染了地球,使作为自然的一部分的人类自身与自然对立起来,人类不得不面对一系列的问题:持续流失的水土,不断上升的海平面,不断减少甚至灭绝的植被,等等。

(三)数字文明的财富体系

第三次财富体系变革肇始于 20 世纪中叶,人们创造了知识文明(也有人称为数字文明)。根据梅特卡夫法则,计算机网络的数目越多,它对经济和社会的影响就越大。因此,当以互联网为载体的数字化爆炸性地向经济和社会各个领域进行广泛地渗透和扩张的时候,就为第三次财富变革注入了持久性的推动力量,成为第三次财富格局转换的基本动力,促使财富体系以一种史无前例的气概扩张。这场革命以数字技术的不断创新为推动力、以开放的知识为基础,从制造领域、管理领域、流通领域的数字化扩展到包括政府宏观调控的一切经济领域,逐渐形成一个经济体系。保罗·霍肯(Paul Hawken)在其《未来的经济》一书中写道:"一个需要了解的最重要倾向是质量和信息在产品和服务中比例的变化,"[①]乔治·吉尔德(George Gilder)则将信息革命描绘成本质上的一次"大脑超过物质"的革命。这一切判断建立在如下事实之上:在社会系统中任何特定的知识分配依赖于它在多大程度上得到编码和抽象。

一是数字化使有关交易的信息可以通过编码和抽象的过程,在信息空间自由传播和共享。它能以比以往更加快捷的方式促进产业进步,引导个人、组织和社会的成长与发展:首先,编码过程拓展了社会生产力。计算机、通信技术等在社会生产中广泛应用推广,原有的机器设备也在数字技术的改造下向智能化、现代化发展,提高效率和节约资源。其次,以"1"和"0"为基础的编码技术从本质上改变了知识的积累、储存方式。同时,因特网技术加强了人们之间的交流与合作,实现资源共享,更加有利于知识的创新和积累。再次,编码技术带来了新的商务模式,引发了企业流程再造的管理革命,实现了生产潜力组织方面的本质变化。

[①] 转引自〔英〕马克斯·H. 布瓦索:《信息空间——认识组织、制度和文化的一种框架》,王寅通译,上海:上海译文出版社 2000 年版,第 40 页。

二是经常性发生的信息流导致交易模式的产生,这在某种条件下结晶为组织和制度。高效率的市场成为经济交换的范式依赖于抽象的编码信息的迅速和广泛扩散:首先,互联网技术使得跨越时空的连续交易成为可能,市场不断趋向于经济学家对效率(理想市场)的界定。① 其次,市场只有在进行交易的价格体现所有和交易有关的买卖双方信息的情况下才能取得高效率。因此,对市场的"理性预期"事实上就等同于要求所有这样的交易信息充分编码、抽象和扩散。

三是编码的信息不但是财富流转的一串串数据流,而且也成为价值的储存、度量和交换的手段。今天被认为最接近实现高效率理想的市场是工业化国家的金融市场。由于现代通信技术的发达,所有参与者成为全球金融市场网络中的一个节点,他们可以通过互联网技术在单位时间内获取和处理更多的信息。这意味着,信息能在一个特定的编码和抽象水平上,在特定的单位时间里可以到达一个很大的扩散群体。另一方面,数据处理和传送能力的增加减少了计算的压力。计算能力的提高意味着信息的产生和交换可以发生在比迄今为止更低的编码和抽象水平上。

与前两次财富格局转换相比,第三次财富革命具有如下几个方面的特征:首先,数字化对经济社会发展的作用得到最大化的反映。因为这次革命是一次用"愈加精准"的信息替代了工业生产、土地、劳动和资本的各种传统因素,用"非对抗性的知识"的运用来影响获取和分配财富的过程。其次,这次革命与第二次标准化生产和工业一体化不同,是一次基于服务、思考、了解和试验的财富浪潮,通过将生产、市场和社会的一体化分解开而构建一种个性化经济、体验型经济、以消费为主导的服务型经济。再次,从对家庭结构的影响来说,这次浪潮承认并且接受不同模式的家庭结构,以一种"松散的联合"的模式打破了各种组织,并且向网络和其他许多替代的结构过渡。然后,摆脱了传统社会的各种关系结构(如中国差序格局下的人缘、地缘、血缘关系等)对经济行为的羁绊,使编码的抽象信息可以通过不受个人感情的影响或社会组织结构的约束而自由流通与传递。最后,第三次财富革命打破了过去实体经济占主导的格局,推动实体经济向虚拟经济转变,使经济系统的虚拟程度越来越高。虚拟经济一方面能把社会闲散资本聚集起来,打破空间限制,在相同的时间间隔内创造更多的财富;但另一方面,由于虚拟经济具有极强的虚拟性和投机性,随着金融资本的膨胀,它和产业资本

---

① 〔英〕马克斯·H. 布瓦索:《信息空间——认识组织、制度和文化的一种框架》,王寅通译,上海:上海译文出版社2000年版,第339页。

的距离越来越大,当虚拟经济全面超过实体经济时,资产泡沫一旦被戳破,就必然导致经济体的崩溃,给社会带来巨大灾难。

总的来说,第一个财富体系主要基于种植农作物,第二个财富体系基于生产制造商品,第三个财富体系基于服务、思考、了解和试验。三大体系既创造了三大文明,也带来了三大文明之间的差异。在人类的发展演进过程中,这三大财富体系的演化进程代表了人类当时的财富创造水平,代表着世界财富创造在时间和空间上展开的"规律—趋势",但也客观上体现着区域经济与世界级财富创造程度之间的距离——这一点在经济全球化的今天显得更加突出和影响巨大。

作为亘久不变的铁律,财富是人类生存、繁衍与发展的物质载体,表征着人类朝着历史的理性目标前进的能力;财富积累的多寡及其通兑性,也使其成为人们竞相追逐的目标。但财富作为一个历史的范畴,它必然随着人类历史实践活动方式的变化,随着人类经济交往形式和商品交换程度的发展而不断获得新的规定性。互联网技术的诞生与运用,引起了财富的深刻革命。这场革命主要表现在三个方面:一是财富范畴获得了新的时代内涵与意义,即从"使用价值规定性"向"交换价值规定性"再到"知识经济规定性"转换;二是财富创造获得了新的表现形式,即互联网技术使"时间原理""空间原理"和"知识原理"交织在一起,成为财富创造的深层机理;三是财富体系发生了根本性转换,使人类社会从"农业文明"到"工业文明"再向"知识文明"转换。互联网引起的财富革命是深刻的,也是全面的,且这种革命性力量在全球化的今天将不断显现,并将不断把财富革命推向深入。

第三章　数字化时代财富创造的内在逻辑

一、财富创造的历史原理

在传统社会,统一性的过分强调,牺牲了个体的特殊差异。共同体的统一性通过自然历史的绵延被意识形态化为社会的信仰符号或精神崇拜物,人的生活方式直接存在于社会整体中,并且与它有着普遍有效的同一性。在现代性社会中,个人的特殊愿望或需求并不刻意地表现社会的方向,几乎没有一个特殊的规定性是作为普遍的东西的总体呈现的。个人的特殊愿望或需求,却又或多或少,或直接或间接地表述着社会的总体性。

(一) 财富创造:人的自然秉性与大自然的根本宗旨之间的历史合力

在合目的性法则的指挥棒下,人类的自然禀赋得以统一并且充分地释放,这是大自然的根本宗旨。要实现这个释放的过程,就离不开人的理性这一根本手段或者思维工具的运用。也就是说,基本目标就是理性得到伸张或者建立在理性基础上的自由意志全面地健康发展。康德通过善恶与自由的关系,阐释了现代性市场产生的客观必然性,提出了现代性经济学体系的基础观点和思维原点。正是创造财富的原始欲望有力推动着历史的发展,人类社会历史才会从起初的野蛮社会进入文明社会;而随着文化的启蒙、传播和兴起,传统的尊崇道德的自然禀赋被以现实经济发展利益为代表的实践性原则所取代似乎不可避免,"没有这些东西,人道之中的全部优越的自然禀赋就会永远沉睡而得不到发展"。[①]

现代文明的产生,正是人类理性的光辉引领,在一定程度上造就了人类基因财富创造欲望的"风口",并且这个过程是带有原因论性质的。这从一种角度解释了现代社会财富快速增长的原因:人类的行动是在自然范围内的,并且应该在自由的范畴中——"人类的预见需要根据自然法则的联系,

---

[①] 〔德〕康德:《历史理性批判文集》,何兆武译,北京:商务印书馆1991年版,第8页。

但在有关未来的自由的行为方面人类却必须放弃这种吸引或指示"。① 也就是说,经济社会的发展并不能简单地以确定不疑的结论概括,但这并不是说历史进步存在着缺陷,反而更能说明一个结论,那就是人类不仅能够在历史进步中享受进步的过程与成果,同时拥有取得历史进步的主动权,因为历史进步的起点是人类遵从内心所作的没有拘束的选择所呈现的必然结果。

人的财富创造欲望的尊重与开发,不但是个体特殊性的表现,其满足的过程也是现代社会快速发展成熟的过程。惠特克在其著作《经济思想流派》中解释:"究竟什么才可称之为近代经济学呢?……近代经济学是对于欲望满足的客观研究。"②人性的使然,人人都不会抗拒财富和权势的诱惑,而这种对于金钱和权力无休止的欲望就是推动历史发展的基本动力。正是对金钱财富等的原始欲望,推动了农耕文明加大经济作物种植和提高亩产量,驱动了工业文明利用机器升级技术提高单位生产率,欲望的刺激下,既给人类带来了文明,也形成了市场的雏形并发展壮大,市场经济应运而生,成为市场经济快速发展的内在动力,"欲望,有各种痛苦甚至死亡本身作为它的武器,支配了劳动,鼓起了勇气,激发了远见,使人类的一切能力日益发达。每一种欲望获得满足时的享受或愉快,对于那些克服了障碍和完成了自然的计划的人,是一种无穷尽的报酬的源泉"。③

某种程度上,现代文明正是人类在长期进化过程中逐渐用理性战胜身体内部原始欲望后的必然性结果。在《实用人类学》中,康德认为声誉、强力和货币钱财是影响人的行为能力三个方面的力量。而这三股力量一旦转化为情欲时,展示给世人的面貌就是荣誉癖、统治癖和拥有癖。④ 拥有癖是指人对财富的衡量标准——货币无止境的"占有欲","钱就是敲门砖,财神爷光顾谁,对穷人关闭着的一切大门都会朝他洞开"。⑤ 正是这种手段所带来收益的诱惑性,也催生了拥有癖,甚至在达到一种极端的状态时,所谓的最纯粹的拥有的意义中,连享受都是可以被过滤掉的成分,这就是为达到维持某种特殊权力的目标而舍弃一切的境地。面对社会历史这一推进方式和必然进程,康德舍弃了对进程没有丝毫影响或作用的伤感主义的一种消极态度,而是转向人类智慧发展的进步成果——理性工具的使用,以矛盾发展观来综合研判这个问题。他的观念是,为了把人的自然禀赋全部发挥出来,大

---

① 〔德〕康德:《历史理性批判文集》,何兆武译,北京:商务印书馆1991年版,第162页。
② 〔英〕惠特克:《经济思想流派》,徐宗士译,上海:上海人民出版社1974年版,第72页。
③ 〔美〕康芒斯:《制度经济学》(上),于树生译,北京:商务印书馆1962年版,第276页。
④ 转引自张雄:《货币哲学:从思想史谈起》,《学术月刊》2003年第8期。
⑤ 〔德〕康德:《康德文集》,北京:改革出版社1997年版,第614页。

自然把人类的非社会性的社会性这种对抗性引入人类社会,将人类的艰辛劳作和痛苦不幸作为人类趋向完善的基本动力。① "这里的对抗性一词,我指的是人类的非社会的社会性;也就是指人类进入社会的倾向,而这一倾向又是和一种经常威胁着要分裂社会的贯穿终始的阻力结合在一起的。而这种禀赋显然就存在于人性之中。人具有一种要使自己社会化的倾向;因为他要在这样的一种状态里才会感到自己不止于是人而已,也就是说才感到他的自然禀赋得到了发展。然而他也具有一种强大的要求自己单独化(孤立化)的倾向;因为他同时也发觉自己有着非社会的本性,想要一味按照自己的意思来摆布一切,并且因此之故就会处处都遇到阻力,正如他凭他自己本身就可以了解的那样,在他那方面他自己也是倾向于成为对别人的阻力的。可是,正是这种阻力才唤起了人类的全部能力,推动着他去克服自己的懒惰倾向,并且由于虚荣心、权力欲或贪婪心的驱使而要在他的同胞们——他既不能很好地容忍他们,可又不能脱离他们——中间为自己争得一席地位。于是就出现了由野蛮进入文化的真正的第一步。"② 他充分意识到人们对私欲和利益的不竭追求构成了社会历史发展和人类自我突破进步的根本动力,历史进步的真正杠杆就建立在个体与社会两者之间的对抗和纷争之中。③ 在康德看来,人类历史的进程始终伴随着个体与类的二律背反的悲剧性冲突,个体历史的艰辛痛苦与人类历史的不断收获的相互交织就构成了人类历史的基本面貌。④

概括来讲,在人类历史中,大自然的合目的性与合规律性的发展是辩证统一的。⑤ 从道德作为历史进步的唯一尺度向以人的欲望所牵引的世俗经济发展的历史进步尺度转变,标志着历史真正进入了现代性社会。

(二)市场、欲望与共同意志的达成

随着货币向资本的转换,资本逐渐成为现代社会肌体的"血液",人类的市场欲望瓦解了传统经济结构,直接推动了现代经济体系的形成。以财富

---

① 张雄、速继明:《历史进步的寓意——关于历史普遍性与历史特殊性的解读》,《哲学动态》2008年第12期。
② 〔德〕康德:《历史理性批判文集》,何兆武译,北京:商务印书馆1991年版,第7页。
③ 康德认为,对抗性是人类的非社会的社会性,"没有这种非社会性的而且其本身确实是并不可爱的性质,……人类的全部才智就会在一种美满的和睦、安逸与互亲互爱的阿迦底亚式的牧歌生活之中,永远被埋没在它们的胚胎里。……因此,让我们感谢大自然之有这种不合群性,有这种竞相猜忌的虚荣心,有这种贪得无厌的占有欲和统治欲吧!"(康德:《历史理性批判文集》,何兆武译,北京:商务印书馆1991年版,第7页)。
④ 张雄、速继明:《历史进步的寓意——关于历史普遍性与历史特殊性的解读》,《哲学动态》2008年第12期。
⑤ 速继明:《世俗化:现代性生成的历史表征》,《学术月刊》2008年第12期。

创造为核心的现代经济体系就是通过制度所设定的特殊个人与普遍的东西——风俗与法律等社会事物——之间的差异而产生的。在传统社会,整体强调普遍统一性,但牺牲了特殊差异。共同体的统一性通过"自然"历史的绵延被意识形态化为社会的信仰符号或精神崇拜物。人的生活方式直接存在于社会整体中,并且与它有着普遍有效的同一性。在现代社会,个人的特殊愿望或需求并不刻意地表现社会的方向,几乎没有一个特殊的规定性是作为普遍的东西的总体呈现的。尤其在以资本为中轴的社会,真实的利己主义特殊性总是制造着假定的普遍性(非历史进化趋势的普遍性)与自身相呼应。特殊性不论是单独出现,还是作为从形式普遍的东西中抽象出的一种集合体,都不表现真正的历史普遍性的本质存在。黑格尔在《法哲学》中指出:"通过辩证的运动,主观的利己主义借助普遍转化为特殊的中介,因此,每个人在为自己获取、生产和享受时,实际上是在为任何其他人的享受而获取和生产。造成这种情况的强制根源于每个人对全体的复杂的相互依赖,它现在将自身向每个人展示为普遍永恒资本。"①黑格尔的社会存在本体论的教条包含着"人类是由特殊个人构成"这一基础性内容,他试图通过"每个人对全体的复杂的相互依赖"的表述,将特殊和(不存在的)普遍直接联系起来,一方面是享乐互惠地生产感性的特殊性,另一方面是逻辑地设定并神秘地摆脱了与之相冲突的普遍性。

可见,西方近、现代化历史推进过程中生长出的"普遍永恒资本"的符咒,它既是利己主义特殊性的派生产物,也是对康德的历史普遍性寓意的偷梁换柱,更是西方现代性社会长期奉守的假定的普遍性的精神理念。正是从这个意义上,现代的经济意识,应当被理解为一种分离意识,即真实的历史普遍性与现实的历史特殊性的分离,绝对形式与世俗内容的分离,社会共有的同质因素和私向化个人存在的异质因素的分离。特殊性不论是单独出现,还是作为从形式普遍的东西中抽象出的一种集合体,都不表现真正的历史普遍性的本质存在。现代社会就是通过制度以及个别自我中设定特殊个人与普遍的东西。

在现实社会中,以资本为核心的财富体系使现实生活世界愈来愈趋于形式化、公式化和计量化,它对历史普遍性的疏远,主要是通过一种虚假的普遍主义来指认的:当下的"价值通约主义"信条是人类历史难以改变的普遍存在的精神。人类从神性化世界转向俗性化世界以后,我们被抛到一个价值通约、以财富多寡作为社会地位和生活品质,乃至人生成功与否的物性

---

① 〔德〕黑格尔:《法哲学原理》,范扬、张企泰译,北京:商务印书馆2017年版,第210页。

世界之中。价值通约主义显示了人类的主体性在世俗社会的张力,它以一种经济性符号来兑换对象化世界的一切存在。价值通约主义与现代性的关联主要反映在三个方面:一是它通过经济价值作为主观价值的客观化,对于直接享有的主体和对象之间的距离化产生影响。长期的无障碍的价值通约,客观上带来了主体意志的强化。二是永恒的资本观念和商品世界可自由兑换的原则,构成了近代形而上学对世界存在的绝对性理念的一种经验证明。三是生活世界的物性化存在与精神世界被完整地通兑为物性世界的交换单位有着不可分割的联系。价值通约主义导致的现代性后果是显而易见的,货币有着如此特权:一种特殊商品与其他一切商品相对立而获得代表或象征它们的交换价值的特权。这种特权构成了市场的交换习俗,依靠一种抽象的价值单位,即由商品的买者和卖者协商决定的价格内在地规定着货币单位来运行市场既是可能的,又是必需的。货币的这种可通约、可兑换功能,随着市场张力的扩大,不断由技术领域向社会领域渗透,由物质层面向精神层面渗透,由经济单位向经济域外的各部门渗透。现金支付成为人们之间唯一的纽带,这种"人人都经手,事事离不开,天天都相遇,处处皆流通"①的流转性质客观上极易导致一种错觉,即货币可以通兑一切。

二、财富创造的时空逻辑

追求高效率是资本增值的应有之义,时间成为激发高效的主要参照框架。由于科学技术的突飞猛进,当今的资本增值方式无论是在宽度、广度还是速度上都发生了翻天覆地的变化。而时间本身随着资本增值方式的改变也发生了极大的变化:"生产的不断变革,一切社会关系不停的动荡,永远的不安定和变动,这就是资产阶级时代不同于过去一切时代的地方。一切固定的古老的关系以及与之相适应的素被尊崇的观念和见解都被消除了,一切新形成的关系等不到固定下来就陈旧了。一切固定的东西都烟消云散了……"②时间的变化反过来改变了人们观察世界、改造世界的方法和能力。

经典物理学发展了基督教的线性时间,确立了量度物体运动变化的绝对时空观;以资本为核心的财富体系在绝对时空观中获得支持,而时空也被资本不断地塑造为资本化的时空。在当代,数字技术的突飞猛进促进了信

---

① 张雄、速继明:《历史进步的寓意——关于历史普遍性与历史特殊性的解读》,《哲学动态》2008年第12期。
② 《共产党宣言》,北京:人民出版社2014年版,第32页。

息交换速度和交通水平的提高,空间壁垒逐渐消融,在真正意义上实现了"时间就是发展的空间",时间与空间的关系逐渐变得松散,产生了时空分延或时空压缩现象,而这正是以资本为动力的现代社会进行疯狂财富创造的结果。

在特定的时空坐标中,以一种历史大尺度的精神反思及量度西方文明,通过对历史逻辑的内在环节加以整理和联结,我们就会在建构西方文明的诸多共相中发现"时空""资本"这两个重要概念。时空与资本的相互叠加构成了现代性社会发展重要的驱动力。正如戴维·哈维(David Harvey)在《后现代的状况》所说:"在一般的金钱经济中,尤其是在资本主义社会里,金钱、时间和空间的相互控制形成了我们无法忽视的社会力量的一种实质性的连接系列。"①作为金钱的更高表现形态的资本,一旦以一定的方式与时空组织起来,就确立了资本增值方式和资产者对利润的追求方式,从而也内在地形成一种推动社会进程的力量。

(一)时间维度:财富创造的标尺

现代性通过理性观念、主体性原则的整合,时间成为调整整个社会秩序的主要框架和把握历史进程、整理人类行为的重要尺度。人类社会的进程表明,工业文明的兴起离不开如下几方面的奠基。

一是现代时间的获得。正如勒·戈弗则指出的:商业活动需要建构"一种用于有序的商业经营的较为适当的可以预言的时间尺度"。②"可以预言的时间尺度"既要区别于农耕生活的"自然节奏",使人们摆脱直接依赖自然条件的手工作坊和依靠天时的农耕渔牧,又要脱离宗教的含义,避免"神"对人们经济行为的干预,还要给人们一种允诺,一种对未来的企盼,一种主体性的确认。

二是时间计量方式的获得。可精确计算和安排的时间是工业生产的必要手段。手段计算合理化的趋向是现代社会的特征,也是资本主义兴起的条件。资本主义社会的本质是一个彻底商品化的世界,这个商品化生产体系表现出了普遍计算理性化的特点。也就是说,生产过程中的各种投入要素以及产出都能以账簿的方式得以体现。这对于理性化具有重要的意义,因为在此基础上才能进行成本核算,也才能建立投入产出函数,包括求得边际量。这种记事方式理应包含对时间的标识和计算。

---

① 〔美〕戴维·哈维:《后现代的状况:对文化变迁之缘起的研究》,阎嘉译,北京:商务印书馆2004年版,第226页。
② 转引自〔法〕路易·加迪:《文化与时间》,郑乐平、胡建平译,杭州:浙江人民出版社1988年版,第33页。

三是时间的价值性的提升。人们在取得了以获取社会财富为目标的经济行为的道德合法性之后,也获得了一种危机意识,也即人们如何在流逝的时间中高效地安排时间实现资本增值,而不是浪费时间。宗教时间向现代绝对时间的转换,使具有地域性特征的时间转换为具有普遍意义的常态生活时间,使个人的主体性行动得以与社会集团群体性行动相比较,从而取得资本主义大生产的一致性。近代资本主义的兴起是与以时间作为社会发展的尺度同步进行的,时间与资本的形而上学的联姻以及形而下的实践支持,使时间成为社会发展、资本拓殖的标尺。

应当指出,时间维度对财富创造的演化有着重要的作用。

一是利用时间实现财富增值,从而获得宗教合法性。在"时间就是金钱"的商业社会,时间的价值必定以货币的方式体现,并且内化于作为货币的更高形式的资本增值过程中。时间成了经济生产中精密计算和精心安排的对象。马克斯·韦伯(Max Weber)在《新教伦理与资本主义精神》中援引本杰明·富兰克林对典型的美国资本主义精神的一份自白,旨在说明:新教精神正是将高效的利用时间追求增值作为对上帝忠诚的回报。新教精神的实质,就是把世俗社会人生的有限生命时间同天国的永恒时间连接起来,试图鼓励一种入世的世界观和时间观。①

二是现代时间使资本对"他者"的剥削和控制成为可能。人们一直在积极地探索一种可以在经济生活中最大化地利用短暂的、稍纵即逝的时间的途径。米歇尔·福柯(Michel Foucault)在《规训与惩罚》中所揭示的政治哲学的本质,正是以资本为中轴的经济社会制度时空运转的缩影。他提出了权力体系(政权、监狱、军队、经济组织等)与时间的运用技术——时间表相结合的方法。时间表作为消除浪费时间的危险方法安排了一种积极的机制——在理论上时间可以不断强化使用的原则。这种新技术用于控制每个人的时间,调节时间、肉体和精力的关系,保证时段的积累,致力于资本利润的持续增长或最大限度地使用稍纵即逝的时间。通过这种细致的内在安排,人们就趋近于逼近一个使人保持最高速和最大效率的资本增值极限。②

三是对时间的分割(时间表),体现了财富增值的意愿。重构时间节奏要有效地利用时间,就要打破长期以来人们在田园生活中形成的生命时间观念,远离昼夜循环、四季更替的时间韵律和春种秋收冬藏的经济模式。由

---

① 高宣扬:《鲁曼社会系统理论与现代性》,北京:中国人民大学出版社 2005 年版,第 238 页。
② 〔法〕福柯:《规训与惩罚:监狱的诞生》,刘北成等译,北京:生活·读书·新知三联书店 2003 年版,第 177 页。

机械文明和脉冲定时的量化、快速、高效、可预见的时间环境把一天的时间精确划分为24等份,并且规定一天中什么时候该做工,什么时候该休息,什么时间属于工厂,什么时间属于自己的一种安排,从而取得资本增值体系的"同步化"。由工厂的劳动哨子和计时钟来协调的工作时间表保证了早期工业经济的高效率与良好的资本预期。历史学家威廉·麦克尼尔就认为,在历史的整个进程中,为了取得同步,一直在进行某种带有节奏的大众活动,而这种同步反过来又提高了生产力。总之,匀速流逝的可计量时间与无限制地寻求增值的资本获得了内在关联。资本一旦被绝对时空观纳入直线式单向发展轨道,就内蕴着不以人的意志为转移的逻辑规定性,资本便单边地行驶在吞噬自然、泯灭人性的脱域轨道上。

(二)绝对时空观与财富创造

希腊人是测度时间概念的创造者。毕达哥拉斯学派说"时间就是天球",柏拉图说"时间是天球的运动",亚里士多德说"时间是运动的数目",①他们都将时间与运动的度量联系在一起。然而,亚里士多德的数目是模糊不清的,由于无法计量,时间本身并没有数量化,对运动的描述也只是定性描述。巴罗第一次明晰了近代物理学的时间概念:"时间并不意味着真实的存在,而只是存在之持续的能力或可能性,正如空间表现了所含之物的度量能力一样。……就时间绝对的和内在的本性而言,时间的确不更多的意味着运动。时间的量,本身既不依赖事物的运动也不依赖静止,……作为数量本身,它是独立于一切运动的绝对的量,尽管我们说不出这种纯粹的量是什么。"②该观念为牛顿绝对时空观的提出奠定了基础。牛顿继承了巴罗、笛卡尔的时空思想,认为时间是物质运动的一种属性,"绝对的、真实的、数学的时间,由于它自身的特性,与任何外界事物无关地,均匀地流逝",③牛顿将时间理解为与物质运动无关的"绝对均匀的流逝",将空间理解为与物质运动无关的"绝对空虚的框架",从而将时空归结为某种独立自在、永恒不变的所谓绝对时间和绝对空间。"绝对"的形而上学内涵有四点要义:一是对一个预设前提的不加批判的默认;二是把动态的、有条件的分析系统还原为静态的、无条件的逻辑符号和逻辑运算;三是把杂多的世界还原为单一的、具有终极意义上的几何质点;四是物理学的逻各斯中心主义与哲学和宗教的逻各斯中心主义相一致。

---

① 转引自吴国盛:《时间的观念》,北京:北京大学出版社2006年版,第104页。
② 转引自吴国盛:《时间的观念》,北京:北京大学出版社2006年版,第110页。
③ 〔美〕塞耶:《牛顿自然哲学著作选》,上海:上海人民出版社1974年版,第19页。

绝对时空观随着资本的魔力布展在全球范围内固定为一种集体无意识,于是"历史即世界的历史"①的观念就在现实中获得了它以前只是在思辨的思想中拥有的东西:把人们认为的一系列在根本上独立的事件进行内在关联——资本把历史普遍化了,也把世界总体化了。

实质上来说,斯密的《国富论》就是一部从资本的立场表达社会经济秩序的"资本论"。17世纪中叶到19世纪初,资本主义生产方式处于蓬勃发展的上升期,生活在这一时期的斯密,一方面批判地继承了配第、奎奈、休谟等人的经济思想,另一方面又以欧洲经济发展状况为考察对象,系统地揭示了通过商品生产获取价值的资本循环。《国富论》经济体系的建立如果离开了绝对时空观念,显然是不可能的。绝对时空观奠定了牛顿动力学基础,也就是奠定了近代经典物理学的基础。

在牛顿的视野中,世界就是一个和谐、有序、质量卓绝的机械装置。机械的世界构成了一个巨大的抽象系统,同一性的形而上学的逻辑在这个系统中展开,他让人们用一种同质化的、量的尺度去衡量一切存在。世界的差异性被降低为量的、程度上的机械性差别。机械性的世界图景使人们相信,一切存在都是一个个巨大的机械,在一定的尺度上和谐运转着。这种同质化、数量化的物理学方法形成了一种以数学演绎为基础,将被观察的对象理解为某种靠准确的数学方法描述或分析的静态结构的思维方式。当时的人们试图以这种框架理解社会经济现象,试图在经济学领域建立一个绝对精密的"钟表"。斯密把经济行为、经济现象看作是一个按照严格计划塑造出来的、逻辑上协调一致的整体存在,并认为经济秩序服从于一种内在逻辑,由一只看不见的手来指引达到某种确定的目的,社会经济现象具有可以被认识并被解释说明的自然规律。于是,斯密仿效牛顿力学的实证方法,通过设定"经济人"这一"原子"式的分析单位,开创并使用了理性经济人这一高度抽象的历史理性模型,从而建立了巍峨庞大的西方经济学体系。而资本就是这个庞大体系内奔涌流动吞噬一切壮大自身的血液。

黑格尔哲学正好是在英国工业革命完成后确立的。与经济学的接触,使黑格尔真正从神学的理念王国开始回落到现实历史的物质和经济基础上,从而使他的理性逻辑的进一步发生得以建立在欧洲历史现实发展的制高点上。他站在欧洲经济发展的现实基础上,将市民社会从逻辑上定位为"是在现代世界中形成的,现代社会第一次使理念的一切规定各得其所"②

---

① 黑格尔第一次探究"世界历史"的过程,只不过他是"哲学地"来认识的。
② 〔德〕黑格尔:《法哲学原理》,范扬、张企泰译,北京:商务印书馆2017年版,第224页。

的历史阶段。这是一种历史的肯定。因为他认为,世界历史发展到资本主义社会已达到了尽善尽美的顶峰,资本主义社会具有无限的永恒性。黑格尔在劳动与时间的解读中,明确地表达了永恒内在于时间的命题,他在政治经济学的解读中赋予了资本"永恒的符咒"的光环。黑格尔把时间的差异还原为一种持久的现在,它在自身中既包含过去也包含未来。真正的现在就是内在于时间中的永恒。① "因此,人们可以从时间的肯定意义上说,只有当前存在,这之前和这之后都不存在;但是,具体的当前是过去的结果,并且孕育着将来。所以,真正的现在是永恒性。"② 海德格尔认为,在黑格尔的视域中,"现在序列在最极端的意义上得以形式化并且以无以复加的方式被敉平了",③ 从而使得"生与灭在时间中都不具优先地位"。④ 在"现在"之光的"普照"之下,历史成了劳动的收成,当下成了历史的终结,欧洲经济结构成了具有"普遍性"的东西。所以,就在黑格尔把"现在"永恒化的地方,资本也被永恒化了,成为"普遍永恒"的"绝对资本"。在黑格尔的体系中,在使欧洲成为"历史的绝对终点"⑤的同时,以"现实的合理性"和"自由的实现"的名义,借助于"每个人对全体的复杂依赖",通过这种"理性的狡计"使"理性的基本命运""世界的最终设计"转化为"普遍永恒资本"的世界。黑格尔为了使绝对不能超越的资本的既定社会新陈代谢合理化,只好以"神的理念"的名义将"市民社会"的世界和整个构造无批判的永恒化。⑥ 并且,作为一种历史上特殊的社会新陈代谢控制方式,资本制度必然把自身当作一种唯一的命令结构来表达和巩固。

马克思从实践角度看时间,从时间角度看价值,从价值角度看资本。众所周知,商品具有使用价值和交换价值,使用价值是商品的有用性,具有自然属性;交换价值作为人类一般劳动的结果,体现了生产关系内容,具有社会属性。交换价值的大小由价值量大小来决定。商品的价值是由物化的抽象劳动形成的,因而构成商品价值量的只能是社会必要劳动时间。而衡量

---

① 〔德〕卡尔·洛维特:《从黑格尔到尼采》,李秋零译,北京:生活·读书·新知三联书店2006年版,第281~282页。
② 〔德〕黑格尔:《哲学全书》第259节"附释";〔德〕海德格尔:《存在与时间》,陈嘉映等译,北京:生活·读书·新知三联书店2006年版,第487页。
③ 〔德〕海德格尔:《存在与时间》,陈嘉映等译,北京:生活·读书·新知三联书店2006年版,第487~488页。
④ 〔德〕海德格尔:《存在与时间》,陈嘉映等译,北京:生活·读书·新知三联书店2006年版,第487页。
⑤ 〔德〕黑格尔:《历史哲学》,王造时译,上海:上海书店出版社1999年版,第110页。
⑥ 〔英〕梅扎罗斯:《超越资本》(上卷),郑一明等译,北京:中国人民大学出版2003年版,第28页。

劳动量的天然尺度——社会必要劳动时间是在商品生产者背后自发地形成的,人们并不能对它进行直接的准确的观察和计量。通过这个逻辑链条,时间就进入了马克思的分析视域。由于马克思所理解的劳动是人的主体性对象化实践活动,因此,时间也就打上了实践的烙印,转化为社会人之间的彼此联系并且建立在这种联系上的所有社会属性,"劳动时间本身只是作为主体存在着,只是以活动的存在着"。[1]"社会必要劳动时间"这一概念的提出,为建立剩余价值理论、揭示资本主义社会的生产本质、揭示资本主义社会的生产关系、揭示资本主义历史命运打下了坚实的基础。马克思在分析资本主义社会的商品价值时找到了社会必要劳动时间这个公分母,从而把时间纳入实践唯物主义视野。资本主义社会就是一个"庞大的商品堆积"的社会,它把大量资源投入商品的生产中,也就是致力于使用价值的生产。这种商品生产的目的不在于直接的消费,而是通过交换这一中介从而获得期望的额外的价值增值。但是如果只是讨论商品的使用价值,由于它内在通约性的缺失,这就不得不在发生交换的过程中引入一个可以进行大小比较、交换双方均认可的价值尺度来进行两者的兑换,这就是交换价值。交换价值的大小决定于价值。这样就带来一个困难:具有经济思辨性的形而上的价值与经验性实证理论的形而下的价格如何实现沟通与兑换?马克思提出商品的价值的量要由社会必要劳动时间来度量。这种劳动时间在劳动者的实践过程中凝结、固化,使商品价值的大小可以比较。而货币就是这种物化劳动时间最适合的表达。

马克思的时间结构是指必要劳动时间、剩余劳动时间、自由时间的比例关系。马克思把劳动者的劳动时间分为了必要劳动时间、剩余劳动时间。自由时间是指在工作时间之外可以自由支配的时间(例如自由运用体力和智力从事科学研究、艺术创造、社交活动、旅游、履行社会职能等活动的时间),也就是"用于发展不追求任何直接实践目的的人的能力和社会的潜力"[2]的时间。社会结构三个部分的分配比例决定着人的自由状况,从而决定着人的发展状况。但这种分配比例又取决于社会关系,取决于社会生产方式。在资本主义生产方式下,资本已不仅仅作为资本品这样一种物质形态而存在,马克思认为,隐藏在资本的面纱下的是资本主义的生产关系,是剥削与被剥削的关系。剥削的程度可以通过剩余劳动时间和必要劳动时间的比例表示出来。显然,剩余劳动时间与必要劳动时间的比值越大,剥削程

---

[1] 《马克思恩格斯全集》(第46卷上),北京:人民出版社1995年版,第118页。
[2] 《马克思恩格斯全集》(第47卷),北京:人民出版社1995年版,第215页。

度越高,人们的自由度就小,人类的自由发展空间也越窄。人格化的资本有把一切纳入自己"滚雪球"式的增值轨道的冲动,导致了主体与客体的颠倒,"活劳动"与"死劳动"支配关系的颠倒。然而,作为个体的生命来说,时间是有限的。有限的时间在不同活动中的分配比例,对于人的发展却有不同的意义。① 能否以及在何等程度上把剩余时间转化为自由时间对于个体甚至集体乃至人类的发展都具有十分重要的意义。如何扭转这样的局面,马克思给出了一个路径——时间的节约。在马克思没有完全否定商品生产的同时,②"在现代世界,生产表现为人的目的,而财富表现为生产的目的。事实上,如果抛掉狭隘的资产阶级形式,那么,财富岂不正是在普遍交换中造成的个人的需要、才能、享用、生产力等等的普遍性吗?财富岂不正是人对自然力——既是通常所谓的'自然'力,又是人本身的自然力——统治的充分发展吗?财富岂不是人的创造天赋的绝对发挥吗?这种发挥,除了先前的历史发展之外没有任何前提,而先前的历史发展使这种全面的发展,即不以旧有的尺度来衡量的人类全部力量的全面发展成为目的本身。"③马克思指出:"正像单个人的情况一样,社会发展、社会享用和社会活动的全面性,都取决于时间的节约。一切节约归根到底都是时间的节约和生产效率的提高。生产效率的提高是资本增值的必然逻辑结果,是显而易见的。而时间的节约的另一层意思。正像单个人必须正确地分配自己时间,才能以适当的比例获得知识或满足对他的活动所提出的各种要求,社会必须合理地分配自己的时间,才能实现符合社会全部需要的生产。因此时间的节约,以及劳动时间在不同的生产部门有计划的分配,在共同生产的基础上仍然是首要的经济规律,这甚至在更高的程度上成为规律。"④人类只有在拥有更多可支配的自由时间的前提下,才能将更多的精力用在更好地实现自身发展上。足够的自由时间既是社会向前发展的标志,又是推动个体向着自由全面目标发展的基本条件,也是共产主义实现的基本条件。他认为,个人要获得自由而全面的发展的前提,就必须拥有完全属于自己的可支配的自由时间。因此,马克思说:"时间实际上是人的积极存在,它不仅是人的生命的尺度,而且是人的发展的空间。"⑤

值得一提的是,在揭示资本历史演化规律的过程中,马克思正是运用实

---

① 刘奔:《在现实矛盾的解决中实现人的全面发展》,《学习与探索》2005 年第 5 期。
② 《马克思恩格斯全集》(第 46 卷上),北京:人民出版社 1995 年版,第 486 页。
③ 《马克思恩格斯选集》(第 2 卷),北京:人民出版社 2012 年版,第 739 页。
④ 《马克思恩格斯全集》(第 46 卷下),北京:人民出版社 1995 年版,第 120 页。
⑤ 《马克思恩格斯全集》(第 47 卷),北京:人民出版社 1995 年版,第 532 页。

践唯物主义的世界观和方法论并最终取得了成功。他认为,作为人类存在和发展的方式,实践成为个体实现自身生存基本目标乃至全面发展终极目标的根本途径,在主客体交互关系中承担中介的重要角色。在实践过程中,主体的客体化就是时间的空间化,因而社会生活的空间形式只不过是社会历史时间的凝结而已。一个社会的组织构成、生活方式乃至于作为社会活动的主体——人类自身,都毫无例外的是时间在空间中的凝结形式。

首先,资本主义生产实践在空间上的展开,就表现为资本的全球布展过程和世界历史、全球化交往过程。

马克思在社会历史进程中找到了实践这个重要概念,进而确认了人类的主体能动地位。他发现,人类的实践过程就是跨越时空的历时和共时存在的实践主体之间把改造世界或者主体生存的环境作为行动目的,并彼此沟通、交流、影响、作用、制约、渗透以及变革等的交往活动。交往在一定程度上是实践范畴在社会历史领域的延伸和拓展,主要从主体的活动空域及其具体方式两个维度来对历史主、客体的实践原则作具体化解。它在概念上归类于人的社会关系本质的历史生活方面,主要探究的是历史发展与人的活动两者之间的关系。也正因此,交往同时具备了沟通主客体关系的功能和改造、变革对象世界的价值指向于一身。实践投射到空间的展开过程就是人类的交往活动过程;而与资本主义相关的在空间展开的经济活动就是资本的拓殖和扩张活动。其一,"通过时间转换空间",促进资本的全球化。空间对于经济活动来说是一种障碍,它已不是从属于测量者的尺度和评估的中性空间,它把交易的成本强行加于生产和再生产体系,造成一种"间隔摩擦"。① 如何消除或者降低这种摩擦对于资本的增值率具有重要的意义。而间隔摩擦内含于对支配和占用空间的理解中,因此,对于资本的运动而言,间隔摩擦的消除就是征服空间、拆除空间障碍,最终"通过时间转换空间"。随着近代欧洲出现了自然经济逐渐过渡到商品经济的趋势,人类的主要社会交往方式也转换为商业、贸易等基本形式的经济交往活动。跨地区、跨民族、跨国家甚至跨洋等世界性商业交往打破了原有的区域性、小范围的交往活动。马克思做出了如下判断:"由于地理上的发现而在商业上发生的并迅速促进商人资本发展的大革命,是促使封建生产方式向资本主义生产方式过渡的一个主要因素。"②15世纪末到16世纪初世界范围内的一

---

① 〔美〕戴维·哈维:《后现代的状况:对文化变迁之缘起的研究》,阎嘉译,北京:商务印书馆2003年版,第273页。
② 《马克思恩格斯文集》(第7卷),北京:人民出版社2009年版,第371页。

系列地理新发现,一方面固然是由于意大利人和阿拉伯商人居间垄断贸易,以及奥斯曼土耳其控制着传统的商路后寻找商业出路的必然后果;另一方面,资本主义生产关系对于掠夺财富和加速资本原始积累迫切要求的心理驱动。以同质、连续的几何学空间取代了非连续的杂凑空间的精密地图的制作,剥离了空间的宗教的神秘面纱,也剥去了空间的一切经验性因素,呈现于人们面前的是一个"自然事实",这就意味着空间的安排与组织成了经济活动的一个部分,也使空间的实际安排成为抽象的功能体系。这样一个体系具有把全球纳入总体化的倾向。在这种总体化的全球观中,在世界性市场上进行劳动分工、商业链运作、跨国公司经营成为可能。其二,资本的全球化过程也是世界交往、世界历史的过程。"地理大发现"以及制作精密的地图逐渐把全球纳入资本的"别无选择"的秩序之中。随着这个秩序的扩大,自主、能动的个人交往打破了以往以血缘、地缘、亲缘为纽带的狭隘地域性交往,带动了更大地域之间的互相影响。马克思指出:"各个相互影响的活动范围在这个发展进程中越是扩大,各民族的原始封闭状态由于日益完善的生产方式、交往以及因交往而自然形成的不同民族之间的分工消灭得越是彻底,历史也就越是成为世界历史。"[①]由此可见,世界性交往是一种代表着当下人类物质生产力发展的先进水平或一定高度的文明成果的空间坐标图示。同时,它又是一种趋势,是世界历史过程在时间和空间上展开的"规律—趋势"。

其次,资本主义生产实践在时间上的展开,在微观上表现为提高效率、降低平均劳动时间、追求高额利润过程

资本主义生产实践在宏观上表现为经济结构的改变、经济组织的创新甚至经济体制的改变过程。资本是有方向的,资本的方向就是——增值!稳定的高增值率对于资本主义经济体系的健康来说是必不可少的,因为只有在增长中,资本的积累本性才能够得到满足。短期来说,资本的利润率在各个行业是不同的,这就驱使资本向高回报率的行业转移。这样,资本就在各个行业间取得了平均数。所以,劳动生产率提高的过程,就是平均劳动时间降低的过程。利润在时间长河里不断沉淀下来,凝结为一定的生产方式和生活方式,表现为一定的生产力状况,而当这样的累积到一定程度,达到了时间的"质"的变化点时,就表现为经济结构、组织形式的改变。当生产关系还能容纳这样的累积时,就表现为经济体制的改革,而当生产关系不能容纳时,如果缓和,就可能是政治体制的自主改革,反之,如果激烈,就可能表

[①] 《马克思恩格斯选集》(第1卷),北京:人民出版社2012年版,第168页。

现为革命冲突,通过推翻旧的政治体制建立新的适应生产力发展的生产关系。马克思看到了资本增值过程中的结构性危机和总体失控的趋势,预言了资本无限扩张驱动下的社会制度的毁灭性结果。在考察资本扩张过程中,马克思认为全球化的生产力和交往方式在资本主义结构下已经走到了尽头,它本来是人们改造世界的力量,现在却成为威胁和奴役人们的异己力量,因为"单个人随着自己的活动扩大为世界历史性的活动,越来越受到对他们来说是异己的力量的支配(他们把这种压迫想象为所谓世界精神等的圈套),受到日益扩大的、归根结底表现为世界市场的力量的支配"。① "生产力在其发展的过程中达到这样的阶段,在这个阶段上产生出来的生产力和交往手段在现存关系下只能造成灾难,这种生产力已经不是生产的力量,而是破坏的力量"。② 在马克思看来,随着生产力的进一步发展,一种更新的、扬弃了资本主义形态的更高级社会形态将取代资本主义,从而结束这种社会制度的既定框架。

(三)数字化时代相对时空观与财富创造

数字化带来了时空压缩抑或时间分延等现象,而这些现象或感受又与财富创造、财富积累和分配产生深刻的绞缠。如托夫勒从资本扩张的速度出发考察了资本扩张的均衡和非均衡性引发的社会发展的"同步化"和"失同步化"现象。而"同步化"和"失同步化"只不过是资本在全球布展的过程中遭遇到的经济增长在量和质上地区差异的体现而已。他认为,稳定和同步是社会稳定和发展的重要条件,"稳定和同步为我们提供了必需的可预测性,这样我们在社会团体,尤其是在经济中就能够履行我们个人的职能。没有稳定和时间上的协调,生活就会沦为无政府状态和机遇的压迫对象"。③ 然而,世界各经济体的历史进程和发展速度是不可能一致的,这就导致了资本化程度和资本增值速度的差异。资本从欧洲向全世界蔓延,地区生产力的差异和社会内部机构之间的协调成为资本增长的隐性危机。"今天,世界上的几个主要经济体(美国、日本、中国和欧盟)都在朝着他们不想要的危机发展着,因为没有几个政治领导人做好迎接这种危机的准备,而且这种危机也为未来的经济发展设置了限制。这种隐隐逼近的危机就是'失同步化效应'的直接结果。比如,我们毫无头脑地与作为所有深层原理中最深层原理之一的时间打交道就产生了这种结果。"④ 当代著名地理学家戴维·哈维

---

① 《马克思恩格斯选集》(第1卷),北京:人民出版社2012年版,第169页。
② 《马克思恩格斯选集》(第1卷),北京:人民出版社2012年版,第170页。
③ 〔美〕阿尔文·托夫勒:《财富的革命》,吴文忠等译,北京:中信出版社2006年版,第32页。
④ 〔美〕阿尔文·托夫勒:《财富的革命》,吴文忠等译,北京:中信出版社2006年版,第31页。

(David Harvey)则是另外一番观点,在他看来,对市场和劳动过程的控制问题(即资本积累的问题)才是资本主义政治经济体系的核心问题。他从时间、空间的角度考察资本积累,认为时间、空间的变化改变了资本积累的方式,从而赋予了时间、空间特殊的意义。在他看来,空间和时间的心灵概念的建构与物质实践对于社会再生产具有根本性意义:"空间与时间的社会定义,跟任何人和制度皆须回应的客观事实的全体力量一起运作。这种时空的定义深深纠结在社会再生产的过程中。……每个社会形构都建构客观的空间与时间概念,以符合物质与社会再生产的需求和目的,并且根据这些概念来组织物质实践。"①时空关系的重构成为调和资本主义生产和全球扩张的结构性危机和总体化危机的趋势。伴随资本由福特主义的刚性积累到当下的弹性积累,人们在面对时空两个领域的经验方式也随之经历了大幅度的转变。全球范围内自由流动的资本,不断代际升级的电子通信技术、不断加快的信息传播速度、爆炸式的知识扩张及海量的知识碎片……从认知深处彻底改变了人们对全球时间和空间两个坐标的知觉。使社会生活空间被大大压缩,从而给人们一种时空压缩感。哈维用"时空压缩"(time-space compression)这个概念表达了这种资本周转时间加速、空间阻碍的减除、"由时间来消除空间"的资本增长新模式的感受和时空经验心理。他说:"强大的发明潮流,集中聚焦在加快和快速的周转时间上。决策的时间范域(现在已经是国际金融市场上分秒必争)缩短了,而且生活方式的风尚变换迅速。这一切伴随了空间关系的激烈重组、空间障碍的进一步消除,以及一个资本主义发展的新地理形势的浮现。这些事件,引发了强烈的时空压缩的感受,影响了文化和政治生活的每个面向。"②都市是理解空间和资本关系的一把钥匙,哈维认为若不理解都市过程就不能理解资本主义。他从资本逻辑的角度来看待城市,认为城市其实就是资本化的结果,是资本主义生产关系的凝结和集中表现,"城市乃是在资本积累的时间过程里,运用劳动力所营造的生产力之凝聚体。城市乃是由为了在世界市场上交换而从事的资本主义生产之新陈代谢所滋养,由一个在城市的范域里组织起来的极为复杂的生产与分配系统所支持"。③ 哈维从生产、交换、分配、消费的角度考察资本循环过程,认为掌握了资本循环各要素与阶段的空间动态,也就把握了资本积累的关键。哈维以历史地理学的视角来研究资本主义时代时空的具体范

---

① 转引自包亚明:《现代性与空间的生产》,上海:上海教育出版社 2003 年版,第 377 页。
② 〔美〕哈维:《时空之间:关于地理学想象的反思》,载于包亚明:《现代性与空间的生产》,上海:上海教育出版社 2003 年版,第 392 页。
③ 转引自张雄、速继明:《时间维度与资本逻辑的勾连》,《学术月刊》2006 年第 10 期。

畴,提出了影响到时空概念及其对应实践改变的四个要素:"(1)先进的传播和运输技术;(2)分配过程不断增加的合理性;(3)加速通货运行的原水平或世界水平的货币市场;(4)在某些地理场所(如城市、民族、地区等)里不断减少的资本空间关联。"①亨利·列斐伏尔(Henri Lefebvre)是另一位给予空间和资本额外关注的思想家。他认为,如果对马克思的空间观重新认识会使马克思主义重新焕发活力。在他看来,资本主义生产过程无非是时间在空间中的固化过程,"这种固化是通过人类行为尤其是与劳动相关的行为才得以实现的。因此,也就是始于实践所塑造的时空节奏"。② 只有当资本主义经济关系在空间中得以表达时,这些关系才能够存在:它们把自身投射到空间中,在空间中固化,形成具体的生活方式和经济关系。在他看来,首先,空间是经济行为的基础,空间既是资本扩张的先决条件,其自身又在资本主义社会关系中发生改变,逐渐被资本化。其次,空间在资本的相关行为中被塑造成为"第二自然",而全球化实际上是一种与资本主义相关的各种形式的社会空间组织在世界范围内的扩张与相互交织的结果。最后,在社会空间的不同层面(全球范围、国家范围、都市范围),资本主义持续不断地进行着空间的区域化、去区域化以及再区域化的过程。总之,持续不断的资本积累的空间实践已成为整个世界的发展框架,区域性的资本主义经济行为只有在全球背景下才有可能。而吉登斯则用了另外一个术语——"时空分延"③来表述这种不同时间和不同空间可随意组织的时空与资本关系模式。由于时间与空间的伸延和分离,全球化使"在场"与"缺场"纠缠在一起,远距离的事件与地方性场景交织在一起。由此,"脱域"现象便产生了(所谓脱域,指"社会关系从彼此互动的地域性关联中、从通过对不确定的时间的无限穿越而被重构的关联中'脱离'出来"④)。资本的"脱域性"主要反映了资本的积累驱动和扩张倾向的空间张力特征,它使资本的扩张成为绝对要求。货币、资本成为时空伸延的工具。西美尔认为,货币能够跨越空间,使货币及其所有者相互分离。因而,货币就成了连接当下与日后、在场

---

① J. 特纳:《社会学理论的结构》(下),北京:华夏出版社2001年版,第297页,转引自哈维《论后现代社会的时空转变》,www.cnbrv.com/Article/Print.asp?ArticleID=836。
② 列斐伏尔. *The Production of Space*, p.117,转引自包亚明:《现代性与空间的生产》,上海:上海教育出版社2003年版,第96页。
③ 由于资本流动速度的加快,资本化进程加快,空间渐渐冲破地域性限制,资本走向全球。时间和空间不再像前现代社会那样,总是通过"地点"结合在一起,而是可以单独"存在"、单独测度,不再需要借助于对方来表现自己。"时空分延"是对资本主义在全球扩张的表达和对现代性"蔓延"的理解或描述。
④ 〔英〕安东尼·吉登斯:《现代性的后果》,田禾译,南京:译林出版社2000年版,第18页。

与缺场的手段,从而将交易从具体的交换环境中抽脱出来。在吉登斯看来,资本是资本主义市场扩张必不可少的条件,资本具有粉碎、分割和重组的能力,能够制造空间的差异、进行地域的整合。资本的脱域性具有以下几个方面的特点:一是资本的脱域性集中表现在资本的力量能够根除并摧毁以地方为限的地域忠诚和纽带。资本在通过雇用劳动和全面同质化的市场交换中,能打乱历史时间和空间坐标的原有排序并使之无效化,再加之以对异质性空间实施再改变和再转换,把作为意志的资本同作为物质的资本牢牢地结合在一起。戴维·哈维在《希望的空间》中指出,资本积累向来就是一个深刻的地理事件,如果资本没有与地理扩张、空间重组和不平衡的地理发展结合的多种可能性,资本主义早就不能发挥其政治经济系统的功能。二是资本的脱域性还表现在资本能以符号的形式从单纯的物质运用领域过渡到精神意识领域。三是资本的脱域性还表现在资本构造了以资本为中轴的社会制度。四是资本的增值带来了一切两极避让和对无限扩张的关系所空出中心的填充。由此我们明白了如此事实:时空是人类社会存在的基本形式,规范着人们生存实践的心理结构。而数字技术作为一种不同于传统生产方式的具有革命性的生产模式的生产方式,内在驱动着不断发现、发明或发展新的组织、生产、流通形式,把先进的时间、空间控制技术纳入资本增值的轨道以生产出更大的利润。

从过去来看,康德赋予了时间经验性,牛顿赋予了时间线性可计算性,而现在,人们经由相对论、复杂性科学发展赋予了时间实在性、方向性,使时间不只是与社会实践运动(资本逻辑与物化时间的同构)相关,还使时间与熵、自组织相关,实际上建立了动态的、开放的时间观念。在此时间观下,现代大工业生产的那种统一性、标准性、同步性的经济组织模式被打破,而变得更加弹性、个性化、差异化。尤其是数字技术的大发展、大变革,更是给财富创造注入了原子裂变般的冲击力。

数字化技术的发展,给人们带来了差异化、碎片化、个性化的时间体验,无论是时空分延、时空压缩还是时间碎片化,都是"时间的压力、我们将时间分成越来越小和不平衡单位的能力、电子基础设施空前的高速度、产品的分类定价和支付方法越来越颗粒化的倾向"[1]的非常生动的写照。这也说明了全球化资本残酷竞争的实质其实就是在追求利润的高效增值、压缩单位生产时间以及降低资本周转时间。

对于资本的运动而言,资本诞生之时,就天然地要求消除间隔摩擦,征

---

[1] 〔美〕阿尔文·托夫勒:《财富的革命》,吴文忠等译,北京:中信出版社2006年版,第59页。

服空间、拆除空间障碍,"资本按其本性来说,力求超越一切空间界限",①"流通时间本身不是生产力,而是对资本生产力的限制……由于加速或减少流通时间—流通过程—而可能发生的一切,都归结为由资本本性所造成的限制的减少"。② 这一伟大设想只有在数字化时代,在越来越扁平化、越来越瞬时化的状态下才真正得以实现,资本的活动空间才真正具有了全球化流通和配置的意义。在此意义上,数字化,其实质是交易行为的数字化、编码化,是一个有关交易的信息通过编码和抽象的过程,在信息空间自由传播与共享,从而以电子的运动击穿由分子组成的物质空间障碍的过程。数字化再造了资本循环系统,使资本为核心的财富体系不断地同周围环境进行着物质、能量、信息交换。信息与技术在财富创造中的权重关系发生偏移,如舍恩伯格等人所言,"为了得到可量化的信息,我们要知道如何计量;为了数据化量化了的信息,我们要知道怎么记录计量的结果。这需要我们拥有正确的工具。计量和记录的需求也是数据化的前提,而我们在数字化时代来临的几个世纪前就已经奠定好了数据化的基础"。③

在以前,一旦完成收集工作,数据就只是作为存储或备份而存在,大数据使人们重新挖掘,从而获得新的认知、创造新的价值。如前所述,一是人们越来越清醒地认识到,数据不再是冰冷的、静止的、停滞的和陈旧的。数据化时代的到来,人们可以从世界中的一切事物中提炼出信息,甚至很多以前看似与"信息"根本搭不上边的事情,也能从中提取出信息,而这显然超出了人们的传统认知。比方说,地理位置、鼠标点击和停留时间、就医的医生诊断书等,通过量化的方法把这些内容转化为数据,激发这些数据此前未被挖掘的潜在价值。二是数字不再只是数字,数据化代表着人类认识的一个根本性转变。人们将资本系统看作是由信息构成的,从而提供了一个从未有过的审视现实的视角。三是数据科学的产生始于人类最大规模的单位时间数据的捕获能力,即样本选择的全数据模式使"样本=总体"④成为可能,借助数据挖掘实现了让"数据发声音",也就是IBM资深"大数据"专家杰夫·乔纳斯提出的要让数据"说话"。

数字技术的发展摆脱了传统社会的各种关系结构(如中国差序格局下

---

① 《马克思恩格斯全集》(第46卷下),北京:人民出版社1995年版,第16页。
② 《马克思恩格斯全集》(第46卷下),北京:人民出版社1995年版,第39页。
③ 〔英〕维克托·迈尔-舍恩伯格、肯尼思·库克耶:《大数据时代》,盛杨燕、周涛译,杭州:浙江人民出版社2013年版,第105页。
④ 〔英〕维克托·迈尔-舍恩伯格、肯尼思·库克耶:《大数据时代》,盛杨燕、周涛译,杭州:浙江人民出版社2013年版,第27页。

的人缘、地缘、血缘关系等)对经济行为的羁绊,使编码的抽象信息可以通过不受个人感情的影响或社会组织结构的约束而自由流通与传递。譬如今天被认为最接近实现高效率理想的市场的电商,所有参与者成为全球市场网络中的一个节点,可以通过现代信息技术在单位时间内获取和处理更多的信息。这意味着,信息能在一个特定的编码和抽象水平上,在一特定的单位时间里到达一个很大的扩散群体。例如,阿里巴巴利用淘宝平台,把每年一度的11月11日变成每个热爱网购人的购物狂欢节。

表3.1　2009—2022年"双11"购物节网上零售销售额

年　份	销售额(亿元)	年　份	销售额(亿元)
2009	0.5	2016	1 207
2010	9.36	2017	1 682.7
2011	33.6	2018	2 135
2012	191	2019	2 684
2013	352	2020	4 982
2014	571	2021	8 894
2015	912	2022	3 434

每年的"双11"购物节,不断刷新的网上零售交易纪录,最为直观地证明了数字化对交易模式的革命性影响(见表3.1)。

三、财富创造三个基本原理

互联网的诞生,改变了传统的财富生产、积累、扩张模式。在传统社会,财富创造的动机和过程遵循"自然资源—财富—消费"模式,而在现代社会,财富创造倾向于遁入纯粹循环的超空间,呈现出"财富—财富"的扩张逻辑。这种逻辑的疯狂,达到了使一切能财富化的自然资源、社会资源乃至法律和道德所不能容忍的行为方式都陷入财富增长的目的因序列的地步。互联网背景下的财富增值逻辑与三个原理密切相关:时间原理、空间原理、知识原理。

(一)财富创造的时间原理

财富创造的时间原理是指由于互联网技术的运用和发展,财富创造随互联网技术及其运用程度的不同呈现出不规则化特征,不同行业、不同地域的单位间所创造的财富差异性越来越大,同时,财富产生机制与财富本身的"失同步化"却在加剧。这一原理说明能否掌握时间优势,能否最大化地利用时间将是决胜未来、创造财富的关键。一是原始社会没有明晰的时间概念,混沌的时间感只是重复式集体活动的韵律与节奏。人们以集体的方式通过一天中的大量时间和一生中的大量时间来四处采集果子和狩猎;整个原始社会共同占有社会财富,共同生产、共同消费。二是在奴隶社会和封建社会,人们以占据生产—生活方式基础地位的自然变化为坐标获得生命时间观念。这些变化缓慢,界限模糊又难以分割与计量的自然节律时间不仅标志着,而且深层制约着春种秋收冬藏的经济模式。三是近代社会通过理性观念、主体性原则的整合,时间成为调整整个社会秩序的主要框架和把握历史进程、整理人类行为的重要尺度。然而,互联网的诞生,使计算机终端与网络组合起来,经由编码解码技术组成了新的空间形态,这种空间形态又重新定义和组织了时间。在新数字技术时空中,财富生产流通摆脱了自然地理的空间限制,可以在几分钟甚至几秒钟之内,在全球不同的经济体之间来回穿梭。而在传统生产方式占主导的地区,人们依然采取依靠大自然的恩惠而获取财富的古旧的方式生产流通。正是这样一种现代与传统生产方式并存,财富发展速度不均衡、不统一的现象,产生了财富扩张过程中的"同步化"和"失同步化"——财富在全球布展过程中遭遇到的经济增长在量上和质上的地区差异的体现。世界各经济体的历史进程和发展速度的不一致性导致了资本化程度和资本增值速度的差异。这种"失同步化"隐藏了一种危机,即随着资本从欧洲向全世界蔓延,地区生产力的差异和社会内部的机构之间的协调成为资本增长的隐性危机。

(二)财富创造的空间原理

财富创造的空间原理是指伴随科学技术的进步和经济全球化的推进,财富的流动性指标越来越明显,流动面也越来越广,财富创造与原子空间(地理空间)的关系逐渐淡化,与电子空间的关联不断加深。财富创造的空间原理的表象是"距离不再是问题",实质是空间的压缩所引致的时间节约。由于时空的内在关联性,财富创造的时间原理与空间原理交织在一起:一方面,两者有不同的指向,前者指向单位时间创造财富的不均衡性,后者指向空间壁障引起的财富创造的不均衡性;另一方面,两者又有共性,因为时间的缩短就是空间的压缩,就是对空间的消灭,而空间的压缩也就是时间的压缩。财富创造的空间原理要求人们尽可能以新技术打破地域对财富创造的束缚,释放财富全球流通寻求增值的本能,正如马克思所考察过的资本流通：考虑到流通时间有着这些表现,即劳动生产率提高的限制=剩余价值空间的减少=资本价值自行增值过程的限制或阻碍,资本的目标就是要追求最高的剩余价值,因此会尽全力用时间去消灭空间,"就是说,把商品从一个地方转移到另一个地方所花费的时间减到最低限度。资本越发展,从而资本借以流通的市场,构成资本空间流通道路的市场越扩大,资本同时也就越是力求在空间上更加扩大市场,力求用时间去更多地消灭空间"。①

由上我们明白了如此事实：时空是人类社会存在的基本形式,规范着人们的生存实践的心理结构。而资本主义生产方式作为一种革命性的生产模式,总是不停歇地寻找新的组织、生产、流通形式,把新的时间、空间控制技术纳入资本增值的轨道以生产出更大的利润。在传统工业社会,通过场所的纽带作用,时间、空间天然地联结在一起,"它给我们带来了机器大生产的观念,以及在任何一个特定的时间和地点以统一的标准化方式重复生产的经济形态"。② 在当代信息社会,精密的计时工具、全球标准化分的时区、制作精准的世界地图,把整个地球连接成更为广阔的生产、生活体系,它不仅促进了资本的全球布展及增强了资本强制秩序的强大容纳能力,还预设了世界历史、全球交往的前景。其实,无论是时空分延、时空压缩、时间碎片化还是失同步化,恰恰是我们将时间分成越来越小和不平衡单位的能力、电子基础设施空前的高速度发展趋势、产品的分类定价和支付方法越来越颗粒化的倾向地生动反映。这反映了围绕资本增值展开的追求高效、压缩单位生产时间、降低资本周转时间所产生的全球化资本残酷竞争的实质。追求高效率的过程,其实也就是劳动时间平均化过程。资本的积累、增值、以扩大再生产的过程,就是劳动时间平均化在质和量两个方面扩展和浓缩的过程,是社会大生产的平均效率增高的过程,也是生产效率提高、资本周转时间降低、空间间隔摩擦消除和资本的增值过程。

(三) 财富创造的知识原理

财富创造的知识原理是指运用知识来影响和改变人们获取和分配财富的能力。人类历史发展表明,对社会发展进程真正具有实质性影响的是不断增加的社会知识。正如培根在 300 年前讲过"知识就是力量"一样,今天人们逐渐认识到"知识就是财富"。尤其是随着科学技术的进步,人类逐步迈入知识社会,逐渐从体力劳动为主的阶段向以脑力劳动为主的阶段转变。经济学家约瑟夫·熊彼特认为,经济发展需要"创造性的破坏风暴",这种变

---

① 《马克思恩格斯全集》(第46卷下),北京：人民出版社1995年版,第33页。
② 〔美〕尼葛洛·庞帝：《数字化生存》,胡泳等译,海口：海南出版社1996年版,第191页。

革大风暴能够毁灭陈旧、落后的技术和工业,并且给新的带有混乱性的技术和工业让路。[1] 现代管理学之父彼得·德鲁克也做出了以下预言,工业社会已经在悄无声息中进入了"后资本主义时代",未来时代唯一重要的资本就是"知识"。知识对财富体系的重要性是不言而喻的。这种改变大体可以从以下四个方面来看:一是整个社会的多数人从事各种知识劳动。这种劳动在各种劳动中占主体地位,并实质上成为具有主导导向性的方式。二是劳动生产率的提高主要依靠劳动者的知识水平、科学技术发展水平以及劳动组织的合理性和管理方法的科学性。三是在实物性产品中,物质消耗部分大幅度降低而智能消耗比重大幅度增加。四是一系列新的智能机器应运而生,并将延伸研发模拟人脑系统的功能以减少人们的脑力支出。

---

[1] 转引自〔美〕阿尔文·托夫勒:《财富的革命》,吴文忠等译,北京:中信出版社2006年版,第43页。

第四章　数字化时代中国财富创造的实证分析

数字化时代的财富创造方式超越了传统经济发展模式,与农业时代、工业时代的财富创造方式存在着本质区别。这是因为,数字经济是基于数据要素,以数字化技术为主要推动力量逐步发展起来的。数字经济还具有网络性、规模性和跨越性等特征,成为当今时代推动经济发展的重要力量,并逐步颠覆了传统经济模式下的财富创造、财富分享和财富治理等机制。

一、数字化时代中国财富的发展状况与典型特征

2011年,国务院印发的《中华人民共和国国民经济和社会发展第十二个五年规划纲要》提出要大力发展数字经济产业。2015年国务院政府工作报告中提出制定并实施"互联网+"行动计划。2016年,中国又发布了《国务院关于深化制造业与互联网融合发展的指导意见》,数字经济在我国提升为战略新兴产业,并逐步发展壮大起来。围绕着数字经济的发展,我国的电子商务、电信、人工智能、大数据、云计算、信息技术、数字文化等产业都得到了长足发展,数字经济已经与实体经济逐步融合起来。为了更加科学地推进数字经济发展,我国在"十三五"规划、"十四五"规划时期大力推进了数字经济基础设施建设,在此基础上形成了数字产业集聚。

(一) 数字化时代中国财富的发展现状

近年来,中国数字经济的发展取决于数字技术的突破。其中,最为典型的就是数字算力技术的发展。根据摩尔定律,集成电路的算力晶管技术大约经过18个月可翻一倍,然而,斯坦福大学最新的《2019人工智能指数报告》显示,当前人工神经网络的算力3个多月就可以翻一倍。与此同时,与数字技术相关的硬件、软件等也得到了飞速发展。叠加新冠疫情的外部冲击,与数字经济相关的很多产业也在2019年之后得到了快速发展,其中较为典型的有生鲜快递、在线问诊、在线咨询、在线办公、在线教育,等等,一系列数字化新产业、新业态迅速成长起来。许多相关产业的经济主体也倾向

于将相应的经济社会活动转换为采用线上方式,或者线上线下相结合的方式有序推进。对应的数字产品也逐步发展,数字服务配套完善,这些都为数字经济的发展提供了时代契机,相应的财富个体也逐步壮大。

整体而言,步入新时代以来,我国高度重视数字经济发展,制定了翔实的数字经济发展规划,并取得可观的发展成就:2020年,数字经济核心产业的增加值在国内经济总产值中的比重占到7.8%;2021年,我国数字经济进一步发展,数字经济规模已经达到了45.5万亿元,同比增幅达16.2%,成为推动中国经济发展的重要引擎,数字经济占GDP的比重达39.8%。根据《"十四五"数字经济发展规划》,中国将在2025年前进入数字经济扩展期,数字经济核心产业的增加值占国内经济总产值的比重将达到10%。届时数字经济领域的创新能力将显著增强,数字经济与实体经济的融合程度也进一步提升,数字经济的财富治理体系和治理能力也逐步完善,整体竞争力同步增强。

(二)数字化时代经济发展的财富效应

如果将数字经济发展的过程与财富创造的过程联系起来可以发现,数字经济的发展有力推动了经济发展,具有显著的财富效应。总体来看,数字经济的财富效应可以分为三类:第一类是数字经济的直接增量效应,其本质就是数字经济本身所创造的财富,是整个国民经济增长过程中的增量财富;第二类是数字经济推动的间接增量财富,其本质是因为数字经济的发展推动了相关产业上下游产业的繁荣与发展,推动了相关领域财富的增值;第三类是数字经济引致的间接存量财富,其本质是数字经济发展引致的相应财富的一种存量转移或者沉淀,比如:平台集聚的财富、政府转移的财富,等等。与此同时,数字经济的财富创造机制与传统经济模式的另外一个区别在于,数字经济往往将数据、数字技术、网络资源、能源等相互交叉,并且还有较强的绿色经济属性。基于以上分类,我们根据数字经济发展过程中涉及的几类关键经济主体进行相应的财富创造以及财富分配的结构化分析,具体的结构化特征如表4.1所示。

表4.1 数字化时代财富创造的主体、机制和产业特征

数字化时代财富创造的主体	数字化时代财富创造机制	数字化时代财富所属产业特征	数字化时代财富分配机制
计算机、通信及雷达、数字媒体设备、智能设备、电气元器件、其他数字产品等经济制造主体	直接增量财富机制	数字产品制造业	直接分配

续　表

数字化时代财富创造的主体	数字化时代财富创造机制	数字化时代财富所属产业特征	数字化时代财富分配机制
计算机、通信及雷达、数字媒体设备、智能设备、电气元器件、其他数字产品等经济服务主体	间接增量财富机制	数字产品服务业	直接分配
软件开发、互联网相关服务等主体	直接增量财富机制	数字技术应用业	直接分配
互联网平台、互联网批零、数字内容、数字基建、数字产权交易等主体	间接存量财富机制	数字要素驱动业	间接分配

可以发现,在数字经济发展过程中,往往存在多种类型的财富创造主体,且这些主体的财富创造机制和财富分配机制各不相同。其中,直接增量财富主要呈现的特征是,相应的数字经济主体往往通过直接的经济活动参与经济发展过程。这种经济活动不仅包括技术类的生产主体,还包括与数字经济发展相关的应用主体。而间接增量财富机制则往往是围绕着数字经济发展的服务主体,间接存量财富机制则更多呈现为相应的管理和治理主体。

（三）数字化时代中国财富的分配机制

在阐明数字经济的财富创造机制基础上,可以发现数字经济财富的分配机制主要包括两大类:第一类是围绕增量财富的直接分配,第二类是围绕存量财富的间接分配。在数字经济发展过程中,财富分配中的一个关键要素就是数据要素。数据要素是数字经济时代推动经济发展的重要因素,不论是对于微观经济主体还是宏观经济发展来说,数字要素都成为经济活动中的重要生产要素。不同于劳动力、资本等传统生产要素,数据要素具有重要的数据价值,这种数据价值往往还与数据要素的规模性密切相关,规模越大的数据要素往往能够发挥的数据价值也就越大,对应的财富创造能力也就越强,相应的财富分配也就越多。随着数据要素市场化程度的提升,数据要素的挖掘、利用和价值释放等都成为数字经济市场财富生产和财富分配的关键环节。根据当前的数据要素发展趋势,到2025年,中国的数据要素总量有望超过48泽字节(480万亿亿字节,4.8×10^{22}字节),将对国家和各类经济主体的财富增长做出重要的贡献。

然而,数据要素本身并不能自然而然地产生物质财富,数据要素的抓取、利用和增值往往离不开相应的数据技术。其中,最典型的数据技术就是算力。算力是数字经济发展的发动机,因为只有在算力的基础上,数据要素才能更好发挥其价值,为人工智能、区块链等提供支撑。随着数据财富的发展,对数据要素的集聚和数据之间关系的逻辑挖掘就显得尤为重要,这种数据要素的训练行为本身就在市场中可以创造财富。据不完全估算,截至目前,全球 AI 算力需求较 2012 年已增长超过 30 万倍。算力的发展使得与其对应的数据要素更加集中,这些数据要素在相应的数据市场中所获得财富价值也会随之不断修正,最终得到一个均衡的数据财富定价。值得注意的是,随着算力的不断发展,特别是在数据财富急剧增长的激励机制下,算力和数据财富之间形成了相互推动发展的局面。因此,相应的算力发展过程,也是数字财富不断发展和集聚的过程。在数据要素、数字技术和数据市场互动的过程中,数字经济才能不断良性发展,相应的多重财富创造机制也不断完善,最终形成具有中国特色社会主义的数字经济财富发展模式。

随着数据财富的不断增长,对应的财富生成和财富治理机制成为数据经济时代数字政府的一项重要职能。数字政府急切需要面对的就是数字确权以及数字财富的安全问题。因为,不论是数字经济前端的数据要素,还是数据市场催生的数字财富,一旦遭受到相应的外部冲击,必然会影响数据市场的稳定性。一是数据本身的所有权、使用权等方面的安全,是维护数据安全的重要基石。也只有在明确了数据所有权的基础上,才能更好推动数据市场的建设,才能有利于数据的使用和流通。二是要密切防范数据要素被侵犯、篡改等,这也是进一步维护数字财富安全的重要基础。三是要确保数据市场的稳定性。明确数字财富的安全性、流动性。不能约束数字财富的流动,因为这是内生推动数字发展的市场动因。只有保证了数据财富的安全与流动,才能更好推进数据财富的增值,推动数字经济健康发展。我国高度重视对数字以及数字财富安全的保障,2023 年,我国工信部等十六部门联合发布了《关于促进数据安全产业发展的指导意见》,规范了相应的制度建设。这是在《中华人民共和国数据安全法》的基础上,进一步推动数据市场规范,推动数据产业高质量发展,增加数据财富合法性的重要指导意见,为我国数据安全发展、有序发展和高质量发展提供了保障,也为数字财富的健康发展提供了坚实的基础。

此外,在数字财富不断发展的过程中,政府还特别关注数字政府建设,更好推动和完善数字财富分配机制。形成并完善数字财富分配机制,这不仅是对中国数字经济发展的有力支撑,而且是进一步在数字经济领域贯彻中国特色社会主义经济发展模式的重要体现,是实现国家治理体系和治理能力现代化的内在需要。因此,一是要不断加强党对数字经济、数字财富和数字政府的领导,更好推动数字经济发展,促进数字财富增值。二是要加强数字政府建设,以政府数字化履行相关职能,特别是针对数字财富分配方面,注重相应的数据资源共享,推动社会财富份额不断增加,对相应的数字平台进行科学监管。三是要注重民生领域的数字化,以数字财富的内生激励机制,推动民生领域数字化转型,为中国特色社会主义的民生领域提供更加高效、便捷、精准的服务,实现社会财富在民生领域的合理利用,促进社会和谐稳定。四是要优化相应的数字财富分配机制,合理优化相应的分配模式,要通过分配机制更好兼顾效率与公平。五是应发挥政府和市场的作用,驱动经济数字化转型升级,实现经济高质量发展。

二、数字化时代中国财富生成机制的案例解析

基于以上分析,以下将聚焦数字化时代中国财富创造的几个典型案例进行深入分析,分别侧重于数字化时代平台经济、城市 IP 经济、数字+科技经济、互联网流量经济和数字赋能乡村经济,以对应财富创造的五个层面。通过对相关案例的具体分析,归纳不同模式数字化过程中财富生成的具体机制。

(一) 平台经济的财富生成新模式——抖音直播带货案例分析

平台经济是指第四次工业革命背景下,以云、网、端等网络设施为基础,以人工智能、大数据等数字技术为工具,通过构建虚拟交易空间引导促成交易的新型经济形态。由此,平台经济的财富生成模式不仅颠覆了传统经济发展过程中的财富生成模式,而且随着数字化程度的提升,财富生成的模式也将随之优化。

整体而言,平台经济是我国数字经济的重要组成部分,是提高全社会资源配置效率、贯通国民经济循环各环节、提高国家治理体系和治理能力现代化水平的重要推动力量。[1] 在搜寻成本高、迭代速度快、偶然性强的消费领域,兼具颠覆传统模式、包含多边市场、横跨竞争领域及线上线下整合等一系列动态灵活的运行特征的数字平台,显然更易于对接人民群众高频多元的消费需求,更易在追求平台自身收益最大化的同时实现社会整体的规模经济[2]与范围经济。[3]

---

[1] 郭全中:《中国直播电商的发展动因、现状与趋势》,《新闻与写作》2020 年第 8 期。
[2] 规模经济,即较高产量对应较低成本,产生规模经济的主要原因在于劳动分工的专业化与技术发展的精细化,劳动生产率被大大提高,在经济体量扩大后生产要素得以充分运用。
[3] 范围经济,即一个厂商同时生产多种关联产品的单位成本支出小于分别生产这些产品时的成本的情形。

在众多数字平台财富创造模式中,"直播电商"作为新型媒介与传统电商的有机融合,是移动通信技术与互联网技术发展到一定阶段的必然产物,具有巨大的发展前景与研究典范意义。据统计,截至 2022 年 12 月,我国网络直播用户规模达 7.51 亿,较 2021 年 12 月增长 4 728 万,占网民整体的 70.3%。其中电商直播用户规模为 5.15 亿,较 2021 年 12 月增长 5 105 万,占网民整体的 48.2%。① 而在众多直播电商平台中,抖音凭借"去中心化"的流量分发模式成为短视频垂直领域平台中的后起之秀。本部分以抖音公司为例,聚焦平台经济垂直领域下直播电商的现状、对策及相关问题,通过调研,总结明确该公司乃至该类经济模式对创造数字化中国财富增量的贡献、成因、特点、趋势与隐患,力求全面把握该行业的特殊性及其治理的复杂性,实现"直播电商促进平台经济—平台经济助力数字时代—数字时代创造财富增量"的逻辑闭环,最终使数字新动能推动新发展,为新时代数字中国的建设添砖加瓦。

1. 抖音平台经济的财富发展态势

2021 年与 2022 年是抖音电商平台高速增长的两年,大量用户流量和品牌商家的涌入辅之以宏观的政策性引导促成了当前平台经济电商生态的繁荣。《2022 抖音电商平台治理年度报告》显示:2022 全年抖音电商共售出 239 亿单商品,累计挖掘优质短视频超 147 万条,每月有超过 2 亿条短视频内容和 900 多万场电商直播,网站成交金额约达 1.41 万亿元,较 2021 年同比增长 76%。这一数据在专业直播带货数据分析服务平台中被拆分得更为精确。

一是直播数据成倍增长。2022 年直播账号数量较 2021 年增加 307%、直播总场次增加 208%、直播总时长增加 310%,这表明了受众与商家对抖音平台的强烈认可度。以每年最为火爆的"双 11"购物节数据单独计算,截至 2022 年 10 月,有 541 个品牌将其作为线上最大的生意阵地,"双 11"当天抖音商品交易总额超越同类所有直播电商平台,达 786 亿元。其中参与活动的商家数量同比增长了 86%,直播带货总时长累计达 3 821 万小时,超 20 个直播间销售额破亿元,7 667 个直播间销售额超过百万元,日均销量同比增长 156%。

二是品牌引入日益多元。背靠庞大的流量池,抖音保持着稳定的品牌吸引力,持续有新品牌入驻为平台生态带来活力,且不同阶段入局的

---

① 《中国互联网络信息中心发布第 51 次〈中国互联网络发展状况统计报告〉》,《国家图书馆学刊》2023 年第 2 期。

品牌都能在平台贡献相当比例的生意份额。进入 2022 年,平台每月新增的品牌数量趋于稳定,现存品牌脱离平台流量增长的红利期,开始进入竞争激烈的运营优化和资源整合阶段。根据蝉妈妈、抖查查等数据分析平台的报表,如图 4.1、图 4.2 所示,在平台全年新增销售额前 100 的店铺品牌中,本土官方旗舰店占比 74%,国际品牌占比 26%。官方旗舰店的入驻率上升 4% 意味着品牌以官方的资质背书,用更完善的消费服务流程、更安全可靠的品控以及更专业成熟的运营模式在平台上寻求增长。

图 4.1　2022 年抖音电商新增官方旗舰店销售额 TOP100 店铺中本土与国际品牌旗舰店的占比情况

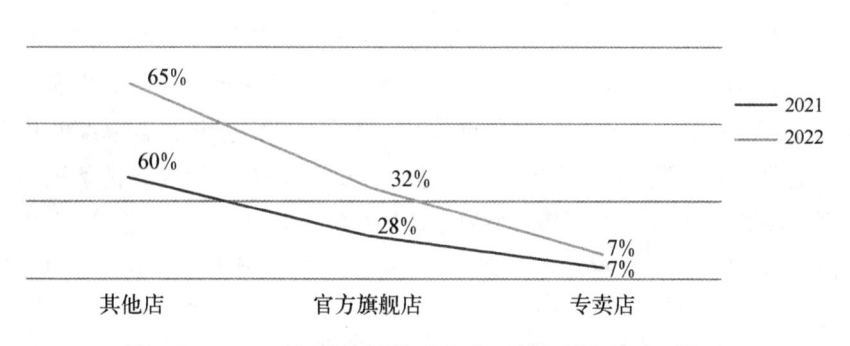

图 4.2　2021—2022 年抖音电商各类型抖店销售额占比情况

三是达人带货逐步精致。图 4.3 是对 2021—2022 年各垂直区间内抖音电商达人粉丝数据的分析:2022 年抖音达人整体明显精致化,主要的头部达人如刘畊宏、王心凌、向太、罗永浩、李佳琦等,伴随其所产生的话题带来了相应的巨大经济增量,成为直播电商财富创造的标志性人物。相比之下,尾部达人减少,中腰部及肩部达人增速最快,意味着平台不断培养优秀主播,优化人才结构,促进交易量与交易额增加。

2. 抖音平台经济的财富生成机制

抖音平台经济的财富生成机制的第一个方面是兴趣电商充分发挥平台优势。抖音的口号是"记录美好生活",内容调性是"兴趣电商"。作为数字化的娱乐性直播平台,抖音的整体发展策略包括:一是地域上自上而下,即从一、二线城市向外扩张;二是范围上深挖"护城河",自 2020 年第三季度起

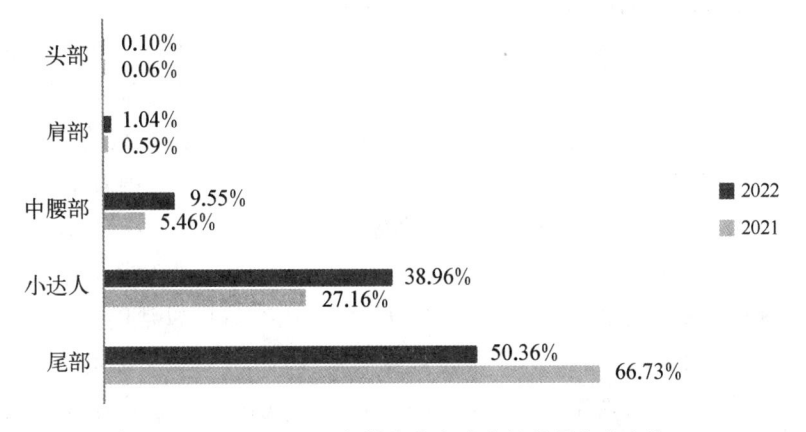

头部	0.10% / 0.06%
肩部	1.04% / 0.59%
中腰部	9.55% / 5.46%
小达人	38.96% / 27.16%
尾部	50.36% / 66.73%

图 4.3　2021—2022 年抖音电商达人粉丝量分布变化

抖音逐步封禁外链,习惯交易全部在系统内完成;三是服务上体现高度差异化,以优秀低价的产品以及直播场景的构建实现商品信息传播的高效、消费决策信息的丰富。因此,尽管在三大主流直播电商平台(其余两者为点淘、快手)中抖音电商起步较晚,但其财富创造增速较快,可以快速发展壮大。[①]笔者总结了该案例模型在当前数字时代下创造大量财富的主要原因,其中既有抖音平台个性化的核心优势,也有直播电商普遍性的长期痛点,现试分析如下。

第一,内容为先。与传统单链式的购物逻辑不同,抖音电商购物流程的起点与数字化内容息息相关。内容属性是抖音电商购物的流程起点,也是其能够在众多电商平台中脱颖而出创造经济增量的核心竞争力。相较于强调下沉市场的快手与强调品牌效应的淘宝,抖音平台则以去中心化为主,基于大数据、人工智能等新技术的算法在对用户偏好进行深刻洞察的基础上,使得精品化、个性化的优质短视频能获得更大流量与更高曝光率,在被算法及时识别后迅速得到加持并推送给大规模用户。

抖音现存的平台经济带货主要运营模式包括:一是直播打赏。该模式类似秀场,本质是"粉丝经济"。用户在观看直播时,可以通过充值的方式购买直播平台的各种虚拟道具(花、火箭、炸弹等),销售虚拟道具会产生经济利润,主播通过与直播平台分成的方式来获得收入和盈利。二是橱窗带货。抖音账号在经过实名制等级注册后一旦满足特定条件(发布 10 个短视频作品且关注者达到 1 000 个)即可开通商品橱窗,在短视频的左下方展示小黄车方便用户直接购买。三是直播带货。主播通过直播功能展示商品、回应

---

① 姜奇平:《推动平台经济规范健康持续发展》,《互联网周刊》2022 年第 4 期。

消费者咨询、导购销售等新型营销方式,典型的包括网红带货、明星携手专业房产顾问卖房、扶贫干部直播卖农副产品等。上述几种平台经济创造财富的模式都离不开"内容"加持。一方面,品牌方借助"智能算法推荐+社交分发"的内容传播方式在抖音增加曝光度,树立品牌形象,最终为品牌直播间导流,强化复购;另一方面,由于用户对抖音的第一认知是内容平台,因此其使用 App 时的第一原因就是内容消费,购物本身就是在内容刺激之下的冲动行为。与传统电商相比,信息封闭叠加刺激下的冲动消费,使得其在兴趣电商的购买链路更短,决策时间更短。此时内容既可以帮助店家完成价值输出,也可以快速帮助用户完成直播认知、商品认知和主播的信任感培养,内容激发兴趣,兴趣引发消费冲动。作为可视化的营销渠道,内容是直播电商平台的基础,也是财富创造增长的核心。在数字平台上任何人都可成为内容提供者,但成为有贡献的经济增长的创造者却需要主播提升专业内容制造能力,能精准选择特定群体的用户并提供更具差异化、更具吸引力的直播内容,实现多种营销方式的组合、创新。

第二,流量为重。随着移动互联网的人口红利逐渐消失,公域流量的获客成本不断攀升,财富创造市场由增量竞争转向存量竞争,平台开始重视私域流量的运营。因此,用户不断聚集、活跃度持续提升的短视频与直播平台成为品牌获取公域流量的主要选择,也成为数字时代经济财富创造的主要阵地。

抖音直播带货的流量来源主要有以下四种:一是平台推流。抖音平台会参考用户在观看直播或短视频过程中的浏览频率、观看市场、点赞互动为其推荐同类别的直播内容。二是附近的人。抖音 App 在安装过程中即要求获取用户定位权限,并据此为其推荐定位相近的"同城"直播内容。三是关注的人和直播广场。用户可以在关注列表中选择自身感兴趣的主播并直接进入其直播间,也可以在专业的直播广场中滑动选择感兴趣的主播封面进入直播间。四是短视频预引流。部分主播在开播前会通过趣味短视频吸引用户,并将短视频用户转化为直播用户,此时只需要点击主播头像即可快捷地观看导购解说或者选购商品。除此之外,抖音不断完善多种功能与工具帮助品牌搭建自身的私域流量体系,如通过付费推广(视频或直播"加热"工具、信息流广告等)和活动推广(挑战赛)并行,吸引用户参与,为品牌引流。或提供各类互动工具(如评论、私信、弹幕、点赞、社群等)与数据分析工具(用户数据、标签管理)帮助企业与用户建立联系的同时了解具有类似需求的用户的相似性特征与偏好,实现自组织性的粉丝精细化运营等。当前抖音典型的流量数据分析指标如表 4.2 所示,通过流量分析可以反映并评估平台内直播电商的运营基础情况,进而判断其财富创造的价值与潜力。

表 4.2　抖音典型流量数据分析指标

分析指标	反应直播情况	优化直播方向
总页面浏览量	用户每访问直播间一次就被记录一次,多次访问同一直播间,访问量不断累计	对该场直播进行流量趋势复盘,分析直播间流量承接、转化的能力,寻找优化方向
总独立访客数	独立访问直播间的人数,在同一天内进入直播间的用户最多被记录一次 UV(user view,用户访问量)	对该场直播的流量入口进行复盘,分析直播间流量来源,判断直播间流量健康度
粉丝画像指标	包括性别分布、年龄分布、地域分布、观众来源等	对该场直播的观众、购买用户进行复盘,基于用户画像判断直播间标签的准确度
人气互动指标	• 直播视觉氛围元素——直播间场景布置、商品陈列、主播形象、直播贴片、气氛烘托等 • 直播听觉氛围元素——背景音乐、音效、主播声音情绪等 • 直播互动氛围元素——粉丝互动引导、评论区维护、用户问题解答、促销玩法设计等	新用户互动量决定直播间能够转化多少新用户成为老用户。老用户互动量决定直播间的氛围好坏与能留下多少新用户
转化数据指标	由累计观看人次、商品点击次数和商品销量组成。通过累计观看人次和商品点击次数可得出观看点击转化率,通过商品点击次数和商品销量可得出点击购买转化率	帮助主播优化"进入—曝光—生单—成交"这一商品转化链路,提高流量变现转化率
商品订单指标	直播期间成交订单数、成交转化率、直播期间成交额、直播期间成交件数、千次曝光价值、UV 价值等	对该场直播的商品售卖情况进行复盘,优化直播间内的选品、组品及主播的商品话术

"引流"是手段,"变现"是目的。抖音是直播行业、电商行业、短视频行业三者相互融合的平台产物,因此其数字资源变现财富增量的模式也兼具三种行业的灵活性。短视频的低门槛使得每个人都可以参与其中,使用平台来积极地展现自己,引起别人的关注。随着用户消费习惯的移动化和碎片化,短视频制作必须具有内容价值高、短时间内传达信息足够多的特点,这样才能使短视频生命周期变得更长,传播快速且广泛。而直播的互动性更强,且具有强大的变现能力,其实时性的特点可以帮助主播对商品进行细节展示,展现消费场景,高度还原使用体验,从而增强用户对商品的信任感,

促使用户在平台购买商品。短视频可以通过优质内容为直播预热引流,当用户被引流到直播间后,主播通过专业的讲解促使用户完成消费转化。而传统电商模式在抖音中也有体现——以抖音小店为例,抖音小店的功能和淘宝等传统电商平台类似,是抖音开放给用户的电商变现工具,可帮助用户拓宽变现渠道,提升流量价值,同时提供展示、评价、购买、圈子等功能,可以在抖音、抖音火山版、今日头条等系列字节跳动系应用的个人主页中登录购买,实现数字财富的多渠道变现增值。

第三,价值为本。2022年5月抖音平台升级到"全域兴趣电商"。作为电子信息技术与商业营销模式"双创"之下的产物,其价值并不仅限于作为商业主体的"逐利",更有借助数据驱动的平台化模式实现信息普惠,为中国式现代化的高质量发展助力。不同于蓄势期、转型期、爆发期对其他数字平台及线下实体模式攫取利益的"损不足而奉有余",2020年后进入稳定期的抖音平台更多强调"固有余而补不足"。该公司的直播电商业务在促进消费规模和增长形势、拉动就业、助力乡村振兴等方面有独特的"反马太效应"价值,在拓展新消费人群、营造新消费场景、挖掘新需求推动新品类消费、降低交易成本、发展适应消费的新供给等方面对促进消费效果明显,对促进数字时代消费恢复乃至财富创造具有重要意义。

当前典型的商业模式由已成为标配的实体商店直播销售、将接续供应链转化为"网红+工厂店"模式、农产品的直播向县域品牌塑造转变、网上教学巩固为"线上科普+知识传播"模式、基于城市本地生活的直播深度链接具有高附加值的地产和汽车销售领域等。其中,乡村振兴是抖音促进数字经济财富增长的典型面相,据统计,2022年抖音电商共助力28.3亿单农特产销往全国。"三农"电商挂车抖音短视频播放了2 873亿次,平台电商直播间里讲解农产品的时长达3 195万小时,抖音商城带动农特产销量同比增长527%。由此可见,抖音在抢抓数字产业发展机遇同时恪守集体繁荣的"反马太效应"价值理念,在不断上升的直播成交额背后是数字电商平台与多方合力所创造的社会驱动价值,平台内部一旦发现有机会带来财富创造的账号立即对其进行观察与数字赋能,行业外部大大降低关联经济领域的传播门槛并形成接续产业链。内外结合给出撬动财富增长的新支点,从而让"美好生活触手可得"。

抖音平台经济财富生成机制的第二方面是多维度逐步适应平台经济发展趋势。数字化中国的平台经济已然融入社会成为重要的结构性力量,具有强大的社会价值和创新意义。其中"直播+电商"的实质是数字产业与实体产业进入融合快车道的产物,在新产业、新业态、新商业模式的发展上需要立足于扩大内需促进消费,从多维度适应数字经济趋势来应对外部环境变化,把被抑制、被冻结的财富潜力释放出来,使实物消费和服务消费得到回补乃至创造更多新财富。其中直播作为抖音电商不断高速发展的高效转化场,从供给侧、消费侧、监管侧等维度打开了平台数字产业发展的新渠道和新路径。

在供给侧维度,抖音直播带货的供给侧包括商品与主播。主播是平台经济价值传递的重要媒介,负责通过直播向用户提供产品信息,并引导用户购买,以及直播期间调动用户的情绪,确保直播间的热度。通过主播,消费者与消费品或服务之间能通过数字化高效匹配进而有效激发消费动机和消费意愿,从而实现更高效率的财富创造。抖音当前扶持主播的方式主要包括利用数字算法与数据监测对内容创作者给予现金奖励加流量激励形式、向用户推荐有创作者特点和个性的主播和创作者并进行活动包装、对目前10万—100万的粉丝量级的抖音高潜力创作人给予派单扶持等。2022年典型的扶持活动对策主要有以下几点:一是2022年1月25日起,抖音直播推出优质主播激励计划,首期投入千万流量、千万元现金奖励优质主播。民歌、美声、民族乐器、西洋乐器、民族舞、古典舞、当代舞七个内容品类将获得优先奖励。除了流量扶持和现金奖励,符合条件的主播还将获得专属运营服务。抖音平台希望此举能推动优质、专业的直播内容生产,让优秀传统文化的传承者、艺术从业者得到更好回报。二是2022年3月,抖音电商正式启动"春雨计划",3月、5月先后发布《流量突围新引擎:2022抖音电商优质内容说明书》及《春雨计划:行业特色优质内容指南》(后者是对前者的延展和细化),对优质内容的创作标准作出详细解读。符合优质内容标准的商家和达人,平台将充分倾斜资源,提供丰厚的流量激励、权益保障和业务助力,以鼓励商家和达人创作优质电商内容,提升长期经营效率。三是2022年5月20日,抖音电商推出名为"主播请就位"的首个新星主播扶持计划,通过提供官方专业内容指导、千万流量定向扶持、明星大咖倾力带队和"618"巅峰直播间等几大资源,为新人主播搭建起展示自我的舞台,帮助他们快速走上专业化的职业道路。同时,借助计划,抖音电商挖掘有电商服务能力的新人主播,并提供专业的指导,为电商行业输送更多出众的主播人才。除此之外,抖音电商还为参与活动的新人主播开设成长课程,围绕新人主播成长的核心知识和技能,从新手入门、规则解读、直播精神、直播技巧等方面进行讲解,同时邀请直播经验丰富的电商作者交流经验心得,指导新人主播更好更快成长,在抖音电商实现财富创造。

源头好货是直播带货行业可持续发展的根本动力。在数字经济产业带发展过程中，抖音借助其平台电商的优质资源，充分挖掘短视频、直播等内容场景，在场景中主播帮助用户完成了商品的选择、多维度比较、试用体验等，提供了丰富的消费决策信息。一是2022年抖音电商发布以支持产业带和中小商家提高地方产品的知名度、促进就业和区域经济发展为目标的"产业成长计划"的扶持政策，内容覆盖服饰、美食、美妆、洗护、亲子等多个重点行业。该计划通过提升数字化营销能力、加强运营管理服务、打造特色活动体系和激励措施、推进区域特色产品扶持计划、优化供应链管理五项政策来实现，最终使得2022年同比2021年抖音电商的全年购买用户数提升了69%，商品意图搜索行为提升了217%，抖音商城的支付用户提升了431%，同店铺复购订单数提升了76%。让更多优质产品直接触达消费者。二是2023年3月1日起为帮助商家创造财富，助力商家降低货架场景的经营成本，抖音电商推出"商品卡订单免佣政策"。自新规颁布之日起，通过非直播、非短视频页面点击商品卡成交的订单，抖音电商将向商家返还商品卡订单产生的技术服务费。国内商品除保留6‰技术服务费外，其余技术服务费均返还商家；跨境商品除保留1%技术服务费外，其余技术服务费均返还商家。借此支持拓展抖音商城流量，打通人找货消费链路中的营销场景，为商家带来更高转化效率和更大投放规模。除此之外，2022年"萤火计划"等也有效地缩小了优质商品与市场之间的距离，为更多来自偏远地区特产与扶农助农产品搭建了通向市场的桥梁。这一举措不仅提高了全社会资源分配的效率，而且成为促进国民财富创造的重要动力。

在消费侧维度，在新的数字化品牌发展理念下，品牌与消费者是互动的双方，而不是主次之分的单向关系。数字化电商平台下需要发展品牌商与消费者在"认知—交易—关系"三个方面构建的一系列互动行为进而创造财富。其中抖音最为典型的就是其个性化推荐机制，从用户注册抖音号开始，系统就会根据算法推荐机制为用户推送不同类型的短视频。随着用户在每个视频上停留时间、点赞、评论和转发数据的积累，系统可以统计出用户对哪些视频感兴趣。当用户画像逐渐清晰后，平台会根据这些画像为用户推荐其感兴趣的直播视频，从而实现个性化推荐。因此，只要用户打开抖音App，基本上可以看到自己喜欢的内容，这正是该平台数字化算法推荐机制的妙处。2022年平台共在推荐算法上进行三次调整：2月，抖音内邀测试"铁粉"功能，增加视频在铁粉中的曝光量；3月，抖音上线了关闭"个性化推荐"按钮，以响应官方的"限制算法推荐"管理规定；8月，抖音调整了"内容偏好设置"功能，将内容推荐交由用户进行自定义，使用户可以自行选择喜好的内容类型，增加推荐权重。频繁调整算法的目的在于努力平衡内容生态的用户体验和电商业绩之间的冲突,优化算法这个"拟合用户对平台内容满意度的函数"。一方面,试图打破信息茧房的桎梏,让用户能够刷到喜欢的内容,增加购买欲,但又不至于过分单一、同质化,使消费者心生厌烦;另一方面,借助抖音的高互动性,也让直播带货中可以实现单向、双向甚至多向的互动交流,迅速获得用户反馈并进行直播推荐策略的针对性调整。

在解决了消费端线上直播间的选择问题后,数字平台物流能力的提升显然也成为重要的一环。抖音电商2022年已开始测试物流配送服务"音尊达"(音需达)。该项服务并不额外收费,更像是抖音平台为商家提供的一项福利性服务。用户能够收获包括提供送货上门、末端优先派送、末端投诉获赔、客户专属客服等多项权益。目前支持的快递公司有中通、圆通、韵达这三家,其余快递也在陆续接入中。若商家绑定"音尊达"后发货时未选择指定的物流服务商履约,将被处罚10元/单。作为一种"整合型"的快递服务,"音尊达"服务的切入点是普通快递和直播电商之间的空白市场。一方面,平台希望通过这项服务解决数字平台的经济收益与线下用户的满意程度的衔接问题,通过第三方快递点快速推广并下沉,将服务推向更具潜力的二、三线市场,降低商品物流原因退货率,提高用户复购率;另一方面,音尊达的目的也在于打消用户在抖音购物时的顾虑,通过提供高质量的服务,提振用户在抖音平台进行消费的信心,进一步释放数字财富创造的存量。

在监管侧维度,数字化时代的财富创造并不能野蛮生长,但总体看我国网络直播的自律监管机制仍处于起步和探索阶段,尚未建立完善的自律监管机制。在众多直播电商平台中抖音的监管策略囊括相对成熟。2022年,抖音电商保持快速发展,在为近239亿笔订单提供服务的同时,也收获了消费者对商品价值满意度16%的提升。这离不开其囊括供给侧与消费侧的"数字化监管治理"。

对于消费者而言,再良好的算法兴趣推荐和前台用户体验也无法抵消消费链中后台产品质量问题给其带来的负面情绪。2023年2月,抖音电商举办的"平台治理开放日"活动进一步提出了平台治理应当围绕"好内容、好商品、好服务"三大方向,全面优化内容生态和商品生态。相关措施在2022年相关监管中已经铺开,全年处罚违规低质短视频超3 280万条、违规低质直播超1 500万场。整体内容生态有明显改观,消费者满意度上升16.5%,投诉率下降22%。以消费者权益保障为核心,监管方式在不断升级优化:一是在制度上创建《抖音电商规则总则》和《商品品质分规范》等商家规则,新增商家与达人在品控、出单、发票、交付、签收等各环节的履约规则,实现数字化的证据留存,以制度提升商品品质和消费者体验。二是在技术上通过系统化工具提升平台对外规则的语言规范度、清晰度和合规度,并对"抖店·规则中心"的网页界面运行逻辑进行迭代,帮助商家达人更好地理解规则。优化规则判罚效率,截至2022年底,处罚落地平均时长从14.66小时缩短至8.92小时,效率提高61.12%,消费者假货相关负反馈下降14%,直播间假货举报率下降15%。三是结合用户反馈数据、商品质检、认证等维度建立评估线上商品质量的分值体系,对平台全量商品品质进行更为前置、自主、客观的商品品质监管——累计拦截95万余次违规商品发布、封禁300万件风险商品、处罚超3.6万个虚假品牌直播间,投入1亿元抽检专项资金,累计抽检6万件商品,处罚2.8万家违规商户。平台商品生态健康度显著改善,优质商品竞争力得以加强,用户体验和满意度均有大幅提升。

同时,抖音对供给侧的知识产权保护力度也在不断加强。互联网平台的版权侵权风险识别、合规依据、制度防范是其数字财富创造的重要影响因子,一方面,应当尽可能主动采取适当措施阻止数字侵权的继续进行;另一方面,采用智能算法自动过滤和筛查技术防止相关侵权导致数字财富缩水的风险。例如,抖音平台2022年建立全新的规则体系,新增或更新规则数量占现有规则总量的70%以上,为线上维权提供更合理的精细化依据。截至2022年底,该平台重复侵权数量降低8%。在人力资源方面,2023年4月抖音电商启动"知识产权保护观察员机制",聚焦推动解决知识产权保护的行业共性问题。该机制将持续邀请不同行业的品牌权利人成为"行业观察员",行业观察员将与律师事务所组成"观察委员会",对平台知识产权保护的重视程度、投入力度等进行客观监督与评估。[1] 观察员还将就平台相关举措,提交公开署名观点,由律所汇总出具年度观察报告,于每年世界知识产权日前夕对外公布。此外,平台积极协助有关部门,仅2022年一年即落地线下打击侵权案件12起,抓捕110名犯罪嫌疑人,涉案金额1.1亿元。[2] 由此可见,对于财富创造的需求能够倒逼抖音平台构建长效数字监督管理机制,引领保障社会公众与品牌商家对数字经济的参与能力与维权意识。

(二)城市IP经济的财富新增长点——"淄博烧烤"流量经济分析

城市IP经济是数字化时代一种新的发展模式,特别是在移动互联网的快速发展背景下,相应的财富创造也呈现出新的特征。其中,最为典型的就是淄博烧烤火爆全国、频频出圈,成为一个热点话题且在互联网上持续发酵,热度不减,这一现象级IP赢得了无数网民的点赞和追捧。从"大学生特

---

[1] 袁赞:《抖音电商建立知识产权保护观察员机制》,《中国市场监管报》2023年5月9日。
[2] 彭燮:《抖音电商发布知识产权保护年报》,《中国质量报》2023年3月28日。

种兵之旅组团到淄博吃烧烤"到"G9321次列车淄博烧烤旅游专列",再到"淄博烧烤'小串+小饼+大葱'的'三位一体'灵魂吃法""淄博五一假期酒店统一不涨价""淄博店家摊户足斤秤足斤足两"等,有关淄博烧烤的热门话题不断冲上微博热搜,在抖音、B站等各大网络平台的热度也急剧狂飙。在国内掀起的"淄博烧烤"的热度,导致了在各个渠道搜索平台上的搜索访问量也增加了超7倍。淄博烧烤在各大社交平台的流量早已轻松过亿。"一炉烤天下,一串兴一城",淄博烧烤成了"好客山东"的一张靓丽名片和促进城市经济发展的一张名牌、王牌。

1."淄博烧烤"城市IP经济的财富演进状况

淄博烧烤转变了人们对淄博这个文明古城和老工业城市的刻板印象。有句网络评论特别形象生动:"上次淄博这么热闹,还是2700年前的齐桓公时代。"这不禁让人产生了历史的错位感,淄博是如何从默默无闻的三线小城市一跃成为全国全网最火的旅游城市和美食城市? 如何从冷冰冰的重型工业城市转型为充满人间烟火气的富有温度的城市? 如何在促进消费升级的当下掌握流量密码,晋升为当下火红的网红城市并且热度不减,成功反哺了当地的其他产业链条? 这些都是我们需要去深入思考的问题。

淄博烧烤的独家特色。淄博烧烤是号称全国下葱量第一、耗饼量第一的烧烤,淄博在大火之前就是中国著名的烧烤圣地之一。除了淄博烧烤外,东北烧烤(锦州"万物皆可烤")、徐州烧烤(孜然香羊肉串儿)、新疆烧烤(喀什馕坑肉)、广西烧烤(烤螺蛳、烤猪眼)、云南烧烤(昭通把把烧)、湖南烧烤(岳阳烤牛油)、广东烧烤(湛江烤生蚝)等,全国天南海北的"烧烤之城"不胜枚举,各个地方都结合本地的风土人情和口味对烧烤进行了工艺改良,千人千面,而一千个烧烤也有着一千种独特味道。那么,淄博烧烤和这些地方特色烧烤的区别在哪呢? 一是有灵活秘技——小烤炉,每一桌都配备了独立的炭火烤炉,上桌前食材已经经过预处理属于半熟状态,上菜后食客们根据个人口味需求自行掌握火候和烤的程度,这种半自助的烧烤模式让食客更有参与感,感受自己烧烤带来的小乐趣。二是淄博烧烤"三件套",小饼、小葱和独家调制的烧烤酱,让本来平平无奇的烤串焕发新的生机,不断挑动食客的味蕾,感受特制小饼的麦香、滋滋冒油的烤肉香和芝麻花生混合在一起的香料味、小葱所独有的清香和去腻的功能,更增加了淄博烧烤的口感层次,让人回味无穷。

淄博烧烤热的来龙去脉。要探究清楚这些问题,首先要回答的是淄博烧烤最先是如何火起来的。根据网上热帖的发布主题、发布时间等关键信息,我们知道,淄博烧烤的热度最初来源于2022年5月,在疫情比较严重的时候，山东大学 12 000 多名大学生来淄博本地防疫隔离，其中有 7 000 多人被分配到了临淄，隔离结束临走时临淄区政府请隔离的大学生一起吃烧烤的一个暖心故事。吃完送别的最后一餐，双方约定了第二年春暖花开时带上亲朋好友故地重游，感受淄博当地以烧烤为特色的美食。2023 年 3 月，大学生们如约而至，纷纷来到淄博八大局打卡，并且在微信朋友圈、微博、抖音、今日头条、快手等网络社交平台拍摄了短视频进行传播。到了 4 月，一些网红关注到了这一动向，并亲临现场打卡淄博烧烤，给出了五星好评，瞬间把淄博烧烤的热度传遍全网，带火了淄博烧烤。而淄博当地政府也快速反应，因势利导，及时转变城市运营理念，严执法、稳物价、护食安、定专线、开专列、惠住宿、保治安……诚意满满的"宠粉"举措，成功在全国各地圈粉、引流、固粉，在淄博烧烤这把"火"上面不断"加油"，最终火势冲天，烤红了当地的一系列产业。

淄博烧烤热的附加效应。淄博烧烤带火的，不仅是淄博当地的旅游业、餐饮业，还有山东各地的养殖业、种植业和加工业等。伴随着淄博烧烤的爆火，淄博烧烤所配套的原材料供应、食品加工销售等不同环节的上下游企业也都迎来了发展良机。比如，淄博市临淄区金岭回族镇养殖场的生产能力是年屠宰羊 1.5 万余头、牛 1 万余头，但是随着淄博烧烤的爆火，这一供应量已经远远不能满足淄博烧烤的牛羊肉需求量，只能调配山东各地甚至外省市的牛羊肉源源不断运往淄博，以满足市场需求。从各条运输路线运入淄博的烧烤食材，仅仅是 2023 年 4 月上半月，就要比 3 月下半月增加超过了 100%。养殖业在餐饮行业处于上游位置，在淄博烧烤的这波热度之下，享受到了实实在在的红利。专用烧烤的干碟蘸料、泰山原浆啤酒、烧烤三大件之一的章丘大葱以及烧烤专用设备等的销量都得到了暴涨并且短时间内仍有较大缺口。可见的是，淄博烧烤不仅带火了一座城，也让与烧烤有关的各个产业行业赚得盆满钵满，整个消费市场的活力得到了激发。

淄博烧烤热的综合指标。可以从多项指标中看出目前淄博烧烤的火爆程度。一是淄博本地新增烧烤企业的数量，当地 2023 年第一季度的数据显示，"淄博烧烤"所带来的热度，带动了相关产业人们的创业积极性，新增相关的烧烤企业和店铺 300 多家，对比去年数据，数量基本翻番。二是淄博市餐饮业的用电量的急剧提升，从 2023 年 1 月的 1 989.71 万千瓦·时到 3 月的 2 277.82 万千瓦·时，并且这个数据仍然在持续攀升，因为即将迎来夏季烧烤的高峰，空调、冰柜等用电需求旺盛，由于客流量的急剧增加，一些烧烤店将部分炭炉子改成了电炉子，也会造成餐饮业用电量的显著增加。三是大V、网络红人纷纷将淄博作为"烧烤圣地"慕名而来，满意而归。2022 年 5

月,B 站 up 主"盗月社食遇记"发布了有关淄博烧烤主题的 vlog,视频里有着这样一句介绍词:"不配葱吃,不行;不卷饼吃,不行。这就是下葱量第一,耗饼量第一的淄博烧烤。"该视频一经推出,播放量就迅速冲破 500 万大关,而抖音美食博主"乌啦啦"在一个月后也发布了淄博烧烤的探店打卡视频,迅速收获 90 多万的点赞数,而坐拥千万粉丝的打假博主@ superB 太带着电子秤在淄博的街头暗访各户商家的视频则获得了 369.8 万的点赞数。据不完全统计,2023 年"出圈"以来,以"淄博烧烤"作为关键词的讨论次数已轻松超过 10 万,微博同名话题阅读量超过 5.5 亿次,更是在央视主播康辉深夜点赞、开通公交专线、王楚然打卡等热搜轰炸之后,数次被推上舆论焦点位置。四是五一前往淄博的火车票一票难求。在淄博烧烤成为顶流后,2023 年,淄博举办"五一"烧烤节,淄博五一旅游订单相比 2019 年整体增长了超过 4 倍,淄博站累积接收和发送旅客超过 45 万人次,更多人则根本抢不到前往淄博的"烧烤专列",只能通过自驾游的形式前往"烧烤圣地"尝鲜打卡。

淄博烧烤热的多年布局。淄博烧烤能够引起全国各地游客不远千里和长达数个小时的排长队等待打卡"赶烤",还得益于淄博政府的提早营销布局。早在三年前,淄博当地就开始谋划围绕烧烤产业打造一座新的网红城市,只不过如前所述,2022 年疫情期间当地政府与大学生的一次"春天之约"让淄博烧烤顺势出圈,站在了流量的风口上。"站在风口上,猪都能飞起来",在巨大网络流量和客流量的双向互动下,"淄博"和"烧烤"深度捆绑、一起出圈,成为全国各地游客在内的无数人津津乐道的话题之一。甚至在更早之前,2015 年淄博就在努力尝试打造烧烤品牌了,淄博举全市之力整顿全市的烧烤行业,就是要打造以烧烤为代表的城市新名片。这也说明,淄博烧烤的爆火并不是偶然的,也不是各类偶然事件叠加的结果,而是在城市管理制度和地方治理理念的长期耕耘下,结合数字化时代的基本特征,收获了实打实的成果。

当然了,在这一过程中,淄博政府所展现出的流量思维、好客精神、精细管理,获得了各方的高度肯定。作为典型的引擎经济、流量型经济,淄博烧烤的出圈,成为数字化时代互联网思维和流量思维下进行文化 IP 打造的典范。

2."淄博烧烤"城市 IP 经济的财富机制分析

数字化时代,城市间的"流量比拼"成为激发城市活力、提升城市价值、提高城市影响力的重要手段。淄博烧烤之所以能够吸引巨大流量成为"流量之王""顶流",最重要的原因是顺应了数字化时代的潮流,紧跟最新技术的发展,紧密贴合互联网的营销模式,转变城市营销和竞争的理念,走了一条城市 IP"吸流—引流—固流—开流"的数字化推广模式,让全国人民在好奇心和期待感的驱使下前往淄博打卡探秘,进而通过当地浓厚的人文文化把人留下来,把心留住,把口碑传播出去。

一是重视社交平台裂变式传播的推动作用,坚持线上打卡和线下流量有序衔接。淄博选择了和很多网红博主相同的方法,就是"短视频+美食"的破圈打法,同时也敏锐挖掘到了疫情之后人们转变了过于卷的心态,更多转向了对"人间烟火"慢生活的需求。可以说,淄博烧烤在竞争激烈和品牌扎堆的美食赛道走出了一条独特的路径,撕开了一条网络流量的口子并且不断变现为人流量和人气度。

自从淄博烧烤在抖音、小红书、B 站短视频平台引爆后,当地政府也成功"蹭热点",抓住了流量的风口,推出了一系列硬核举措,推动淄博烧烤达到热度的高潮。据国铁济南局淄博站统计,走红前,淄博站的日均客流量约为 1 万人,3 月以来,淄博站仅日均到达便有 1.8 万人,周末客流量是平时的两倍。4 月 1 日,淄博站到达旅客 3.36 万人,高于春运时客流量。另据公开数据,五一假期,淄博住宿预订量较 2019 年上涨 800%。与一年前相比,"淄博烧烤"在搜索引擎中的出现频率上涨了超过 7 倍,即使过了一个多月,"淄博烧烤"始终占据话题榜榜首。作为处于转型阵痛期的工业城市,在流量的裹挟中,淄博正在实现向旅游城市的转型。以携程所提供的数据作为示例,2023 年近一个月中淄博市的旅游订单量较前月上涨四成,对比上年同期上涨近 10 倍。其中,淄博市酒店订单量环比前一个月增长 52%,酒店均价环比前一个月增长 8%,同比 2022 年同期增长 23%,烧烤的火爆实实在在带动了淄博旅游业的发展。再根据美团的统计数据分析,4 月中旬的两天,全国各地去往淄博的火车票搜索量高居前列,同比上涨接近 10 倍。而根据国铁北京局的信息,在 4 月 15 日当天发出的"12 点 30 分北京南—淄博"火车票在短短 1 分钟之内便售罄。而根据铁路数据,北京、上海、郑州、石家庄等地的旅客也纷纷选择种草直播,这些地区的旅客购票意愿也最为强烈,在好几轮的火车售票中,都出现了车票秒空的现象。在这一火爆现象的背后,互联网思维和流量一直在加速淄博烧烤出圈,这其中,有流量明星博主(马天宇、陈若轩、邢菲、华少、薛之谦、二手玫瑰、王楚然等)的助力,更源于淄博对于流量的精准把握。"90 后"新消费主体的粉墨登场,加速着文旅行业全产业链的巨变,消费场景多元化、支付移动化、需求个性化、目的地 IP 化、赛道细分化等趋势越来越显著,需要地方通过提供更多"沉浸式"的"烟火气""接地气"的文旅热点项目吸引消费主体乐驻常驻。

二是"打卡潮"推动人流量"井喷式"增长,主打"真诚"牌拉近与消费者的距离。数字时代,"网红经济"不仅是人们追求的一种旅游方式、消费习惯,更是各大城市旅游流量的争夺入口。特别是在后疫情时代全国旅游行业逐渐回暖的背景下,网红打卡地毫无争议地成为城市居民外出旅游的必去地之一。2023年3月以来,山东省淄博市因烧烤爆火,引发网友"打卡潮",甚至有人在去往淄博的高铁上就练习起了"撸串"手法。一则"大学生特种兵式旅行24小时吃遍淄博"的视频更是收获了137万点赞量。当地烧烤店前排起长队,每日翻台500多桌依旧"一座难求"。有句玩笑话比较形象,"今年的五一假期,一半的游客在北上广深和去的高速路上人挤人,一半的游客在淄博吃烧烤"。当然这个说法有夸大的嫌疑,但是数据显示"打卡潮"带来了人流量的井喷,根据淄博市商务局的数据统计,从2023年3月开始,淄博市内所开设的1200多家烧烤商户日接待量超过13万人次,其中主城区的大型烧烤商户营业额较去年同期上涨约35%,另外周边城区的主要烧烤商户的营业额上涨约两成。在烧烤店迅速"出圈"的同时,需要进一步完善和强化食品安全责任制度与问责制度。食品监管人员定期巡查店铺后厨环境,保证食品卫生安全,为烧烤业常态运营提供有力保障,持续释放临淄"夜经济"品牌新活力。这也使得淄博政府发布了五一客流量超过接待能力,建议大家错峰前往的公告书。这些亮眼消费成绩的取得,离不开淄博这座千年古城在全城营造的"诚信""友好"的城市文化氛围,让五湖四海的游客吃得放心、住得安心、玩得省心。

三是构建"完整产业链+流量助力+政府护航",烧烤助力全产业链协同发展。近年来,淄博发展壮大村集体经济,通过党支部领办合作社,联合各村实现抱团发展,整合薄弱村发展共富联合社,聚力打出发展品牌,通过线上线下的方式进行烧烤炉等厨具设备销售,带动了村民致富,村集体增收。以淄博牛羊肉规模最大的批发和销售基地来说,在该地,每年屠宰约1万头牛和1.5万羊,仅仅是一个小镇的牛羊肉基地的年销售额就达到了2.8亿元。以金岭南村为例,通过发展标准化、规范化、规模化肉牛养殖,每年可为村集体增收超过50万元。特色养牛产业不仅实现了村民致富,实现了村集体增收,更重要的是实现了养殖业深加工的全产业链条,有力推动了乡村振兴,实现了流量经济辐射周边产业的积极效应。

四是持续打造"文旅营销+特色模式"的亮点爆点,形成"波浪式"消费热潮。文旅产业的发展,能直接拉动经济效益的显著增长,促进提升当地的消费规模和消费水平,刺激经济回暖。以临淄为例,据不完全统计,现有特色烧烤店200多家,形成了金岭回族镇、临淄大院、新天齐美食城、稷下美食城等4处大型烧烤特色美食园区。2021年以来,临淄还把烧烤纳入了寻味齐国故都、寻梦天齐胜境旅游线路,将烧烤园区编入手绘导游图,纳入文旅营销体系。在大力推动烧烤产业的同时,临淄区将采用"6+12+N"的模式,组织开展系列促消费活动。"6",即聚焦六大主题,包含汽车、家电、家居、餐饮、特色农产品、网红直播数字经济六大主题板块;"12",即举办12场区级重点活动,包括"网红大V进临淄"、绿色智能家电云购节、年货大集等大型活动;"N",是打造多个消费场景,举办各具特色的消费活动。2023年,临淄区策划举办了各类促消费活动40余场,做到"季季有主题、月月有活动",保持全年消费热点不断,形成波浪式的消费热潮。

五是通过"体验式消费+青年化导向+精细化服务",使得经济发展更具韧性和活力。为方便撸串路上小伙伴了解"香滋滋"的人才政策,"爱山东"淄博分厅同步上线淄博青年驿站服务和就业人才专区。"青年驿站"为来淄就业创业和访友游玩的青年提供免费或半价住宿服务。"就业人才专区"不仅包含人才政策、优质岗位、求职登记,还能办理就业登记等相关服务,"一站式""保姆式"服务和沉甸甸的补贴,为来淄博奋斗打拼的人才扫除后顾之忧。在"淄博烧烤"的话题强势席卷人们生活的同时,当地及时出台的一些紧跟时尚潮流、极具吸引力的举措,也迅速完成了淄博烧烤的品牌建设,打造出了一张完美的淄博名片,更展示了淄博对于青年的关爱,对于潮流趋势的积极响应,彰显了淄博的活力与品位,让更多的青年认识淄博、了解淄博、爱上淄博、常驻淄博。同时,淄博烧烤的火爆,也为淄博的预制菜、数字经济等行业带来新的人才引进和发展机遇,如果能好好把握,在"淄博烧烤"的影响下,淄博这座有着悠久历史的文化古城必将焕发新的生机。

六是打造"有'淄'有味+厚积'博'发"城市名片,有效提升了城市、人民生活品质。淄博市食药安办、市市场监管局联合商务、文旅、城管执法、公安、消防等职能部门协同开展守护烧烤护航行动,淄博市消保委的消费维权网格员、志愿者义务值守提供咨询服务,社会共治有效强化,真正做到了"活而不乱、繁荣有序"。加之近年来,淄博市委、市政府围绕"品质提升年""消费提振年"工作主线,出台多项政策举措全力打造让市民群众安全放心、质量称心、交易诚心、消费舒心、维权省心的"五心"消费环境。为了提升城市品质和品位,守护好消费者舌尖上的安全,淄博市政府及有关部门把创建全国文明典范城市、全国卫生城市、国家食品安全示范城市等行动,变成统筹解决群众"急难愁盼"的过程,出实招、出新招让全体市民得益受惠。淄博烧烤流量变现的成功之路上,最根本最核心的原因还在于提供的美食和配套服务背后体现的诚信的城市精神品格,让更多的外地游客解决了因为不是本地居民而被当地商户狠宰一笔的后顾之忧,能够"轻装上阵",收获更多的旅行和美食乐趣。

七是通过"UGC+OGC"内容联动,引发全网现象级传播。除了文化逻辑和商业逻辑,淄博烧烤的传播逻辑也十分值得关注。与同样靠美食成为网红城市的延吉相比,两者在地域特色上不相上下,但淄博的传播结构显然更为立体。在 UGC(User Generated Content,用户生成内容)的基础上,淄博官方迅速响应,及时跟进 PGC(Professional Generated Content,专业生产内容),对话题进一步加热。淄博警方、淄博文旅局等官方通过抖音、微博等平台,以"淄博烧烤"为主题,发布相关内容,将网友炒热的"淄博烧烤"话题进一步升温。淄博还专门开通 21 条烧烤公交专线,推出淄博烧烤五大文旅主题产品,通过多样化的网络传播,全力打造"淄博烧烤"IP。公安部门、交通部门、市场监管部门多方联动,主打"平价""好客""诚信""规范"的城市招牌,赢得了全国各地游客的青睐,引发了互联网现象级传播,共同擦亮了"淄博烧烤"这一张城市名片。

八是政府放下身段靠前服务、主动服务,塑造"良心""好客"的城市形象。淄博烧烤热的很大一部分原因要归功于网络社交平台的助力和接力宣传,但是也不能忽视淄博政府对外地游客的主动服务、靠前服务。一方面,做好用心贴心细节,如在宣传方面,文旅局长在烧烤专列手把手示范淄博烧烤吃法,在下车的地方举牌引导;在出行方面,新增 21 条定制专线,街区新设招手即停、免费乘坐的摆渡车等;在住宿方面,下发告诫函,严令禁止商家哄抬房间价格,并为大学生提供全市 38 家青年驿站住宿搬家的优惠服务;在文娱活动方面,通过在淄博当地设立颁发"金炉奖"、给予游客消费券以及在五一黄金周期间通过设立的烧烤协会举办"淄博烧烤节",以官方活动的形式进一步吸引游客,通过提供一条龙式服务,极大增强了游客的获得感、幸福感和安全感。另一方面,全淄博市民不仅自觉自发地为淄博烧烤服务,烧烤店家自觉做到诚信经营,还自发成立了多个行业自律联盟,自觉响应"周末不烧烤"的倡议,"把烧烤店让给外地游客"。可以说,本次淄博烧烤的品牌行动,激发了淄博全体市民全民出动、全民呵护、全民参与、全民配合的热情,必将成为城市运营的一个经典案例。淄博的每一个市民都将自己视作城市发展的一分子,每一个人都在为树立一个良好的城市形象而努力,淄博形成了一个全市上下为了淄博荣誉而战的氛围,反映了山东省"好客山东"的城市文化形象,折射出文化熏陶下的城市品格。

(三)数字+科技经济的财富创造——科大讯飞发展案例分析

数字+科技的发展模式是数字化时代微观经济个体,特别是创新型个体的典型模式。其中,科大讯飞就是这种模式下最为典型的案例。科大讯飞是一家以智能语音合成为核心技术,衍生软件、芯片、语音服务以及电子信息系统为业务的人工智能上市企业。科大讯飞是我国人工智能产业领域拥有独立的核心技术和知识产权的企业之一,在众多互联网公司里具有数字资源丰富、核心技术强大、应用场景广阔等优势,是数字经济赋能财富创造的典型范本。

1. 科大讯飞数字+科技经济的财富发展过程

科大讯飞以"携手合作,共享产业成就"为合作理念,其数字+科技经济的财富发展过程主要包括以下几个方面:

第一是技术互促,相互赋能。科大讯飞发展历程与人工智能技术发展相伴而生,也是共同进步,在人工智能公司企业中具有代表性意义,科大讯飞推进了人工智能,人工智能也赋予科大讯飞发展机遇。科大讯飞经历了三个关键的发展时期,一是企业的初创期,即1999—2000年,公司专注于智能语音业务的开发与应用。2001年,科大讯飞"半汤会议"首次确定了专注语音产业的发展方向。2008年,科大讯飞在深交所上市,主营业务语音产业的发展。公司利用中国科学技术大学的技术优势在智能语音行业的多年耕耘积累了核心技术优势,奠定了智能语音行业的领先地位。二是技术的关键期,即2010—2015年,布局人工智能与语音技术的结合,推进技术创新。2010年,公司研发并上线了中文语音识别技术系统,标志着科大讯飞在AI领域的试水。2013年,公司成功研发了BN-ivec技术,可用于语种识别。2014年,科大讯飞人工智能大幕开启,公司在神经网络、认知智能等系统领域进行技术突破、优势资源聚焦,在能听会说能理解的赛道上快步前行。三是快速的发展期,即2017年至今,布局人工智能产业的场景应用落地,迈入人工智能行业。2017年,公司提出人工智能赋能教育、办公、医学、城市等场景领域,取得较好的业绩。2021年,公司提出"十四五"发展规划目标,即"十亿用户、千亿收入、万亿生态,成为中国人工智能产业领导者"。2022年初,为实现"全球人工智能产业领导者"的长期愿景,公司正式发布"讯飞超脑2030计划",向"全球人工智能产业领导者"的长期愿景迈进。

第二是特色技术,布局"1+7+12"。科大讯飞的核心关键技术是具有自主创新的语音合成技术。20多年以来,科大讯飞将语音合成与人工智能结合起来,可以迅速将各国语言进行快速转换并能进行互动对话交流,正如科大讯飞董事长刘庆峰所说:"语音技术看起来很深奥,其实它离我们每个人都很近。语音技术的核心就是让终端变得像人一样能听会说,一是让机器说话,即语音合成技术;二是让机器听懂人说话,即语音识别技术,这样就使得人与机器之间沟通变得像人与人沟通一样简单。"①可以看出,语音技术作为人与机器沟通的核心技术,辅助赋能语言的差异、隔阂和交流,在国内外语音市场具有广大的发展空间,成为具有自身特色的语音产业。科大讯飞依托自身的智能语音技术,构建"1+7+12"产业布局,"1"即1个平台,智能语音技术平台;"7"即7个大类,包括智能教育、数字政府、智能硬件、移动产品、汽车网联、医疗业务以及智能金融;"12"即12个子项,包括教育产品及服务、教学业务、信息工程、数字政府行业应用、智慧政法行业应用、开放平台、智能硬件、移动互联网产品及服务、运营商相关业务、汽车智能网联相关业务、医疗业务、智慧金融产品和解决方案等。自2018年以来,科大讯飞在营收方面呈现增长趋势,由2018年营业收入79.17亿元到2022年188.20亿元,尤其是从2019年开始,公司就实现营业收入超过100亿元。在产业收入方面,智能教育产品及服务是科大讯飞最为核心的收入来源,2021年教育产品及服务业务收入61.61亿元,占科大讯飞营业收入的32.74%。"双减教育"转型之后,科大讯飞进一步布局智能+的产业布局,公司营业额和利润都呈递增趋势,具有巨大的产业空间和商业价值。

第三是技术优势,助力人才。AIGC通用式人工智能的到来,科大讯飞利用技术上的优势积累,作为语音技术的领先者也将布局语言大模型,让科大讯飞的特色语音技术成为国内语音大模型的核心方向,正如刘庆峰所说:"在万物互联时代,人机交互将从原来的触摸和键盘为主,走到以语音为主的模式。越来越多的应用是在几米之外操控它的,还有越来越多的应用是在移动状态或者驾车情况下使用的,语音会越来越成为一个刚需,"语音技术将进一步赋能AI的产业布局,将推动科大讯飞筑牢"1+7+12"布局的高质量发展,使得技术、人才能够发挥潜在的巨大价值。

科大讯飞高度重视人工智能人才的培养,未来科学技术的竞争仍然是人才的竞争,科大讯飞大力推进企业与高校人才培养,将人才与科学技术应用对接,人才与产业发展对接,不仅如此,科大讯飞也在世界各地招揽人才,发挥人才的技术潜能,为智能技术的发展储备更多的人才力量。截至2022年底,讯飞人工智能开放平台聚集超过380.5万开发者团队,总应用数超过159.5万,链接超过500万生态伙伴。在2022科大讯飞AI开发者大赛中,其中72个算法赛中前三名216位参赛者来自中国科学技术大学、清华大学、上海交通大学等知名高校的优秀年轻人,平均年龄仅26.5岁。这些年

---

① 孙冰:《全国人大代表、科大讯飞董事长刘庆峰:未来两三年将迎来"语音时代"》,《中国经济周刊》2014年第10期。

轻的人才和队伍都是中国人工智能未来的发展希望,也是推动中国人工智能技术创新在世界上领先的重要力量。

2. 科大讯飞数字+科技经济的财富生成机理

通过科大讯飞公司企业案例,可以看出在数字化趋势下技术型的企业发展速度之快、规模之大以及成效之明显,这也是中国百千家技术型企业的缩影。分析科大讯飞数字+科技经济这一案例,主要包括以下六方面。

一是技术、产业与数字关联的重要性。党的十八大以来,国家高度重视技术、产业与数字的关联重要性,数字产业化和产业数字化是数字化时代经济发展的方向标,在数字与产业中推进企业的转型发展,成为数字化时代经济的重要发展方向。数字化技术融合到产业的生产、交换、消费和分配等诸多环节,企业从数字化的链条上获得丰厚的利润回报。科大讯飞历经20余年的历程,依托语音技术,来对语音关联的产业进行数字信息的输入、转换和输出,使得企业将语音数字作为产业发展的重要技术支柱,并将赋能教育、汽车、医疗、政府治理等产业领域,尤其是在教育数字产业方面,语音技术普及运用到教育产业的各领域,推广到教育产业的线上课堂、语音转换以及语言交流等,这也是科大讯飞的重要产业之一。科大讯飞在发展历程中处理好数字产业化和产业数字化的关系,将智能语音技术、产业与数字相结合,使得企业在2019年之后逐年实现百亿元营业收入,在未来更是具有广大的利润空间。

二是科学技术基础与数字经济关联的重要性。由数字转到数字经济,数字经济是数字创造价值的所在,也是推进产业价值的所在。在智能技术快速发展的时代,数字经济作为链接实体经济与虚拟经济的重要桥梁,数字经济的基础研究变得非常重要,只有筑牢了基础研究,数字经济才有发展的技术底板,筑牢了技术底板,数字经济才能释放经济效应。数字经济的基础就是海量数字来源,海量数据如同石油一样重要,正是拥有海量的数据,通过算法和算力,将经济市场的需求精准地进行反馈,更好地对接供给需求。科大讯飞长期致力于语音技术的研发,具有海量的数字积累,这也是其能够长期立足于智能技术企业的重要优势。自2018年以来,科大讯飞加强基础研究,布局语音平台、通信增值、嵌入式、教育行业、行业软件和系统集成产业等平台的基础技术,强化大数据的分析与挖掘,依托基础研究,推进技术创新,获得基础研究的技术专利百余项。在推进基础研究的同时,也推进企业的数字经济收入,同时带动其他企业开展基础研究,从而起到了示范效应。

三是特色技术与数字财富关联的必然性。数字经济催生数字财富,数字财富来源于特色技术的发展,技术创新型企业在发展历程中有成功转型,也有破产落败。在数字化时代,技术创新型企业既有发展的机遇,也有面临的风险,机遇在于数字技术赋予的财富红利,挑战在于数字技术的风投资本,而这所有的关键在于企业的特色技术,也就是企业的核心竞争技术。核心竞争技术是数字财富的重要来源,数字财富蕴含数字消费信息、数字交换信息、数字分配信息等,这些数字信息背后正是数字财富的源泉所在。技术创新型企业有自身特色的技术,如阿里巴巴的电子商务、腾讯的社交软件、百度的搜索引擎、抖音的视频影像、寒武纪科技的芯片技术等,这些独特的技术创造了一个又一个财富奇迹,一个又一个独角兽企业。科大讯飞也是其中的典型案例之一,科大讯飞自 1999 年就定位为智能语音技术,企业历经 20 余年仍然将智能语音技术作为重要核心技术,做大做强机器翻译、人机交互等产业,才使得智能语音技术在世界上有一席之地,也创造了巨额的数字财富。数字财富是实体经济和虚拟经济融合的产物,技术创新型企业更要把实体、虚拟和特色技术融合起来,才能在独特的技术领域催生产业的数字财富。

四是数据生产要素与数字财富关联的必然性。数据的倍增效应与数字财富有着必然的关联,数字财富来自数据生产要素,数据要进入生产、交换、消费和分配环节,在各环节中发挥数据的财富效应。在中国百强企业里,可以看出 90% 及以上企业都在利用和挖掘数据的财富价值,将数据作为一种重要的技术支撑,在数据的流转中强化财富积累效应。传统意义上的财富积累来自企业工厂生产环节的利润,而数字财富积累更多来自消费者的数字消费,数字消费背后仍然是海量的大数据。2022 年 12 月火爆出圈、由 OpenAI 研发的 ChatGPT 作为一种生成式人工智能,其核心要义是海量大数据,海量大数据使得 ChatGPT 具有较强的技术支撑,能够应对自然语言处理的各类应用场景,在全球市场的普及应用,使得 OpenAI 获取丰厚的财富回报。ChatGPT 作为一种自然语言处理的大模型,积攒了世界各国的语言语料库,才能应对各类文本处理、文案解读、咨询决策等。科大讯飞更是具有强大的语音数据资源基础,科大讯飞搜集的语音技术就是海量的数据,在拥有 14 亿人口的中国,其数据所创造的数字财富更为巨大。目前,科大讯飞还在探索数据价值的发展进程中。

五是数字化时代的智能技术与人才成长。党的二十大报告提出,教育、科技、人才一体化,要真心爱才、悉心育才、倾心引才、精心用才,求贤若渴,不拘一格,把各方面优秀人才集聚到党和人民事业中来。数字化时代的智能技术比以往任何时代都需要加强对人才的培养,智能技术的创新发展离不开人才成长。中国互联网起步于2000年,2000年以来涌现出了一批与互联网相关的技术人才,这些技术人才在芯片、半导体、传感器、电子商务、社交软件、图像处理、机器学习等方面攻坚克难,取得一个又一个技术突破。科大讯飞专注于语音技术,也专注于人才培养,科大讯飞最早起家的人才都是来自中国科学技术大学,中科大浓厚的技术氛围和创新精神,使得科大讯飞的企业员工每年都在不断地对技术进行自主创新研究,将自主创新作为企业的使命所在。以科大讯飞为代表的众多技术创新型企业将人才引进和培养作为重要的战略储备,人才的创新意识和奉献精神成为企业文化的重要表征。近10年以来,人工智能、大数据以及云计算等技术迅速发展,技术创新型人才需求量逐年增多,人才缺口量大。

六是数字化时代的企业、企业家精神以及企业创新成长。企业、企业家精神与企业创新成长有着密切的联系,企业家精神是企业在长期建设和发展进程中锤炼出来具有自身特色的精神命脉。企业的成长离不开企业家,企业家如何把舵好企业,关键在于企业家拥有的企业家精神。数字化时代的企业家精神更是需要在各行各业面临数字化转型的时期,将企业家精神内生为企业发展的动力,成为企业成长的重要课题。企业发展的内在动力与外在环境要求企业长期坚持企业的长远发展方向,坚持企业的经济发展命脉,数字化时代企业的内在动力不仅要与数字相关联,更重要的是要将数字思维、要素、业务以及文化嵌入企业发展进程中去,才能更好地促进企业创新发展。科大讯飞作为技术创新的企业,在语音技术、人工智能等方面逐渐成为企业的引领者,也是数字化时代的企业家瞄准企业的产业布局,来对企业进行布局发展,对自主核心技术进行攻坚克难,把关键技术掌握在自己手中,让关键技术由繁到简,由难到易,技术能够普惠到人民群众。

科大讯飞作为数字化时代企业利用技术来创造财富的代表,具有重要的典型意义。在数字化的大浪潮中,中国产生了一个又一个典型的科技创新型企业,也创造了一个又一个数字财富佳话,他们在中国企业的历史进程中不断攻坚克难、挖掘技术,布局国内外技术市场,解决"卡脖子"技术问题,为中国科学技术创新与发展做贡献,建新功。

(四)互联网流量经济的财富创造——网红催生财富案例分析

互联网流量经济中最为活跃的就是网红群体,因此,对应的网红经济是新时代互联网技术与数字媒体迅猛发展的重要产物,这也是当今世界财富经济的重要组成部分。在互联网移动端逐渐普及的背景下,数字经济和虚拟经济孕育而生,在各大社交媒体上出现的更加个性化和娱乐化的网红也被赋予了更多产业链式的附加价值。新时代网络红人Papi酱个人自媒体受到资本圈的追捧,仅 2016 年,就获得多轮资本联合注资,注资金额合计 1 200 万元,估值更是高达 10 亿元;在之后的视频广告贴片招标会上,Papi 酱的 IP 最终以 2 200 万元成交史上单条视频广告价格。这个极具代表性的"网红经济"事件轰动了整个社交媒体圈,引起了人们的极大关注。网红经济创造出的新型产业链和商业模式颠覆了传统产业经济运行方式与行业规范机制,为了深入掌握网红经济的财富密码,更好地指导网红经济健康可持续发展,我们有必要结合相关案例,剖析网红催生社会财富的内在机理,并针对网红经济运行的潜在风险提出防范措施或建设性意见。

1. 互联网流量经济的财富生成特征分析

互联网流量经济的财富生成是数字经济时代的典型案例,基于网红在互联网中的财富生成过程,笔者主要从以下几个方面梳理了互联网流量经济的财富生成特征。

一是个性化内容打造热门 IP 资产。网络红人本身可能是由于某个事件或网络行为受到人们的关注与追捧,也可能是因个人兴趣深耕具体领域,创造出独具特色的原创内容而成为浪迹各大媒介平台的"准网红"。Papi 酱本人也是在个性化创造中打造出来自己的 IP 账户,成为众多固定粉丝追随的"准网红"。Papi 酱的视频内容之所以能受到广大粉丝群体的欣赏和关注,很大程度上在于其以真实、可感的日常生活为创作素材,巧妙利用一种吐槽的形式、夸张的演技来塑造平民草根形象,既引起大家对于简单、真实生活的分享交流的共鸣,又满足了年轻人的娱乐需求,成功打造出迎合当代年轻人有趣"社交"的热门 IP 账户。Papi 酱的个性化 IP 账户在获得商业价值和资本运作后,实现了热门 IP 资产化,其价值实现的方式就会愈加丰富,逐渐延伸出更加专业、完整、具有极强的品牌传播价值和营销价值的服务产业链及其财富效应,被人们统称为"网红经济"。在此,网红的热门 IP 及其形象成为"网红经济"整个产业价值链条的核心。

二是多元化传播媒介提供"网红经济"发展平台。新的多元化的媒介平台发展为平民阶层提供了更多展示自我和突破自我的"风口",网红的行为表演在多元化媒介平台上被不断放大传播。微博、抖音、快手等互联网短视频媒介具有多元的传播特性,这类兼具表演、传播和互动功能的新型媒介不仅受众覆盖面相对广泛,同时突破了传统媒介高门槛、话语垄断的弊端,较低的进入门槛和不断下放的话语权,使得普通网民通过评论、点赞和转发的方式就能实现人与人之间的互动交流,完成与互联网世界更为真实、深入的情感融合。这些简单、快捷的交流方式在多元化传播平台的加持下,更容易产生自发式的群体传播现象,这也是 Papi 酱迅速走红的一个重要因素。

三是电商+网红直播商业模式实现财富变现。相比于传统的实体+电商，个体媒介主要通过个人 IP 渠道实现电商+网红直播的联合推广，其主要创收渠道包括了产品推广、广告收入、粉丝打赏、自有品牌及其他商业合作等。Papi 酱作为"网红经济"天价广告第一人，创造了史上单条视频广告价格最高的奇迹，再通过产品的直播带货实现"人红"带动"货红"，进而对接产品供应商获取其作为产品销售渠道的收入。不仅如此，Papi 酱在成功打响"集美貌与才华于一身的女子"口号后，成立了完整商业运行的个人工作室，而"Papi 酱"这个网络 IP 头衔就成了整个团队对接外来产品及商务活动的自有品牌，实现了从个人单打独斗再到专业团体作战的华丽转身。

2. 互联网流量经济的财富生成内在机理

互联网流量经济的财富生成内在机理可从以下三个方面分析。

一是关于网红蕴含的"财富"特性。

"网红"全称"网络红人"，作为一种特殊社会群体，与传统社会学意义上的名人静态属性不同，更多的是将其定义为新型互联网传媒下的习得行为，而不是与生俱来的群体特性。他们具有变化性和表演性的一系列实践主要表现为与粉丝的亲密交流、互动演绎和他人消费。网红主要依托互联网传媒，因自身某个行为或事件在各大社交媒体上形成广泛热议、点击与转载传播，在网络上迅速爆红进而拥有海量粉丝群体的网络名人。如今，移动互联网群体激增，微信、抖音、快手等直播自媒体的迅速发展，网红商业资本的专业化运转日趋成熟，专业的网红孵化机构，不仅打造了网络世界风格独特的多元网红类型，同时加快塑造了网红的信息生产个性化、消费导向性和传播广泛性等特性。

网红具有个性化的创作内容和独特的人格魅力。网红最突出的特征在于其自身的独特性，网红的独特人格魅力主要通过个性化的创作内容表现出来，其张扬的个性、独特的审美、另类的行为表演等原创性的内容被放上网络之后，或是被网红独特的个性所吸引评价，或是在纯粹猎奇心的驱动下围观分享，公众围绕网红展开的褒贬不一的评论与舆论，迅速使得网红成为网络世界的焦点与中心。此外，在不同类型的短视频软件或直播平台提供的展示形象舞台，一种网红形象逐渐脱离"他塑"的局限，转向自我展示、自我表达和自我中心的方向；另一种自我刻意美化和包装后的网络形象成为现实人群中人人羡慕的、完美人格的附着体，极大满足了人们内心的期待和向往，吸引了海量的观众和粉丝群体。

网红具有更多话语权的直播传播渠道。移动互联网的发展让人人自媒体时代的到来成为现实。网络直播是网红增强与粉丝群体互动感、亲近感和信任感的主要渠道。微信、抖音、虎牙直播等移动互联网终端的发展,既打造了有别于传统媒介的人人自媒体的平台,又打破了传统媒介对公众话语渠道的垄断,互联网技术给每个人带来了传播赋权,不仅减少了传统媒介对传播内容的限制,同时大大拉低了内容生产和消费的门槛,移动互联网终端赋权自媒体兴起,自媒体时代的网络平台和网红自有 IP 账户打开了网红信息生产与传播的渠道,也正因此自媒体网红具有较于传统媒介更为强大的信息生产与传播效应。

以网红为中心的圈层文化。异军突起的网红传播在网络世界中划分出了以某一网红为中心的,呈现出明显的知识、兴趣或审美隔阂的圈层文化。关系、文化和技术共同影响了圈层文化的形成。借助于全媒体时代的互联网视频和直播手段的表演性媒介,网红以更为感性、主观的互动模式,增强了与用户群体之间的感性认识和亲密关系,又根据不同程度的感性认识和亲密关系分化出以网红为中心的情感黏度较强的粉丝群体。他们之间拥有对同一话题、同一审美或情感经验方面更为贴近的认同感,在大数据支持下,运用窄受众、宽渠道的内容传播逻辑,实现了网红传播受众更为精确地归类和趋向某一领域的定向用户群体而营造出来的以网红为中心、不同层级的圈层文化。

网红具有广泛的信息传播效应。得益于互联网技术的赋权。移动互联网的普及化是网红信息广泛传播的重要前提。《中国互联网络发展状况统计报告》显示,截至 2021 年 12 月,我国网民规模达 10.32 亿,互联网普及率达 73.0%,其中,中国网民使用手机上网的比例达 99.7%。这一数据表明我国网民基本实现了移动化,他们共同成为网红信息传播的出口,在经历了平台无差别推送被动地接收网红信息流之后,又潜移默化地为某一网络行为所吸引,成为网红粉丝圈内信息传播链条中的一部分。此外,网红的广泛的信息传播效应不仅局限于粉丝圈,在复杂且多变的网络世界,网红群体可能由于某一偶然因素而再次"出圈"被更多的圈外群体所获悉,实现在全媒体时代与现实世界强大的传播覆盖效应。

二是基于网红特性催生的财富密码。

基于网红的特性,网红经济通常被定义为通过个性鲜明的创作内容吸引关注群体,对庞大的粉丝群体采取多元化的定向营销方式,影响其价值观念和生活方式以产生实际利益和经济效应。网红的财富收入主要分为直播打赏、广告收入、电商经营、自有产品和网红孵化公司。一部分网红利用自身的 IP 账户完成私域流量经营后,开始加入电商生态圈以营销广告获利,他们通过契合产品理念达到宣传效果的内容策划或软文推送等方式,完成商家的产品广告和宣传营销要求。另一部分网红则开始深耕电商生态圈的经营端，主要以自我为中心的专业的运营团队经营淘宝店铺，通过个人 IP 账户在社交平台上发起活动引流到自己的淘宝店进行转化达到变现，最后参与供应链管理，实现了从"人红"带动"货红"到"自有品牌"经营的跨越式转变。可以说，近几年，在互联网以及衍生技术的支撑下，网红经济已经发展成为具备专业化、产业化特点的网红经济产业链与商业模式。

以网红主播个人审美品质，引导粉丝消费。网红鲜明的人格魅力中自带独特的审美品位，能够引导粉丝群体挖掘商品的审美价值。网红直播时因其出众的审美穿搭、妆容和自然亲切的形象而受到广大粉丝消费者的关注与喜爱。在网络直播间，网红主播实时在线展示自身独特的审美穿搭或妆容，与粉丝群体产生了同频度上的审美共鸣，使得消费者的内心获得极大满足感。从情感诉求的角度来考虑，平等、自由的互动交流吸引和拉近了与粉丝的亲密度和距离感，消费者也乐于购买网红在直播销售或推荐的商品。网红自带的审美品质以情感调动的方式来唤起顾客的审美注意成为消费冲动的助推器，再加上直播商品的呈现方式，能够直接调动顾客对美的感知，满足其审美的价值需求，消费者也倾向通过直播打赏、流量消费和购买产品等方式帮助网红主播实现审美价值。

以"电商+直播"手段，打开商品的消费渠道。"电商+直播"的手段突出强调了"人红带动货红"的特点。"网红"拥有的海量粉丝群体是商品消费巨大的潜在客户，其庞大的私域流量及其传播效应为成功打开在线商品消费渠道奠定了坚实的基础。由于粉丝群体习惯于依据与网红的信任度和亲密度作为商品消费的判断基础，网红个体与直播间内的粉丝互动，实时答疑解惑，不仅给粉丝消费者带来更好的购物体验，同时还增加了粉丝群体围绕网红人格塑造的消费黏性。相比传统的电商营销手段，"电商+直播"的营销手段更具体验与互动优势，网红主播在直播互动中，以利用肢体语言生动演示和使用商品，能够更直观地展现商品的优势及使用效果，而其他用户能以在线的方式分享自己的购买体验和意见，不仅为潜在的消费群体提供了真实参考意见，同时激发了更多消费者的消费冲动与体验冲动。

以网红为中心的圈层文化，激发商品的圈层经济。基于网红与粉丝群体之间形成了中心性高、关系强度大、情感色彩浓厚的圈层文化，在互联网技术赋权下，相比于传统电商图片、短视频展示和文字描述，网红 IP 营销多采用在线直播的方式，以更为真实、具体、生动的方式与粉丝群体互动交流，从而潜移默化地改变一定受众的价值观念和生活方式，而内在包含着巨大的消费潜力的圈层文化也通过"电商+直播销售"的方式，被放大驱动转化为具有强大商品消费力的圈层经济。

以网红经济规模化,带动新型产业链。网红经济经历了个人独创—团队合作—专业机构的发展阶段。如今,网红经济正朝向专业化产业链发展,较之于传统经济"资本—劳动者—消费者"形态,呈现出了"资本—中介组织—劳动者—消费者"的新形态。网红孵化机构作为网红经济最为主要的中介机构,游说在内容创作者、广告商与平台之间,为内容创作者提供变现渠道,为广告商精准寻求适配的营销载体,为媒介平台营造优质内容留住用户。其主要工作包含但不限于同时负责网红包装、内容发布及管理、供应渠道和平台之间的协调合作,网红经济专业化的运行与管理模式加速了网红经济产业化和规模化的进程,逐渐形成了"泛网红内容创业、经济服务链条、衍生全链条、平台服务链条、资本整合链条"等一整套的网红经济体系。

值得关注的是,与传统商业模式相比,网红经济催生的商业变现模式更具诱导性、融合性和隐蔽性特点,平台依赖网红直播互动打赏和流量消费等获取利润,专业化网红机构需要游说于网红、平台和广告商三方,发挥其沟通协作的融合作用而盈利。网红经济"电商+网红直播"商业模式盈利的隐蔽性根源于网红及其经济运作时的数字劳动和情感劳动的特殊性,劳动的数字化和情感的货币化是网红商业模式及其产业链运行过程中的表现形式,在很大程度上遮蔽了网红经济生产劳动的无序性与资本最大化追求剩余价值的实质。

三是关于网红催生的财富变现模式。

商业运作模式指的是商业主体采用一定的流程和结构来提供产品与服务,满足消费者需求并获取利润的运营机制。规模化网红经济的财富变现模式呈现出多样性和动态性的特点。由于网红成名的方式不尽相同,基于网红与粉丝群体之间的共同兴趣和价值取向进行广告对接、品牌匹配等商业变现活动的方式也不尽相同。随着风险资本的进入,网红经济商业模式也更加专业化、规模化和产业化。

在主要变现模式方面,现代意义上的网红商业模式主要分为三种类型:第一种是网红拥有海量粉丝群之后转向网购平台,通过网红店经营销售产品获取利润,比如早期的网红"张大奕"在吸引了大量粉丝后通过经营淘宝店成为拥有260万网店粉丝的金牌卖家;第二种是网红在直播平台通过分享日常生活,与粉丝群体互动并得到粉丝虚拟礼物馈赠、打赏,参与平台利润分成;第三种是更加专业化的网红产业链孵化公司(MCN)。相比前两种个人单打独斗或是直播小团队的经营方式,网红孵化公司(MCN机构)分工明确,网红专注于产业链前端内容的生产与创作,机构团队则负责产业链中后端的网红形象包装、内容发布与营销、供应渠道洽谈等事宜,逐渐形成了一整套的"网红+机构"产业化的网红服务经济体系。

变现模式主要特点具体包括以下几个方面:其一是营销精准化。网红直播带货除了能对同一圈层的粉丝群体采取针对其喜好的有效宣传,同时因为网红能在直播的双方互动沟通中了解到新客的真实需求,及时地解决消费者的疑惑,从而使商品推广效果极大提升。其二是推广成本低。网红商品直播主要受众来自私域流量池,以网红精心经营的私域粉丝为中心逐渐向外延伸至潜在客户群,绝大多数的流量平台是供免费使用的,一般不需要支付额外的内容发布费用、推广成本费用等给流量平台,因而网红的最大成本在于个人精力投入。对于需要网红带货推广的商品供给方而言,网红直播不仅打开了商品销售的渠道,同时对商品进行了有效的线上推广,这也直接免除了产品的部分线下推广费用,为其省下了一笔不小的成本。其三是库存成本低。基于网红 IP 账户提供的销售与推广平台,商品的直播销售实现了商品与消费者的直接对接(B2C),商品方在借助网红打响了产品宣传战后,能够以实际直播的购买需求为采购或生产商品基准,准确有效地计划从事生产活动,从而大大降低商品库存问题,包括产品的仓储费用、保养费用和人工管理费用等运营成本。

虽然网红催生出的财富变现商业模式有以上优势特点,但同时存在许多问题,比如,部分网红不能带来良好的网络风气、网红经济的生命周期短、网红经济恶性竞争及其缺乏完整的制度规范而存在的相关运营风险的社会危害等。

(五)数字赋能乡村振兴的财富创造——枫桥镇乡村振兴案例分析

数字赋能乡村振兴是中国数字化时代的典型应用,在全面建成小康社会的过程中取得了许多卓越的成效,其中具有典型特征的案例即"枫桥经验"。该案例最早可以追溯到 20 世纪 60 年代初期,主要由系列的基层社会治理方法组成,基本内涵为"发动和依靠群众,坚持矛盾不上交,矛盾就地解决",是来源于浙江省诸暨枫桥党员干部服务社会群众的实际案例,为浙江枫桥的基层治理工作指明了方向。

1963 年 2 月,中共中央决定在全国农村展开社会主义教育运动,中共浙江省委选定诸暨、萧山、上虞等地作为"社教"试点。根据毛主席指示,公安部调研组赶赴枫桥,起草了《诸暨县枫桥区社会主义教育运动中开展对敌斗争的经验》,即"枫桥经验"。1964 年 1 月,根据党中央发布的《关于依靠群众力量,加强人民民主专政,把绝大多数"四类分子"改造成新人的指示》,将"枫桥经验"扩展至全国范围,并迅速在我国各地引起了学习、宣传以及实践的风潮。新时代"枫桥经验"是20世纪发展至今的典型经验,是一张乡村基层治理的"金名片",将矛盾纠纷化解在基层,对社会基层治理具有重要的理论价值和实践意义。随着科学技术的快速发展,智能化、数字化赋能社会治理诸多领域,也成为推进基层现代化治理的重要方式。积极顺应数字化与智能化治理趋势,是坚持和发展新时代"枫桥经验",也是数字化转型推动乡村基层治理实践、理论、制度创新的必然要求。

1. 数字赋能乡村振兴的财富创造的特征分析

首先,数字化赋能"枫桥经验"的数字化改革和治理模式。作为"枫桥经验"的发源地之一,诸暨市枫桥镇枫源村已在持续创新与发展过程中,逐步从传统社会治安领域延伸至政治、经济、人文、社区、生态环境等领域,为现代乡村基层管理方式作出了全新探索与尝试。一是树立数字化转型的乡村基层治理理念。乡村基层治理理念在数字化转型时期树立数字化的转型理念,要将乡村基层治理的理念由传统的区块管理转向数字化的链条治理,树立以人民为中心的乡村治理理念,将复杂的数字技术和信息转换为村民能用、好用、会用的工具,让每一位村民都能够感受到数字技术在公共服务区域所带来的便捷。二是运用数字化工具赋能乡村基层治理。依托数字化工具搭建的技术平台对乡村基层治理的架构进行梳理,让乡村每户都能够架构在数字化的技术平台上。数字化工具包括一站式线上空间服务、线上微信服务群、抖音直播等,这些数字化工具被村民掌握之后,能够在户与户之间、村与村之间进行基层治理业务的数字化处理,让村民的内部矛盾在数字化平台能够及时地得以化解。三是创新数字化乡村基层治理模式。将数字治理与"枫桥经验"的德治、法治、自治以及善治理念融合在一起,以"五位一体"的治理机制,即由党组织领导、政府主要管理、网络平台履责、社会监督、公民社会自治等多主体协同的治理机制,逐步构建起中国互联网社会管理责任共同体的基本框架规则,坚持管住信息不外泄的基本原则,牢牢抓住发展源头、监测监督、管理控制、社会责任四部分重点,加强互联网安全监督力度,在专业技术、社会秩序、生态等不同维度建立互联网稳定安全空间,维护互联网社会管理的源头安全。

其次,数字化赋能"枫桥经验"的数字化转型与高质量发展。20世纪60年代初期,诸暨政府开创了依托群众就地解决问题的"枫桥经验",历经半个多世纪项目的发展与促进,如今"枫桥经验"的含金量已逐步向企业内部释放,直至2021年诸暨企业营运超过1 500亿元,同比平均增加10%以上,5年内平均递增6.9%。枫桥镇高度关注并投资完成多个涉及数字化建设和应用的项目,其中涉及农业产业、乡村治理、基础建设、养老健康等领域,努力实现把科技感融入乡野、让数字化成为日常,以数字赋能助力未来乡村建设。一是企业发展进一步加快。贯彻促进国民经济优质增长战略,开展了"亩均论英雄"的综合评估,传统工业产品质量效率平稳提高,积家电子完成主体施工,安乾科技、蓝空能源等实施内部改造,将杭派服装产业园项目纳入了2019年的浙江服务业发展重大项目规划。开展"双倍增"和"春苗行动",新增高新技术企业6家、省科技型中小企业13家。培育升级市场主体,新设股份制公司4家,完成58家"个转企"、4家"小升规"、11家"下升上"。主动融入"与杭同城"战略计划,与拱墅区下辖街道结对开展融杭系列活动。搭建企业学习培训平台,千方百计做好人才招引,目前引进暨阳533英才2人,申报绍兴330海外英才6人。以"三服务"活动为抓手,走访企业160家,破解发展问题56个,优化营商环境注入转型新动能。二是文旅文创经济发展。传统文化旅游枫桥发展日益凸显,与文旅公司联合组建了枫溪传统文化旅游开发公司,积极建设红色研学路线,在节假日及五一假期接待观光团队820批约2.17万余人次,创收近65万元;攻坚古镇产业招商,政府携手光大金控共同规划枫桥古镇的城市客厅,形成融旅游、客运、商贸、酒店、展览等功能为一身的城市综合体系,古城商务形象进一步彰显。此外,通过各类活动进一步打响和提升文创枫桥品牌知名度,如"和美之旅""红色研学"等,紫薇山旅游度假区项目启动开发,光大-枫桥文旅产业基金项目、枫桥自然科普与安全文化研学基地项目达成意向,探索"枫桥经验"参观接待市场化模式,推进枫桥学院工程等。

最后,数字化赋能"枫桥经验"的数字化效应和示范效应。近年来,枫桥镇以创造建设中的新时代"枫桥经验"为目标导向,紧紧围绕美丽城镇"五美",聚焦县域副中心型"人口集聚、工业发展、功能辐射"的三个核心,通过全面发力、全镇联动、全民行动,积极打造美丽城镇县副中心型的省级样板。一是"枫桥经验"经济发展规模不断扩大,布局科技创新型企业,在产业制造、技术安防、智慧治理等方面发挥关键核心技术,解决乡、镇以及市的技术治理难题。引进以语音识别、机器翻译等为龙头的科大讯飞企业,在诸暨建立研发中心,对接未来智能产业的发展,国家级"专精特新"小巨人企业杭州朗迅科技有限公司投入兴建的集成电路FT测试项目也已投入,并建立起产教深入结合的产业机制,杭州千从技术公司项目已累计投入资金1.12多亿元,并开展了智慧安防视觉AI物联产品开发制造、智能安全技术产品研究……截至目前,诸暨智慧视觉园区项目已累计签约及入驻的头部公司共三十余家。二是不断创新"枫桥经验"发展平台。在"十四五"规划中,诸暨提出要以现代化制造业生产为核心的现代产业系统基本成形,新兴产业成为聚集资源优势,构建现代化制造业带动聚集区,名为"万亩千亿"的新工业模式,致力建设具有万亩发展规模、千亿产出以上、以重量级未来行业发展为导向的多能级工业生态。目前发展平台上已集中落户的智慧视觉领域关联公司70多家,其中国家重点项目30多家,累计投入高达400多亿元,其中华为、科大讯飞、朗迅技术等龙头型、产业引领类公司,也纷纷与诸暨形成战略合作伙伴关系,共同落地诸暨。2021年诸暨规上工业亩均增加值提高到120.9万元,高新技术工业增加值占规上工业比例将从23.9%提高到47.5%,规上数字经济的核心产业制造业规模将实现翻倍。三是"枫桥经验"数字文旅文创产业发展。一方面,推动文旅企业难题,以枫桥学院成立为主要突破口,高标准发展白米湾文旅企业,实施农创、科创、文创的融合发展工程;另一方面,为提高古镇人气商气,在小镇重点地段征收并腾空3.6万余平方米房产,并尽快引进专门的经营队伍,大力发展企业文化艺术、文教游学等文化产业,合理发展轻工业和纺织工业服装加工、汽配等装备产业,进一步提高小镇人气、商气。此外,打造国际研学游新篇章,借助"枫桥经验"陈列馆、枫桥书院等网络平台,深入发展培训产业,将"枫桥经验"的流量用活用足,打造有全球影响力的国际研学品牌。

"枫桥经验"是中国农村经济振兴的示范品牌,也成为中国数字农村的成功范例。在推进乡村振兴的进程中,浙江省诸暨市枫桥镇只是一个乡村的缩影,然而枫桥镇在数字化转型时代,抓住数字转型的机遇,对传统的治理模式进行了渐进式改革,依托数字化的现代平台,将乡村的政治、经济、社会、文化以及生态都聚拢在数字平台上,依托数字平台实现经济收入的增长,同时也实现自我治理的赋能升级。

2. 数字赋能乡村振兴的财富创造内在机理

数字化趋势下乡村如何振兴,成为国家和社会高度关注的话题。中央网信办等十部门在《数字乡村发展行动计划(2022—2025年)》中提出,要加快推进数字乡村建设,充分发挥信息化对乡村振兴的驱动引领作用,整体带动和提升农业农村现代化发展,促进农业全面升级、农村全面进步、农民全面发展。数字赋能"三农"成为新时代乡村建设的重要话题,也是乡村振兴的重要抓手。在全面推进数字乡村建设中,浙江省诸暨县枫桥镇在数字化乡村转型中就是典型的案例之一。从20世纪60年代毛泽东批示学习推广"枫桥经验"到习近平总书记强调,要"把'枫桥经验'坚持好、发展好,把党的群众路线坚持好、贯彻好"。"枫桥经验"成为乡村振兴的典范,它不仅在乡村自治自理的进程中有着示范作用,而且在数字化转型时期更是顺应数字化的趋势,抓紧数字化的机遇,推动高质量的共同富裕。

一是强化党的规划引领,落实数字清单。多年以来,枫桥镇坚持党的领导,发挥党的引领作用,将党建工作做到村民的实际工作中去,确立乡镇领导的核心地位,科学规划枫桥的未来。以"枫桥经验"的三年具体行动为重点规划纲领,编制《美丽城镇2020—2022年三年行动计划》,通过指标分线、任务分工、责任到人,实行党政主要领导抓总、业务分管领导抓块,挂图式战略和专班式工作,建立联席例会制度,解决项目招引、产业发展、方案设计、工程施工、政策处理等问题清单200余项,为美丽城镇县域副中心型省级样板的高质量建设指明方向。

二是促进产城互动,赋能经济提升。坚持"枫桥经验"与枫桥经济两轮驱动,着力发展纺织服饰业、汽配农产品加工业两大支柱,紧盯行业改造提升,强力推行大数据经济提升工程,把两大支柱和数据平台紧密结合,激发数据的新价值要素,进一步发掘数据的新经济价值空间。2020年新建5G网络基站3个,完成数字化车间改造6家,企业上云491家,技术合同成交逾1亿元。发展数字文旅产业,助力文旅融合,"枫桥经验"已经成为乡村治理的品牌,成为全国各地乡村示范的榜样,参观考察从集镇"枫桥经验"陈列馆发散到多个村社的"枫桥经验"实践教学基地,带动区域增收2 000余万元。"枫桥经验"在数字化经济时代将传统的产业进行升级换代,尤其是将产业数字化和数字产业化进行合理对接,发挥支柱产业和文旅产业的优势,使得产业的技术和市场价值空间得以释放,村民的收入也随之增多。

三是进一步拓展功能辐射,打造枫桥经验品牌。坚持扩大枫桥系列品牌效应,区域农产品品牌辐射持续升温,规模效应愈加彰显,赵家镇、东白湖镇等6个乡镇年产值达7亿元的香榧产业得到"枫桥香榧"品牌支撑;以省级农业龙头企业永宁弟兄农庄为代表的现代农业企业,与周边城镇上百家商超、企事业单位结成稳定的配送业务关系,枫桥农副产品走上20万诸暨市民的餐桌;投资2 376万元,按照四星级标准新建农贸市场,打造诸暨东北部地区最具商气的综合类批发零售市场等。随着功能辐射作用的不断增强,人口集聚效应显现,印象枫桥、中央公馆、绿城明月春江等12个高品质居住小区,入市住宅4 215套,市外购房户及周边城镇户籍业主比例逐年上升。枫桥品牌已经在全国各地乡村示范开来,枫桥品牌在数字化时代更多是一种通过村民的自管自治来实现乡村的改革与振兴,从而实现村民收入的增长,实现高质量的共同富裕。枫桥品牌也已经成为浙江省乡村治理工作的典范,不仅将枫桥品牌作为自治的样板,更多的是要通过自管自治来带动乡村的经济发展,拓宽村民的增收途径,实现高质量的共同富裕。

四是完善数字治理,打造村民自治。坚持擦亮"枫桥经验"金名片,始终秉承"小事不出村、大事不出镇、矛盾不上交"的核心传承理念,建成运行镇村矛调中心,完善初信初访隔月清零等机制,整合人员、平台、数据、资源,一扇门受理、一揽子调处、一条龙服务,实现90%以上的矛盾纠纷在镇、村两级化解,变矛盾"中转站"为问题"终点站",2020年1 300余件初信初访全部办结,时效缩短20%,满意率上升6%。推进新时代社会治理中心建设,充分运用数字化手段,以构建一体化组织架构体系、一体化平台支撑体系、一体化指挥调度体系、一体化联动工作体系"四个一体化"为重点,打造成为社会信息研判、治理事件处置、监管执法协调、应急联动指挥、社会矛盾化解"五位一体"的社会治理工作平台。不仅如此,枫桥镇进一步规划乡村发展的进程,将村民反映的问题清单都罗列在数字平台上,其他村民可以在数字平台上进行解释回答,这是枫桥镇独特的"政治、德治、法治、自治、智治"即"五治"治理机制,真正让治理实现自我管理、自我消化以及自我完善。

五是确保工作常态长效,构筑数字网络平台。坚持运用数字化手段构建新时代"枫桥经验"新成果,在现有综合执法人员31人,每万常住人口综合执法人数3.81人的基础上,成立"大执法"机构联合执法平台,整合所有具有执法权的站所,实现"一支队伍管执法",实行集镇范围进行常态化巡检。推进社会组织参与社会管理,充分利用全镇366家各类社会组织,激活2.3万社会组织参与人员的志愿积极性,主动参与集镇区域治理维序。大力推动群众共治、共建、共享,依托美丽庭院、五星"3A"等创建工作,由村民自己负责庭院内部、房前屋后环境整治;依托全科网格建设,引导群众积极参与集镇管理,形成人人参与维护、家家协助管理的工作格局,始终保持集镇管理的常态长效,确保创建工作真正取得实效。数字化时代的枫桥充分利用数字平台,加强数字执法管理,让"数字警察"成为监督乡村自管自治的重要方法。

六是讲好数字枫桥故事,推广枫桥经验。秉承"枫桥经验"守望平安,古镇蜕变每时每刻,集镇氛围宜居宜业,文明践行蔚然成风。"五美"是枫桥的一个高频词,它渗透在枫桥人的文化基因中,成为小镇常态。2023年以来,累计在绍兴市级以上媒体刊播稿件超200篇,其中"美丽城镇省级样板"省媒发稿14篇、市级采编22篇,累计36篇,网上、网下正能量满满,镇内、镇外赞誉不绝,枫桥的形象得到全方位展示。随着数字媒体的发展,数字枫桥又成为全国乡村振兴的风向标,讲好数字枫桥故事也成为枫桥镇经济发展的重要途径、村民共同富裕的重要来源。近年来,枫桥镇村民的收入逐年增多,实现了小康水平,向着共同富裕迈进。可以看出,"枫桥经验"在数字化时代的成功转型,顺应数字化时代的潮流,数字化赋能枫桥的治理、产业、文旅、特色小镇等,促进当地经济的快速发展,为实现乡村振兴提供了宝贵的经验。

三、数字化时代中国财富生成机制及发展趋势思考

通过对数字化时代平台经济、城市 IP 经济、数字+科技经济、互联网流量经济和数字赋能乡村经济五个层面的案例分析,在系统归纳中国财富在数字化时代的具体生成机制基础上,本研究分别从不同方面进行了相应的理论思考,试图为中国财富的健康发展提供有针对性的政策建议。

(一)平台经济的财富生成新模式思考

平台经济下的抖音电商平台创造经济财富过程中流量是外力,商品是支点,内容是杠杆,监管是保障,技术是纽带,具体关系表现为:商品的质量与价格决定了最终撬动数字财富创造的顶点;直播内容能否契合商品的特征与调性决定了平台能否发挥出数字经济新模式的应有潜力,如果直播带货与商品离得太远,即便施加了再多的外力(流量引流)也无法创造足够的财富增量;技术与监管是新数字时代的矛盾体,在监管端应落实好直播平台问责制,建立分级监管制度,并针对主播和用户建立信用评价体系,在技术端应努力开发配套技术(如研发申报内容与直播内容的比对技术、直播画面图像识别技术、评论关键词监测技术等)来对网络直播进行监控、识别、推广。

一是优化物流数字转型,打通电商"最后一公里"。电商直播带货的极高财富创造能力对末端派送开始提出更高要求,这预示着新型销售渠道正在逐步取代传统电商模式。当前抖音乃至其他平台下的直播团队更为关注前台部分用户商品的选择、样式偏好、备货数量、价格底线等方面,对直播话术和节目效果也追求出奇出新,但对成品到达买家的中后台处理(如封装、物流配送服务以及退货流程等)很少被提及。特别是随着更多源头厂家的入驻和在定点扶贫"三农"交易成交额的增加,它们要求平台有借助综合服务信息和网络数据资源构造一体化物流供应链的解决能力。直播电商平台与物流快递企业应加速连接度,逐渐从单一运配服务为主的快递服务向更集成化、更敏捷高效的快链服务发展,通过物流跟踪系统、智能感知设备和数据分析,实现对货物运输全过程的可视化管理,尽可能地保障在数字电商平台创造的财富不因物流运输能力的欠缺而毁损灭失。

二是细化平台监管规则,营造直播良性生态圈。网络直播平台的监管应该由多部门监督、平台自我监督、社会公众监督联合监管。但监管内容过多,也可能导致部门利益的不当扩张,进一步导致部门间相互推诿、行政效

率低下。① 因此在监管过程中既要"设红灯"守住法律制度底线,也要"亮绿灯"实行包容审慎监管策略,通过约谈、限期整改等方式督促管理不力、屡屡出现问题的企业整改,对违法违规或损害消费者权益的主播和商家,政府应依法严厉处罚,并列入信用黑名单,以增强监管实效性和震慑力。同时,加强对直播间主播、带货商品信息、商家信息、产品特征等信息的披露,加大对直播间运营者、直播营销人员、主播行为的管理力度,②加强其对相关法律法规的学习则是平台需要做出的努力。

三是强化算法技术迭代,创造财富潜在增值力。数字经济本质上就是技术进步的体现,后者对于挖掘一个成熟的财富创造体系的增长力和包容性意义重大。商业化数字平台依赖于数据信息和程序算法的整合以及高技能人才对知识的应用和创新来实现线上线下行业聚合,吸引社会财富,促进数字经济的发展。例如,可以利用安全算法的迭代来应对直播技术所面临的多方侵权挑战(隐私侵权、黑客攻击和内容违规等),确保平台经济运行与发展的合规性和安全性,让财富创造在阳光下进行;利用互动算法提高直播的互动性和用户体验,通过自然语言处理和语音识别技术来实现智能弹幕和智能语音交互提升用户黏性和活跃度,有助于直播平台更好地理解用户的需求和行为,进而提供更个性化、有价值的直播内容和商品服务,创造更多财富机会和价值。

(二)城市 IP 经济的财富新增长点思考

在网络媒体下,不时会爆火某一事物或事件,击中人们出游的心智与欲望,引发现象级的传播而带火一座城。事实上,要想发展出一条独具特色的文旅产业,不仅需要精心策划和巧妙运营,也需要运用数字思维,会抓住、抓牢流量释放出的机会信号。因为烧烤带火一座城,"淄博烧烤"成为现象级IP,不仅成功地将"烧烤"打造成了淄博旅游业的一大亮点名片,也为发展数字化时代的城市 IP 经济提供了有益参考。

一是在消费端,后疫情时代主动寻找和打造消费反弹和报复性消费需求的"燃爆点"。首先,关注已有消费模式中蕴含的新消费热点,提升新闻嗅觉和话题敏锐度,迅速跟进消费新形势,把握舆论导向。其次,对待网红产品,要在营销、产品、服务上持续创新,组合出拳,建立多元营销矩阵,努力延长红利期,为城市形象在大众心中扎根打下基础。再次,可以将某一特色产

---

① 冯修冉、单俊辉:《经济法视域下网络直播平台的监管问题》,《企业科技与发展》2020 年第 6 期。
② 王美乐:《数字经济时代带货主播信用提升探析》,《全国流通经济》2022 年总第 36 期。

品作为纽带,让区域内各行各业的产品都随之走向大众视野,打造"一主线多辅线"的格局,建设政府、网络平台、资深达人等组成的多元营销矩阵,形成政府和市场相互配合的良好效果。最后,探索较接地气的方式,比如"美食+旅游"等,面向当下90后为主的消费主体,打造更为多元化、个性化和有"烟火气"的消费模式,甚至可以探索以情感、温暖、感恩为主线的新消费模式,推动形成新的高质量、可持续的"网红经济""注意力经济",有效盘活城市第二经济产业,以此撬动国内消费市场的巨大需求。

二是在传播端,多场景营销制造"网红"效应,以"眼球效应""口碑效应"吸引人流火速入圈。流量经济时代,一种美食的"出圈"离不开各类宣传、设计的加持。淄博烧烤IP的形成,是新媒体环境下网红代言、节目推荐、社交种草、媒体解读等多因素的共同作用,这种融合传播,既有强大的议题设置力,又能拉近与消费群体的亲近感,有利于实现"跨圈层"的裂变式传播。首先,树立长远目标,坚持长期品牌积淀和集群发展,引导企业诚信经营,树立良好行业口碑,打磨好"真诚这一必杀技",打造良性行业生态,不做"一锤子买卖";其次,营造良好营商环境,维护好市场秩序和景区硬件设施,提升旅游产品质量和服务水平;再次,借助互联网裂变式传播能力,保持热点饥饿感和话题热度,借助一波又一波层出不穷的宣传攻势,吊足消费者的胃口,吸引更多潜在消费者前来打卡"拔草";最后,构建完整产业链,完善产业链提升机制、循环畅通机制、要素保障机制、精准服务机制,更重要的是在构建好产业链的同时,做好产业链现代化、高级化的能效升级,如此才能长远有效地提升其稳定性与竞争力。保证在互联网环境进行预热、燃起火点后,把流量从互联网上自然过渡到线下的各条产业链上,实现线上线下流量一体化运作,把"注意力经济"自然引渡升级到"实体经济"。

三是在政府端,各部门齐心协力促流量转化,打好美好城市建设组合拳。城市文化建设方面:其一,深耕文化底蕴,提炼城市IP核心,不断更新文旅产品服务,将特色点串成产品线,形成推广面,注重场景营造,塑造能够打动游客的城市文化内涵;其二,立足城市优秀传统文化,厚植城市精神,提升城市文化软实力,引导城市人民形成城市品格,共同塑造城市形象;其三,找准城市特色,开展创意营销,融合特色文化符号、生活氛围和商业业态,形成具有较强辐射带动功能的综合产业集群;其四,转换城市品牌宣传思路,营造普通民众与官方共同讲述城市故事的良性循环,从而使城市形象更加具体化、生活化和人性化;其五,未雨绸缪,源头预防,诸如烧烤消费的隐患较多,食品安全、物价纠纷、社会治安、消防安全、环境污染等都是风险点,防止正面吸粉流量演变成负面反噬力量,严防死守做好全流程设计和预防;其六,夯实管理,疏解堵点,对客流集中、车票难买等衍生出的新难题,紧盯重点环节,着力打通难点、堵点,千方百计为游客提供便利;其七,延长链条,深度引流,淄博的大格局还在于其没有仅仅停留在美食上,而是将流量链延长,向地区文旅融合、招才引智、高质量发展等多方面引流,释能增效,只有打好能够连通网红 IP 的热点与旅游景点,一线多站,一举多赢……相关"组合拳"跟进及时,行动力在线,才能形成立体的"爆发式"消费格局。

四是在群众端,一荣俱荣、一损俱损的信誉守护,形成城市命运共同体。一个城市人文环境的打造,离不开这个城市里每个个体的共同努力。淄博人对外展现的好客、诚恳、守信、朴实的群体形象,成为孔孟之乡、礼仪之邦的最好注脚。这种对城市形象的守护感、荣誉感,对政府管理的配合度、支持度,支撑起"淄博烧烤"的口碑"长虹"。首先,自发维护城市形象的信念感。不给城市 IP 抹黑、不把招牌"砸"了,要形成基本共识。从商家、出租车司机、本地资讯博主到普通市民,每个本地人都将自己置身于这场大宣传、大推广活动中,为擦亮城市名片贡献自己的力量。其次,经得起放大镜检验的保障力。自媒体时代,万众瞩目下,考验也是倍数级放大的,严格把关对价格与服务的"品控"。"只要被投诉立马停运""谁砸了我们的锅就砸谁的碗",基层工作扎实到位、经营主体遵规守法,"经得起"查的底气,是"保证书",也是"定心丸",切实提升了城市的好感度和美誉度。最后,政府部门、当地商家和普通市民群众携起手来共同打造诚信经营、优质服务、友好互动、良好体验的城市环境,主打"真诚牌",吸引更多外地游客驻足好评长留,让更多游客乘兴而来,尽兴而归,收获满意和幸福。

(三)数字+科技经济的财富创造思考

随着大数据、云计算、人工智能的快速发展,数据、算法和算力作为推动数字经济发展的三大核心要素,海量的数据在市场不断聚集、算法和算力不断提速,使得数字化时代的经济发展不断加速,财富聚集效应不断优化。面对瞬息万变的市场,企业顺应信息技术发展的趋势,顺应数字经济的发展规划,抓住数字经济的机遇,实现企业的产业数字化转型,才使得企业在科技竞争中不断占有优势,才能使得企业迸发创新的活力,科大讯飞是诸多技术创新型企业的代表之一。

科大讯飞在人工智能的快车道上精钻语音技术的特色,顺应市场的发展趋势进行数字化产业调整,在智慧教育、政府治理、医疗、汽车等产业进行语音性能产业升级,攻克一个又一个语音转换难题,取得了显著的成绩。科大讯飞实现了技术的阶段创新转型,也逐渐作为人工智能的独家兽企业,一步步壮大和发展。从科大讯飞的成功案例中可得到以下几方面经验。

一是始终坚持党的领导。党的领导是一切事业的核心,坚持党的领导,才能坚持正确的发展方向,才能坚持各项事业的发展目标。党的十八大以来,党和国家将科技强国作为科技事业建设发展的重要战略方向,教育、科技、人才一体化成为推进各项事业建设的重要指南。科学技术作为第一生产力,也是推动企业发展的重要驱动力,企业将科学技术作为发展的生命线,这与党的领导方向高度契合。科大讯飞的发展也是得益于我们党对科学技术的重视,将科学技术作为先进生产力发展的动力,科学技术的改革与创新彰显了党的正确领导和敏锐的判断。数字化时代,科大讯飞进一步将党建赋能到技术的创新,让党的领导深入企业的各环节,真正让党的理论和思想融入企业发展的链条,为企业注入了发展的方向。

二是始终坚持走技术自主创新的道路。技术自主创新是技术创新型企业的成功密码,也是企业长远发展的重要途径。没有技术自主创新,企业发展会被牵着"牛鼻子"走,跟不上时代发展的节奏。改革开放40多年来,中国企业发展经历了初创、探索以及发展期,涌现出了一批又一批优秀的企业和企业家,同时要认识到有一批企业最终没有坚持下去,宣告破产失败,其核心就在于有没有技术自主创新。科大讯飞之所以成功,重要的一点就在于其定位于智能语音技术,在智能语音技术上进行更新升级,获得一项又一项的技术发明授权专利,使得企业在技术竞争中立于不败之地。

三是始终坚持以市场为导向布局人工智能产业。人工智能产业的发展离不开市场,市场的需求是人工智能产业的目标导向。目前,国内人工智能产业如火如荼地发展壮大,人工智能企业不断涌现,人工智能导向就是要以市场为导向,抓住经济发展的布局方向,腾讯的医疗影像布局、阿里的智慧城市布局、百度的搜索引擎布局、京东的超市物流布局等就是典型例子。科大讯飞在人工智能产业发展方面的主要业务是在智能教育板块,占其营业收入的主要部分。随着教育数字化转型,科大讯飞会有更大的市场空间,也会聚集更多的财富收入。然而,也要看到人工智能产业的维度是多方面的,企业要在快速发展的人工智能时代立于不败之地,需要赋能更多的场景与应用,要以市场的需求为导向,布局发展人工智能产业。这也是当下技术创新型企业紧跟的前沿方向,只有将智能技术+的场景应用,才能创造更多的利润和财富。

四是始终坚持培育数字化时代爱国奉献、勇于创新的企业家精神。企业的数字化转型需要企业家调整传统的思维模式,要强化数字化思维和素养的培育,只有具备了数字化思维和素养,才能更好地管理好企业,才能让企业走得更长远。数字化时代企业家精神成为企业界关注的焦点,如何培育和筑牢企业家精神？数字化时代企业家更应该发扬爱国奉献、勇于创新的精神，才能将企业的发展和国家的发展联系在一起，才能促进企业发挥更多的社会效应。企业的社会效应既来自企业在某一领域、某一产业或者某一方面所带来的社会服务，也来自企业结合自身的产业依托技术实现以人民为中心的福祉。数字化时代科大讯飞的成功让我们看出，具有爱国奉献、勇于创新的企业文化，可以实现财富的五赢，即企业赢利、员工赢利、人民赢利、社会赢利以及国家赢利。

整体而言，科大讯飞是中国诸多技术创新型企业的典型代表之一，从其20余年的发展历程我们看出，科大讯飞的成功之路在于自身的智能语音特色技术与市场结合，走出了一条符合企业自身发展的道路。在数字化时代，特色技术与市场融合的双驱动也成为企业的方向标，只有将特色技术与市场融合起来，才能聚集更多的财富效应。科大讯飞如此，其他技术创新型企业也是如此。随着数字化的深入发展，中国一批又一批企业将趁着数字化的转型之风，必将会攻克一个又一个"卡脖子"技术，也必将创造出与人民共享的财富效应，从而实现人民对美好生活追求的共同目标。

（四）互联网流量经济的财富创造思考

网红经济在虚拟网络空间具有超乎想象的财富创造能力，同时暗藏着严重的道德风险和行业风险。首先，网红形象引导的非理性消费主义。在直播带货模式中，网红的人格和话术在媒介推广和传播的加持下，促使情感因素、精神因素抑或娱乐因素混合交织转化为实际性的物质因素，即消费"拜物主义"盛行，使得消费者更容易以物质欲望的满足来衡量内心情感、精神和娱乐的满足，出现非理性、冲动性、狂欢式消费行为。其次，网络产业资本化的道德失范。在资本与利益的驱动下，不少网红利用低俗、滑稽、愚昧的视频、音频或文案等内容形式吸引流量，低俗的网红文化与混乱的网络环境势必会影响青少年心理健康乃至歪曲整个社会风气。最后，网红经济过度资本化导致行业发展失衡失序。随着网红经济的迅猛发展，各大平台运营逐渐由竞争转向集中垄断，过度的社会资本因追求高额利润而无序进入虚拟经济，造成各行业社会要素投入不均，出现实体经济的发展缓慢甚至失衡。对此，我们有必要对以上涉及运行的风险提出相关的建议：

一是缓解新网红经济直播带货的"拜物主义"隐忧。要提高网红队伍价值观塑造，一方面，行业注重塑造网红的正义价值观、正确消费观、社会责任感等价值观念，注重培养网红群体的职业素养，针对网红群体开展职业培训、道德审查和普法教育等活动，提高网红行业的专业素养；另一方面，平台培养网民理性上网观念和审美能力，加强网络欺诈宣传，提高网民对违法犯罪行为鉴别能力。此外,政府强化网红经济综合监管,制定和完善新型网红经济互联网管理措施条例,坚决抵制劣迹网红直播带货,严厉惩罚网红直播涉嫌虚假宣传、推销假冒伪劣产品的行为,对涉及严重损害消费者利益的网红行为依法追究法律责任。

二是培养健康网络生态,抵制偏激、低俗、恶俗的网红行为。针对网红存在低俗直播冲击社会主流价值观的问题,要发挥好党和国家主流媒体的价值引领和道德示范作用,积极弘扬社会主义核心价值观与社会正能量,抓好网络主流意识形态阵地建设;政府和平台合作引导网红积极履行公民义务,大力宣扬正确价值观,拥护党和国家最高利益,营造爱党、爱国、爱人民的风清气正的网络环境;平台激发网络用户主体意识,引导网民积极参与网络空间道德监督与治理,坚决抵制腐朽落后、低俗文化与反动思潮,加强社会监管、行业监管与平台自律的有机统一。

三是推动网红经济行业法律体制建设。网红直播带货催生的财富产业链与商业模式涉及厂商、平台和消费者三方的法责界定与约束机制,治理网红经济乱象和权责不清问题,需要依法依规进行;建立覆盖网络平台、孵化机构和网红等主体在内的行业监督和约束机制,严格审查资本进入和网络平台股权结构,利用政府大数据跟踪和监管网络平台运行;严厉惩罚网络平台间的恶性竞争和垄断行为,营造良性竞争、公平正义的商业环境,推动网红经济健康可持续发展。

四是进一步推进互联网技术的创新与运用。政企进一步推动互联网技术赋权网红经济,充分发挥网红经济的社会财富价值创造作用;主要互联网技术创新公司推动网红经济趋向更加技术化、专业化、高端化的产业链发展,促使网红经济成为当今数字经济和产业转型的重要引擎;推动数字政府建设,致力于大数据分析运用,统筹规划有效防范网红经济重大经济风险的数字化管理机制,为我国数字经济持续健康发展保驾护航。

(五)数字赋能乡村振兴的财富创造思考

党的二十大报告指出,全面推进乡村振兴。全面建设社会主义现代化国家,最艰巨最繁重的任务仍然在农村。乡村振兴的首要任务在农村,农村发展离不开数字化,尤其是随着数字信息技术深入乡村,促进乡村经济的发展。浙江省诸暨县枫桥镇以"枫桥经验"而闻名,全国各地乡村振兴多以"枫桥经验"为范本,来推进乡村振兴,提高农民的收入,实现共同富裕。

在推进乡村振兴的数字化进程中,枫桥镇并没有故步自封在传统的自管自治模式中,而是融入数字化时代的乡村发展进程,依托数字信息化技术来对自管自治模式进行升级换代,取得了显著的成效。综观枫桥镇的发展历程,可以从以下几方面来进一步推广"枫桥经验"。

一是坚持党的领导,发挥基层党组织的作用。枫桥镇以其自管自治而闻名,各村的事情、问题以及矛盾都是自我消化、自我解决以及自我完善,其核心要素还是坚持党的领导,把党组织的工作做到村民的实际工作中。正是党的正确领导,使得枫桥镇的各项举措不仅没有失去方向,而且在时代变迁中日益发展并被推广。在诸多乡村振兴成功的案例中"枫桥经验"最为典型,关键就是坚持党的领导,发挥基层党组织的作用,将基层党组织安置到枫桥镇的村村户户,村村户户自行解决内部矛盾,解决在经济、政治、文化以及社会中的难点和难题。

二是坚持数字化的转型道路,走数字化治理之路。枫桥镇已经在大力度推进数字化转型道路,要进一步依托数字化平台来处理村民的户口登记、提案意见、矛盾冲突等,处理支柱产业的市场布局、产业利润以及未来发展前景等,处理乡镇、县城以及省市之间的经济关系;要进一步依托数字化在乡村进行自管自治的模式升级,真正让乡村管理实现线上"一站式"服务,真正让数字化赋能到村民的经济致富。

三是坚持数字化的品牌特色,打造自身发展的道路。如今,很多乡村在推进乡村振兴中多以"枫桥经验"为样板,然而,对枫桥镇而言,更多的是要对品牌进行数字化赋能,对品牌进行推广,形成虹吸效应,真正让"枫桥经验"家喻户晓,从而让更多的乡村来学习、参观枫桥镇,带动更多的人共同富裕。

四是加大知名技术创新型企业的招商引资,拓展乡镇的经济收入来源,实现共同富裕。枫桥镇已经引进了部分知名企业,但是需要进一步扩大招商引资力度,拓展乡镇的就业岗位,吸引更多的年轻人固乡和回乡进行就业创业,吸引更多的人口来枫桥镇发展。

乡村振兴在路上,数字经济赋能乡村振兴。浙江省诸暨市枫桥镇是乡村振兴的典型案例之一,"枫桥经验"更是乡村振兴的模范经验之一。枫桥镇抓住数字化的机遇,对传统的自管自治模式进行改革升级,使得枫桥镇的经济发展行走在中国乡村经济发展的道路上,村民的经济收入也得到了提升,村镇的经济也朝着高质量方向发展。随着"枫桥经验"的推广,必然会涌现更多成功的乡村振兴案例,尽管如此,我们仍要看到"枫桥经验"的服务对象是村民,推行乡村振兴战略最终落脚点也是村民,这也是数字经济赋能共同富裕的旨趣所在。

第五章　数字化时代中国财富创造的经验与启示

一、中国共产党对马克思财富观的继承与创新

数字化时代中国的财富创造，体现了中国共产党对马克思财富观的继承与创新，尤其是改革开放以来，党对财富创造的认识经历了从矛盾、回避到客观看待、正确认识再到理性分析的曲折过程。改革开放40多年的历史，也是党领导人民在中国的具体语境中不断深化认识和创新发展马克思财富观的历史。中国共产党对马克思财富观的继承与创新，主要体现在关于解放生产力创造财富与社会制度的属性问题、关于利用资本创造财富与社会主义中国的发展问题、关于财富创造的消极面及其社会主义的应对问题等方面。

（一）关于解放生产力创造财富与社会制度的属性问题

马克思认为，财富在不同的社会历史发展阶段有不同的形态。在前资本主义社会，受限于生产力水平的低下，人们的财富生产能力有限，因而这一时期人们对财富的认知具有自然物质性特征。在资本主义社会，工业化大生产极大地提高了社会生产力水平，财富表现为"庞大的商品堆积"；而当社会发展到"以所有的人富裕为目的"的阶段，"真正的财富就是所有个人的发达的生产力"。[①] 但"不论财富的社会形式如何，使用价值总是构成财富的物质内容"。[②] 从这一点上理解，在马克思的财富观中，财富的内涵是一个随着生产力发展而动态生成的过程。中国共产党继承和创新了马克思关于解放生产力创造财富的思想。中华人民共和国成立后，通过社会主义改造运动所建立起来的"一大二公"的高度公有化的计划经济体制严重束缚了生产力的发展，不利于社会财富创造。改革开放后，面对"人民日益增长

[①] 《马克思恩格斯文集》（第2卷），北京：人民出版社2009年版，第53页。
[②] 《马克思恩格斯文集》（第5卷），北京：人民出版社2009年版，第49页。

的物质文化需要同落后的社会生产之间的矛盾",邓小平认为,唯有建立一种以资本为核心的资源配置机制,才能更快地发展生产力,"我们过去一直搞计划经济,但多年的实践证明,在某种意义上说,只搞计划经济会束缚生产力的发展。把计划经济和市场经济结合起来,就更能解放生产力,加速经济发展",①从而创造更多的财富。在《前十年为后十年做好准备》的讲话中,邓小平进一步指出,"社会主义……缺点在于市场运用得不好,经济搞得不活。计划与市场的关系问题如何解决？解决得好,对经济的发展就很有利,解决不好,就会糟"。② 因此,要把人们的致富欲望与成熟的资本观结合起来,才能释放市场活力,解放生产力,解决历史遗留问题。面对逐渐发展繁荣的市场经济,江泽民等党和国家领导人意识到,解放生产力,不但要发展私有资本,还要发展出保证社会制度属性、保证人民共同富裕的公有资本,而"公有经济只有采取资本形态才能充满活力",③由此逐渐形成了"私有资本"和"公有资本"在"批判"与"建构"之间不断发展的张力结构。胡锦涛进一步提出要深化股份制改革,大力发展国有资本、集体资本和非公有资本等参股的混合所有制经济以推行公有制实现形式多样化,同时继续鼓励、支持、引导非公有制经济的发展,全面促进生产力的解放和发展,促进社会财富增加。新时代以来,面对"人民日益增长的美好生活需要和不平衡不充分的发展之间的矛盾",习近平进一步强调市场对于解放生产力的作用,把市场在资源配置中的定位从"基础性作用"提高到"决定性作用",④并强调更好发挥政府作用,坚持社会主义市场经济的改革方向,全面深化改革促进国家治理体系和治理能力现代化,推动解放和发展社会生产力,不断推进全体人民共同富裕的中国式现代化进程。

(二)关于利用资本创造财富与社会主义中国的发展问题

资本是财富创造的主要因素,在马克思的财富观中,他认为资本并非资本主义所独有,资本在技术层面上是生产的因素,在社会层面上是一种社会关系。因而,马克思在分析资本的时候,没有把资本当作资本主义所唯一具有的,没有把资本与资本主义这一制度属性等同起来。他从更为广阔的人类发展历程来认识资本,"资本的太古形式是经常发展货币的商业资本",⑤

---

① 《邓小平文选》(第3卷),北京：人民出版社1993年版,第148~149页。
② 《邓小平文选》(第3卷),北京：人民出版社1993年版,第16~17页。
③ 杨志：《论资本的二重性》,北京：经济科学出版社2002年版,第2~3页。
④ 逄继明：《改革开放四十年"资本"观的历史生成与实践发展》,《当代世界社会主义问题》2018年第4期。
⑤ 《马克思恩格斯〈资本论〉书信集》,北京：人民出版社1976年版,第134~135页。

"资本在历史上更为古老的自由的存在方式"。① 因此,他实际上认为资本并不是资本主义所独有,而是"一切商品生产所共有的"。② 所以对于如何利用资本服务于本国社会经济发展这一财富创造的关键问题,马克思认为,资本追求剩余价值的本性伸展的同时,带来了生产力全面进步,推进了社会文明进程,"由此产生了资本的伟大的文明作用",③创造了一个"伟大的时代"。马克思在探讨东方社会主义发展道路时就提出过落后的俄国可以吸收资本主义制度的"一切肯定成果"而越过资本主义的"卡夫丁峡谷"直接向社会主义过渡。中华人民共和国成立后,毛泽东认识到在中国建设一个全新的社会主义国家,需要借鉴资本主义的文明成果,他在 1956 年接见丹麦驻华大使时曾经讲到:"我们很愿意向你们学习,我们愿意向世界上所有国家学习……每个国家都有值得学习的长处。"④但他也指出,"必须有分析有批判地学,不能盲目地学,不能一切照抄,机械搬用"。⑤ 邓小平认真总结了中华人民共和国成立以来政治运动的弊端、计划经济模式的僵化和"斯大林模式"失败的历史经验教训,首先从历史发展趋势的角度肯定了同既往社会形态相比,资本主义是具备一定的进步性的,"要弄清什么是资本主义,资本主义要比封建主义优越",⑥进一步表达了要看到资本主义在资本运行管理方面积极成果的同时,也要看到资本在管理逻辑等方面存在的历史先进性一面,社会主义可以也应该借鉴学习,这是有合理性和必要性的,"社会主义要赢得与资本主义相比较的优势,就必须大胆吸收和借鉴人类社会创造的一切文明成果,吸收当今世界各国包括资本主义发达国家的一切反映现代社会化生产规律的先进经营方式、管理方法",⑦要吸收人类文明的"一切肯定成果",使之作为社会主义建设的重要理论养分和物质基础。江泽民在正确认识资本主义在人类社会历史进程方面重要性的基础上,考虑到当时的全球化大背景,提出通过加深对资本主义积极方面的借鉴学习与互相合作,快速提高社会生产力水平,"目前,从经济、科技发展和物质文化生活水平来看,发达资本主义国家比我们这样的发展中国家要高得多",⑧他强调要在坚持独立自主、自力更生的首要条件下,将资本主义创造的一切文明成

---

① 《资本论》(第 3 卷),北京:人民出版社 2004 年版,第 362 页。
② 《资本论》(第 2 卷),北京:人民出版社 2004 年版,第 133 页。
③ 《马克思恩格斯文集》(第 8 卷),北京:人民出版社 2009 年版,第 90 页。
④ 《毛泽东外交文选》,北京:中央文献出版社、世界知识出版社 1994 年版,第 234 页。
⑤ 《毛泽东文集》(第 7 卷),北京:人民出版社 1999 年版,第 41 页。
⑥ 《邓小平文选》(第 2 卷),北京:人民出版社 1994 年版,第 351 页。
⑦ 《邓小平文选》(第 3 卷),北京:人民出版社 1993 年版,第 373 页。
⑧ 《江泽民文选》(第 3 卷),北京:人民出版社 2006 年版,第 79 页。

果进行有效充分的吸收和转化,不仅要利用外国经验发展本国资本,还要擅于利用外资服务本国发展,"外资利用得好不好,极为重要。我们的经济要早日赶上发达国家,就必须有本事利用好外资。……要发展,我们就要学会善于借力,善于借重国外的资金、技术等力量"。[1] 他还要求全面提高对外开放水平,要"逐步健全和完善全方位、多层次、宽领域的对外开放格局"。[2] 胡锦涛认为,经过多年的改革开放,全方位、宽领域、多层次的对外开放格局基本形成,外资利用方式也逐渐完善,外资利用要从"引资"向"选资"转变,"要创新利用外资方式,优化利用外资结构,发挥利用外资在推动技术创新、产业升级、区域协调发展等方面的积极作用"。[3] 习近平认为,"文明因交流而多彩,文明因互鉴而丰富",[4]在对社会主要矛盾做出新判断的基础上,他把深化改革作为突破新的历史隘口的重要方法,"改革开放是当代中国发展进步的活力之源,是我们党和人民大踏步赶上时代前进步伐的重要法宝,是坚持和发展中国特色社会主义的必由之路"。[5] 他在中共中央政治局第二次集体学习时再次强调,"改革开放是决定当代中国命运的关键一招,也是决定实现'两个一百年'奋斗目标、实现中华民族伟大复兴的关键一招"。[6]

（三）关于财富创造的消极面及其社会主义的应对问题

马克思认为,资本主义的财富创造过程存在两面性,"资产阶级借以在其中活动的那些生产关系的性质绝不是单一的、单纯的,而是两重的;在产生财富的那些关系中也产生贫困;在发展生产力的那些关系中也发展出一种产生压迫的力量"。[7] 马克思认为,在看到财富创造文明性的同时,也要看到资本这一财富创造的主要因素其增值本能与西方政治谱系同构,创造了现代化产业结构与现代生活方式,资本成为控制社会的唯一力量,成为支配政治、文化等各个社会领域的决定因素,并不断的逼仄人类的生活空间,在整体上,导致无产阶级处于一种被剥削的普遍贫困化状态;在个体上,导

---

[1] 江泽民:《全面分析和正确估量当前形势,把握好改革、发展和稳定的关系》,《人民日报》1994年5月5日。
[2] 《江泽民文选》(第2卷),北京：人民出版社2006年版,第26~27页。
[3] 胡锦涛:《高举中国特色社会主义伟大旗帜为夺取全面建设小康社会新胜利而奋斗》,《人民日报》2007年10月25日。
[4] 习近平:《习近平谈治国理政》,北京：外文出版社2014年版,第258页。
[5] 中共中央文献研究室:《习近平关于全面深化改革论述摘编》,北京：中央文献出版社2014年版,第3页。
[6] 中共中央文献研究室:《习近平关于全面深化改革论述摘编》,北京：中央文献出版社2014年版,第3页。
[7] 《马克思恩格斯文集》(第1卷),北京：人民出版社2009年版,第614页。

致异化、对抗、单向度与物象化。毛泽东早在湖南第一师范读书时,在看到资本主义强大的同时,也认为"教会、资本家、君主、国家四者,同为天下之恶魔也"。① 在随后的不同历史时期,毛泽东对财富创造过程中的资本认识有过不同的变化。在党的七大的报告里,毛泽东就论述过"广泛地发展资本主义"的问题,就是要通过"消灭了资本主义又发展资本主义"的形式,让"私人资本主义经济在不能操纵国民生计的范围内获得发展的便利"。② 邓小平16岁赴法国勤工俭学时就充分地体验到做工的辛酸和资本家的残酷剥削,但他并没有就此认为要把资本主义钉在历史的批判台上,而是主张要辩证地看、历史地看、客观地看。即使主张开门搞建设,向西方学习,他也没放松警惕。邓小平多次提出首先要在政策上把允许一部分地区和一部分人先富起来定下来。他警告全党,"社会主义的目的就是要全国人民共同富裕,不是两极分化。如果我们的政策导致两极分化,我们就失败了;如果产生了什么新的资产阶级,那我们就真是走了邪路了"。③ 他这样强调:"少部分人获得那么多财富,大多数人没有,这样发展下去总有一天会出问题。"④邓小平主张以"先富"带动"后富"解决"共富",⑤以此消解财富创造过程中资本生产带来的两极化趋势问题。邓小平创造性地将共同富裕同社会主义的本质联系起来,对社会主义本质做出的理论性发展,就是对资本消极面最好的社会主义回应。江泽民延续了邓小平建设开放型市场经济的观点,并注意到市场经济运行中出现的问题,在《关于在我国建立社会主义市场经济体制》的讲话中指出,"我们强调充分看到市场的优点,并不是说市场是全面的、万能的。市场也有其自身的明显弱点和局限性……还必须利用计划手段来加强社会保障和社会收入再分配的调节,防止两极分化"。⑥ 党的十九大报告也明确指出,"增进民生福祉是发展的根本目的。必须多谋民生之利、多解民生之忧……保证全体人民在共建共享发展中有更多获得感,不断促进人的全面发展、全体人民共同富裕"。⑦ 党的二十大报告进一步强调,"中国式现代化是全体人民共同富裕的现代化。共同富裕是中国特色社会

---

① 《毛泽东早期文稿》,长沙:湖南出版社1990年版,第152页。
② 《毛泽东选集》(第3卷),北京:人民出版社1991年版,第1061页。
③ 《邓小平文选》(第3卷),北京:人民出版社1993年版,第110~111页。
④ 《邓小平年谱》(1975—1997)(下),北京:中央文献出版社2004年版,第1364页。
⑤ 《邓小平文选》(第3卷),北京:人民出版社1993年版,第373~374页。
⑥ 《江泽民文选》(第1卷),北京:人民出版社2006年版,第201页。
⑦ 《决胜全面建成小康社会 夺取新时代中国特色社会主义伟大胜利——在中国共产党第十九次全国代表大会上的报告》,北京:人民出版社2017年版,第23页。

主义的本质要求,也是一个长期的历史过程"。①

二、中国财富创造实践中的观念变革及其特征

中华人民共和国成立以后,尤其是改革开放以来,在社会主义中国,人们围绕如何认识财富的本质、如何创造财富、如何规范财富积累等问题发生了一系列的观念转变,主要体现在以下四个方面:一是重新认识"资本"这一财富创造的重要因素,改变了计划经济体制下把资本与资本主义等同、把计划与社会主义等同的狭隘观点。人们在一个更加宏大的历史叙事中,深刻地认识到马克思所讲的"极为相似的事情",也会引起"完全不同的结果",②即认识到社会主义也可以发展市场经济,可以激发资本、驾驭资本,使社会主义经济中的资本向有利于人民幸福、有利于民族复兴的方向引导与转化。二是人们不是抽象地在意识形态框架下讨论财富,没有将财富及其创造看成空洞的、抽象的概念或将其视为抽去了具体形式和载体的意识形态的批判对象,而是把财富创造对生产力的解放与促进作用放在具体的时空背景下,与具体的社会、经济、政治制度相结合加以考量。通过这种历史唯物主义的视野,"财富"得以"祛魅",并通过加强对社会主义初级阶段的顶层设计,生成符合社会主义框架的各项具体的经济制度、具体经济政策不断释放生产力发展的巨大效能,促进财富增长。三是人们对于货币这种物质财富重要形式的认识与理解也发生变化,逐渐从货币的静态流通兑换功能向能带来新价值的作为增量的货币概念转化,实现弗朗斯瓦·魁奈(Francois Quesnay)所言的货币预付金作用。更为深刻的是,透过财富创造过程看到了体现在商品生产、分配、流通、消费体系中的社会关系的联结性,看到了财富对社会结构、人们内心体验的编码功能。四是人们开始从历史发展趋势的角度看待财富,从世界文明史的角度思考财富,从西方的经济制度文明与社会主义制度优越性相结合的角度来思考财富创造过程。这四个方面的转化过程,呈现出中国特色社会主义理论尤其是有关经济建设理论的独特思维魅力。

(一)自觉反思性

改革开放是中华民族自我意识的深度觉醒,充分表达了中华民族生存与发展智慧,其恢宏而深刻的历史实践把中华民族对于自身发展的主体性

---

① 《高举中国特色社会主义伟大旗帜　为全面建设社会主义现代化国家而团结奋斗——在中国共产党第二十次全国代表大会上的报告》,北京:人民出版社2022年版,第22页。
② 《马克思恩格斯全集》(第19卷),北京:人民出版社1979年版,第131页。

淋漓尽致地展现出来，也表明进入数字化时代中国财富创造实践具有自觉反思性的鲜明特征：一方面，民族的发展进入自我反思阶段，开始重新思考经济体制与经济社会发展问题，通过思想解放运动，扫除了社会主义与资本、社会主义与市场的认识误区，为建设以资本这一财富创造重要因素为核心的市场制度做了充分的思想准备。《实践是检验真理的唯一标准》的发表以及解放思想大讨论，使对马克思主义的理解重新回到正确的路线上来，为深化资本与资本主义、资本与社会主义的关系认知，做了思想上的准备。思想的解放包括在世界文明的宏观尺度上认识包括以市场资源配置为核心的西方经济制度文明的问题，以及能否借鉴西方经济制度文明来为我所用等问题。另一方面，对社会主义本质的反思性回答，从根本上突破了人为设置的财富创造限制，灵活地将市场经济运用于社会主义社会的发展之中，使发展市场经济成为促进经济社会发展、财富创造的重要手段。马克思主义经典作家把社会主义与高度发达的社会生产力相关联，认为社会主义的本质与现代生产的社会本性相关。邓小平把这一观点与中国具体的国情相结合，创造性地提出了"革命是解放生产力，改革也是解放生产力"。[①] 邓小平抓住了社会主义的根本任务是发展生产力这个核心问题，创造性地提出了在社会主义发展资本，以资本的力量来促进社会发展、增加社会财富的重要论断。

（二）勇于创新性

成熟的政党，总是善于把握民族发展的历史与现实方位，在民族发展的重要历史关头回答时代之问，根据本国具体国情和民族发展特点寻找适合自己国家和民族的发展路径，实现国家和民族的长远发展与繁荣富强。1978年以来，中国实行改革开放，形成一种"空前开阔的眼界视野、空前广泛的竞争意识、空前强烈的效率追求"的发展势头，由于改革深刻地"改变了人民、民族和国家的前途命运"，[②]并且仍将持续地推动我国迈向建设社会主义现代化强国的征程，实现第二个百年奋斗目标，由此，"改革创新"便成为一种在全党全社会高度凝练的精神状态和最大共识，指引着社会主义市场经济不断深化改革、持续推进开放。相应地，数字化时代中国财富创造实践也体现出勇于创新性的重要特征：其一，人们站在人类文明的高度正确认识财富的历史作用和文明意义，在经济制度的设计上逐渐建构起使市场起决定性作用的资源配置体系。改革开放前，人们忽视市场的资源配置作

---

① 《邓小平文选》(第3卷)，北京：人民出版社1993年版，第370页。
② 林振义：《改革开放时代孕育和塑造了改革创新精神》，《学习时报》2018年7月9日。

用,片面理解资本的剥削意义及市场经济的性质,过于追求社会主义建设的"纯洁度",夸大财富分配中的两极分化作用,采用行政命令和计划的方式来配置资源,只有在极少数领域才以货币来进行计算和流通,货币资本的财富作用极度萎缩。改革开放释放了资本历史进步性,激发了资本与技术的结合对生产力的推动和财富的创造,以市场机制为核心进行资源配置的社会主义市场经济制度逐渐建立起来。其二,对于利用资本进行财富创造的方式趋于多元化,逐渐构建起立体化、多层次的资本市场。随着改革的深入,人们对资本这一财富创造重要因素的理解逐渐加深,资本的实现方式和财富的创造形式越来越丰富,公有资本与私有资本、民族资本与世界资本之间的通道被逐渐打通,形成了公有资本和私有资本相互融合与合作、国内资本和国际资本相互流通共同创造财富的完善资本运动体系。其三,人们对于利用外国资本服务于本国经济发展、财富创造的认识和思考从狂热开始向理性转变。以 2001 年加入世界贸易组织为标志,中国的对外开放格局发生了巨大跃升,开始进入全方位、宽领域、多层次的新时期,党领导人民在国家分工协作关系加强、国际经济关系复杂多变的全球化浪潮中更加注重科学、合理地引进和利用外资以促进共同发展,在构建开放型经济新体制、自由贸易试验区建设、"一带一路"等体制机制改革创新领域积累了丰富经验。对于正处于发展新旧动能转换的中华民族来说,必须从改革开放中汲取新动能,以开放推动创新,以创新倒逼改革。

（三）充满辩证性

剑有两刃,事有两面。人们对财富的追求为经济发展注入动能的同时,也在一定程度上带来了负面作用和消极影响。改革开放以来,由于改变落后现状以及追赶先进发达国家的迫切性,社会上充斥着"竞争"旗号遮掩下的"霍布斯丛林法则",对"GDP"的偏好放大了财富创造的文明面,掩盖了财富创造的消极面。诸如"效率优先""唯 GDP""先发展后治理""要看到发展是主流"等观点或认识一度成为主流,追求利润最大化的西方经济学理论被奉为社会发展的"宝典"。对物质财富的盲目追求导致了一系列负面事件,诸如昆明泛亚有色金属交易所兑付危机,涉及资金 430 多亿元,波及全国 27 省区市,直接受害人 22 万,牵涉到几十万家庭上百万人;e 租宝诈骗案、中晋诈骗案、"滴滴打车致命案",等等,这些案件,涉案金额之大,影响范围之广,骇人听闻。资本的肆虐以及盲目追求财富将人性的扭曲淋漓尽致地展现出来,引发了人们的深度关切与思考。这些案件反映了如下几个问题:首先,财富被神化。典型表现之一就是以财富创造为主旨的资本运行体系作为人为设计的、世俗的市场交易原则与法则,被颠倒、歪曲为对人进行"设计""座架"的虚假主体。这种资本逻辑的放大,使对利润最大化的追求成为经济中"不自觉的"行为方式的最高指导原则,资本的逻辑侵蚀精神领域,替代了人伦的、道德的、法律的法则。其次,财富被幻化。改革开放以来,以财富创造为主旨的资本逻辑先后获得了政治合法性以及操作现实性,之后也自然而然地变成了中国社会发展的主导性力量,消费行为作为一种特殊的带有特定含义的价值取向、文化现象以及生活方式,在中国社会的不同群体中受到了大范围的认同和狂热的信奉。① 日常生活的交易与消费行为符号化,置换了生产与商品交换的真实意义,消费能力被无限制地放大为评判个体基本个性、权力、财富和社会地位的重要标准,②无限制的消费行为侵蚀了内在的思想意识、价值观念和精神追求。最后,对财富的盲目追求加剧了社会分层,两极化趋势加剧。客观而言,财富本身并不必然导致两极化,但人们利用资本力量盲目追求财富的行为却实实在在地加剧了我国的两极化现象。在市场化改革进程中,的确有人凭借自己的聪明才智和冒险精神、创新意识,创造和积累了大量财富。但同时,对金钱财富的着迷也会导致人们利用社会转型过程中市场与法律的不完善,通过权钱交易、权力寻租,或利用市场监管漏洞获取大量不义之财,进一步加剧贫富差距。

三、数字化时代经济发展具有共同富裕的价值指向

数字化发展是中国式现代化进入新时代的实践新样态。包容性增长是数字经济将经济增长的成果惠及全人类的普惠属性,也是世界经济增长的重要目标。总体上,虽然数字化时代中国财富创造实践充满辩证性,具有积极的正面作用,也具有一定的负面作用,但由于数字化技术的通用性、非实体性和非竞争性,将带来深度渗透、要素共享和跨界融合,这使得数字化时代数字经济的发展可以与我国共同富裕和现代化道路同频共振。换言之,数字化时代的数字经济兼具创新效应、平衡效应和共享效应,可以促进社会经济高质量增长,在产业数字化转型升级、区域经济协调发展以及人民共享数字红利等方面促进共建共享发展,从而助推社会共建共富、全面共富和全民共富,以中国式现代化全面推进中华民族伟大复兴。

(一)创新性深化经济变革,助推共建共富

数字化时代数字经济发展的创新效应主要体现在能够促进社会物质文明和精神文明建设,促进人民物质、精神财富积累,实现共同富裕。一方面,

---

① 袁三标:《资本逻辑背后的意识形态迷雾》,《社会主义研究》2017年第1期。
② 袁三标:《资本逻辑背后的意识形态迷雾》,《社会主义研究》2017年第1期。

数字经济能够激发人们的创造性意识、创新性思维，促进生产创新、产品升级，逐渐成为经济高质量发展的主引擎、产业转型升级的主动力以及创新创业的主阵地，不断促进社会物质文明建设；另一方面，数字经济能增强人们的创造活力和创造积极性，从而助推技术创新和治理创新，推动人类文明迈上新的更高的台阶。基于此，数字经济产生的创新效应不仅带来新技术、新观念、新模式，而且对社会生产、人类生活等方面影响深远，尤其在促进人民群众物质生活、精神生活走向共同富裕方面起到重要助推作用。

1. 促进物质生活富裕

创新是引领社会经济发展的重要源泉。共建共富需要全体人民的共同参与、共同建设，更要充分调动其主动性、积极性和创造性。数字化技术的持续升级助推人们的创新意识、创新思维和创新能力不断提升，进而促进生产创新、产品迭代，使社会财富大幅度流动和增长。尤其在科技赋能和消费升级驱动下，依托互联网、人工智能等新技术的深化应用，催生了诸如数字旅游、数字教育、数字医疗等新业态新模式，培育壮大了定制、体验、时尚等新型消费。如今，数字化技术与各行业加速融合，依靠数字化技术的远程办公、远程教育等新场景得到了广泛应用，不仅在一定程度上维持了市场经济的稳定运行，也有利于带动消费市场回暖。此外，在数字产业的引领下，创新链和产业链密切结合，生物医药以及新能源新材料等协同发展的新兴产业体系也在"生根发芽"，优质企业"扎根"成长。这些依托数字化技术创生的新生产方式和新业态新模式所带来的巨大经济和社会效益，进一步激发了人们创造物质财富的积极性，也使得数字化时代产业提质增效，促进了社会财富的创造。

2. 促进精神生活富裕

数字化技术不仅以新理念、新业态全面融入人类经济、政治以及社会建设的各领域、全过程，也给人类的精神生活带来了广泛而深刻的影响。首先，数字化技术创新体验方式，推进全域覆盖。如建成"云上展馆"应用场景，实现线上游览、阅读、听书等功能，做到"线上+线下"双向赋能，尤其是"云逛街""云展览""云健身""云音乐会"等新名词的诞生，反映了新的形势下人们的新需求偏好，而数字化技术创新能通过虚拟互动打造有趣交互体验的个性化数字短视频平台，以"沉浸式体验"满足参与者多样化文化需求。其次，数字化技术的革新使人们从过去繁重、机械的工作中解放出来，有效缓解了人们的工作压力，可以获得更多自由、可支配的时间和精力来培养兴趣爱好、提高文化素养，同时工作环境不断得到改善，消费场景和生活场景逐渐丰富多元，因此，人们的创造力、活力也不断得到释放。最后，借助人工智能、虚拟现实等数字化技术，打造精神文化生活共享产品和"云空间"，数字化技术应用的普惠性和数字经济的发展有效提高了现代化治理能力和基本公共服务的均等化水平，人民群众的精神文化体验感、获得感和幸福感显著提升，从而促进社会精神文明建设和人的全面发展。

（二）协同性统筹发展全局，助推全面共富

数字化时代数字经济的协同性是解决新时代中国发展不平衡、不充分问题的有力途径。数字化时代，数据、信息等生产要素可以轻松实现跨区域自由流动，数字化技术的革新可以改善生产方式、发展生产力，协调产业布局、激发市场活力，进而促进产业升级转型、加速农业现代化，助力乡村振兴和城乡一体化发展，从而在"做大蛋糕"的同时促进区域、城乡全面协调发展，助推全面共富。

1. 促进区域协调发展

数字经济在全球方兴未艾，数字化技术是一种极具渗透力的新兴技术，能够有效推进各地区发展动能转换，使区域间合理分工、协同促进、优势互补，不断实现区域经济现代化水平和发展质量的提升，主要体现在以下方面：其一，智能要素的注入有助于不同类型地区形成新增长点、提升发展质量。在消费互联网的时代，优质的供给能够激发需求，多样化的需求又能够反向到供给的创新和改革，而数字化技术的变革会是产业升级和高质量发展的强劲动力支撑，能够快速在不同类型区域内实现资源配置的最优化，推动新型工业化、信息化，加快传统产业的数字化、智能化转型，促进区域发展动能转换。其二，数字化技术使得数据和信息等要素比较容易实现跨区域自由流动，有助于加强政企研合作与区域合作，打造数字经济共同体。数字经济的多维度、强渗透使其关涉技术、产业等多个方面，只有政企研合作，才能更好、更有效地发挥数字经济的黏合力和桥梁作用，以最大限度、力度弥合中国国土空间本身具有的发展异质性、失同步性。其三，我国区域经济发展差距显著，而平台化、数据化的渗透力和辐射性在一定程度上打破了行政垄断和区域划分，促使生产逐步趋于分散、产业的空间集中度也在有效降低，这使得全国各地的企业和居民可以以相同的价格购买产品和服务，避免由于地理位置的不同而产生"失同步性"问题。换言之，这种由于数字化技术带来的产业的分散有助于弥合地区之间的"异质性"发展难题，有效改善地区之间的发展不平衡问题，促进区域协调发展。

2. 促进城乡协调发展

近年来，数字经济在中国发展迅速，不断催生出许多新模式、新业态，对于发展智慧城市、数字乡村，推进新型城镇一体化建设具有重要推动作用，

更有助于缩小城乡收入差距,促进协调发展、融合发展。首先,数字化时代的数字经济具有的惠普金融属性有效降低了农户获取金融服务的门槛,吸引专业技术、资金、人才等社会资本流向乡村,为其获取更多优质资源提供了便利,有助于农村居民积累人力资本,从而更好进行农业生产,提高农村居民收入,有效弥合城乡居民收入差距。其次,数字化技术赋能农产品生产、销售乃至农民生活的方方面面,直播带货、短视频销售等丰富了农村产品与服务的销售渠道,尤其是在线直播与电商平台融合形成的电商直播实现了地方产品价值与销量的双提升。再次,数字经济有助于农村地区特色产品聚集、塑造特色品牌,助力培育多元化农村产业融合主体,助推支农、涉农、助农等农村农业新业态的发展,以数字技术促进农业产业振兴。最后,数字技术有助于对部分城镇化发展缓慢的城市开展补齐短板行动,以其辐射范围之广、网络效应迅速强化数字经济对于共同富裕的支撑作用。与此同时,数字平台可以更好地发挥城市龙头企业的示范作用,在农业现代化、农村经济数字化等方面起到促进作用,助推城乡协调、融合发展。

(三)共享性普惠数字生活,助推全民共富

在传统经济中,土地、劳动力等传统生产要素通常是有限的,越用越少、无法共享,而数字经济具有累积增值性,数据这一新的生产要素在社会生产中会越用越多,共享范围越广,价值越高,由此带来的经济效益随着运营平台的加深会越来越凸显。一方面,数字经济打破了传统生产要素的流动壁垒,有助于实现创新要素的精准匹配,加之准入门槛低、成本少,促进了发展机会共享;另一方面,数字化技术不仅嵌入政务工作,还能弥补公共服务短板,其辐射范围之广、渗透力之强可谓关涉人民群众生活的方方面面,数字经济红利有助于实现发展成果全民共享。

1. 促进发展机会共享

发展平等、发展机会共享是人类长久以来的愿望。随着数字化时代的到来,数字化技术可以通过广泛链接、智能匹配等提供更多市场化、广覆盖、可持续的人民共享的机会。一方面,数字经济的发展可向微小企业、个体户等提供更多、更便捷的金融服务,使得参与市场的人进入门槛较低、成本也相对较低,还可以帮助他们获得更多的融资渠道,扩大业务规模,提高市场竞争力,加之数字化时代数据流动性强、复制和传播成本低,不同地区的生产者和消费者可以平等获取相关生产资料和产品服务,有利于实现生产要素的多主体共享,也在一定程度上缓解了过去由于行政区划、发展土壤参差不齐等导致的发展异质性难题,实现经济高质量发展助推全民共富。另一方面,互联网等数字化技术的出现实现了信息和内容的共享,学习资源的可获得性及容易程度逐渐提高,这不仅使得个体组织可以有效获取经济资源,提升个人技能激发了人民创新创业的活力,也有利于实现社会组织之间搭建交流平台,实现优势互补、协作共生、共同发展。如我国形成的"淘宝村",不仅为不同地区、性别、学历、收入、年龄的人群提供了良好的创业契机,也为各类市场主体平等参与经济活动营造了"机会均等、人人参与、价值共创"的良好商业环境和发展平台,从而大幅度提高了仅仅依靠农作或外出务工的劳动者这类收入来源相对单一群体的收入水平和财富创造机会,也可为其他失业人员提供其他发展机会和路径,例如抖音带货、"电商直播"等平台经济的发展,实现了数字经济的包容性发展和共享式增长。

2. 促进发展成果共享

我国飞速发展的数字经济,不仅给人民带来了共享发展的机会,还坚持以满足人民对美好生活的期待和需求为目标,让亿万人民在共享数字经济发展成果层面获得更多的幸福感和安全感。首先,数字化时代数字乡村的发展极大地激发了农村的创新活力,如今,"互联网+政务服务"走进乡村,让村民在家门口就可以办理营业执照年检、老年证等多项业务,真正实现"让群众少跑腿,让数据多跑路"。除了方便村民办事,"互联网+电商"的发展模式也为村民带来了便利和财富,改变了他们的生活,越来越多的村民搭上了"互联网+"的快车,在乡村振兴的道路上共享发展成果。其次,移动互联网渗透到社会经济生活、民生服务的各个环节,出行、医疗、休闲、办公……数字化技术正在带我们冲浪智慧城市、畅享数字生活的快捷便利。再次,数字经济着力补齐民生短板、优化公共服务,尤其是数字政府与数字社会建设的加快推进,全国一体化政务服务平台的投入使用,老百姓在一个个具体生活问题的解决和真实场景的体验中切实感受到数字经济带来的公平正义,从而不断增强幸福感获得感。最后,随着近年来数字化技术的应用范围不断扩大,数字经济为生产、流通、分配和消费四个环节赋能,在"做大蛋糕"的同时更注重"分好蛋糕"。此外,数字化技术的发展也使得全国各地基础设施迭代升级,数字经济普惠助力各地基础设施智能化、均等化,尤其是经济欠发达地区和落后农村的医疗、教育、交通、应急管理等民生领域数字化水平不断跃升,数字惠民成效显著提升。

综上所述,数字经济发展不仅诠释着人类生产生活方式所发生的巨大变化,还深刻促进了人与人之间、个体与集体之间的共享,进一步推动了广大人民积极参与数字化时代的社会经济活动,更使得每一个社会个体都平等地享受发展机会和发展红利,从而形成"机会共享,人人参与,财富共享"的良性发展机制,助推全民共富。

四、数字化时代财富积累的风险及规范机制

党的二十大报告首次提出"规范财富积累机制",这是对中国式现代化进程中财富积累与分配新要求的回应,但也表明,数字化时代财富创造和积累过程存在失范的风险。而这种风险集中于资本失序上,即资本的失序扩张带来的社会财富分配层面两极化。物质基础决定上层建筑,财富积累对全面建设社会主义现代化强国具有重要意义,但社会主义的本质要求是共同富裕,要实现中国式现代化必然要优化宏观财富分配机制,有效解决资本无序扩张带来的财富极化现象。改革开放的实践历程表明,中国并不排斥资本。社会主义市场经济制度下的资本规制,其关键是要让资本成为社会主义社会腾飞的羽翼,成为增进人民福祉的经济力量。因此,问题的关键在于市场运行机制要与国家政治制度相匹配,鼓励建立多层次资本体系、激发资本张力的同时,要把"资本内在基因进行重组和再造",[1]使其发生质的变化,在社会主义制度属性、法律框架下,让资本的投资回报切实成为改善民生福祉、提升生活水平、促进人性解放和全面发展的有力动力。

应当说,改革开放以来,中国的国内环境和世界经济全球化的形势为财富积累提供了充足的"养料"和空间,但随着资本在全领域的渗透和扩张,其反人民和社会的消极属性也愈发暴露,如果不加以规制必将危害党和国家事业发展的前途。党的十九大以来,由于"世界大变局"加速演变,我国经济社会发展面临更多的挑战和考验,以习近平同志为核心的党中央一以贯之秉持忧患意识,坚持底线思维和前瞻思维,为预防资本运行方向的偏离做好应对之策。在 2020 年 12 月的中央政治局会议和 2021 年 11 月党的十九届六中全会上,习近平总书记都强调了要防止资本的无序扩张;在 2021 年中央经济工作会议上,他又特别强调给资本"设限"的问题,即"要正确认识和把握资本的特性和行为规律""要为资本设置'红绿灯',依法加强对资本的有效监管,防止资本野蛮生长。"[2]党的二十大报告也强调完善分配制度时,"规范财富积累机制"。以上表明,党中央始终坚持以人民为中心的发展思想,特别强调要正确认识和把握资本的特性和行为规律,这是关系党和国家事业发展全局性、战略性、前瞻性的问题。

当下,如何在"政治经济学的初稿"基础上,开辟马克思主义政治经济学的新境界,写出"21 世纪中国特色社会主义政治经济学的正式文本",使其

---

[1] 杨志:《资本的二重性与公有资本》,《当代经济研究》1999 年第 1 期。
[2] 《中央经济工作会议在北京举行》,《人民日报》2021 年 12 月 11 日。

成为完善中国特色社会主义市场经济、实现中华民族伟大复兴的指南,是历史赋予我们的重任。数字化时代,书写"21 世纪中国特色社会主义政治经济学的正式文本",不仅要面向中华民族伟大复兴的战略全局和世界百年未有之大变局这"两个大局",①而且要以马克思主义政治经济学理论为蓝本,从宏观层面和微观层面入手分析资本规制问题。具体而言,在宏观层面,要分析政府如何引导和控制资本,如何建立健全相关制度和规则,完善法律法规,提高政府对资本市场的监管能力,既在市场规律作用下释放各种要素的活力,又在政府宏观调控下体现中国式现代化的人类文明新形态的实践特质。在微观层面,要正确分析数字化时代资本扩张悖论的逻辑生成,如网约车市场初期资本行为规律分析,又如资本集团以社区团购的方式对传统民生市场的降维打击,再如金融衍生品以及金融危机爆发前后资本无序扩张的行为分析,等等。通过研究和分析,不仅要揭示出马克思主义政治经济学理论视域下资本扩张悖论的内在机制这一财富创造失范的核心问题,还要从中华传统文化的视角分析资本家族化、集团化在这一内在机制中是如何被强化的,又该如何从制度层面、法治层面、文化层面、伦理层面破除资本无序发展造成财富创造失范的恶疾难题,将其导引向民族复兴和人民幸福的目标上来,这是本研究的价值和动力所在。

(一)财富创造和积累具有失范的隐忧

历史表明,数字化时代财富创造和积累的失范问题集中体现在资本的失序上。马克思曾历数资本的危害与利润程度之间的关系,②反映了资本的可怖性。但资本并不全然是可怖的,资本在财富创造和积累过程中具有两面性:一方面,要看到资本的积极方面,它与其他社会生产资源结合在一起,能够有力推动社会生产力发展,促进社会文明进步;另一方面,也要注意到资本的消极方面,人们不能指望资本具有自觉性,即一旦挣脱了制度和规则的规范性束缚,资本就将陷入"无序"的扩张状态,不仅会使"人"处于物和资本的压迫之下,变为"非人"的存在,而且最终还会造成资本所依赖的企业运营、金融体系以及国家宏观经济产生巨大风险。因此,资本的两面性要求我们正确地认识和把握资本所独有的基本性质,掌握资本在市场中的行

---

① 汤铎铎、刘学良、倪红福等:《全球经济大变局、中国潜在增长率与后疫情时期高质量发展》,《经济研究》2020 年第 8 期。
② 马克思在《资本论》中的论述如下:一旦有适当的利润,资本就胆大起来。如果有 10%的利润,它就保证到处被使用;有 20%的利润,它就活跃起来;有 50%的利润,它就铤而走险;为了 100%的利润,它就敢践踏一切人间法律;有 300%的利润,它就敢犯任何罪行,甚至冒绞首的危险。如果动乱和纷争能带来利润,它就会鼓励动乱和纷争。见《马克思恩格斯文集》(第 5 卷),北京:人民出版社 2009 年版,第 871 页。

为规律,在资本前进的道路上设置"红绿灯"规范其行为,保障资本在市场上的扩张始终保持在"依法"和"循法"的范围之内。本部分基于资本扩张的双重效应,在社会主义背景下思考市场经济下资本的扩张意志及其失序的学理依据、外在表征、社会危害及其规制的问题。

事实上,资本失序并非一个新问题,而是一个老问题。中国古代传统社会中一直存在的"义—利"之争表明,在古代,中国人就早已存在对"利"侵蚀、挤压"义"而引起人性扭曲和社会秩序异化的担忧。中国历朝历代不少有识之士都曾对这一问题表示过忧虑和表达过见解。近代时期,孙中山所主张的"节制资本"就是其中比较有代表性的观点。孙中山一方面主张不应没收私人资本,而是"必须竞争可显其效能",①鼓励私人资本发展;另一方面,孙中山也看到资本主义与生俱来的负面性,即"富人因为有了那样多财产,便垄断国家的大事,无恶不作。穷人因为没有生活,便不得不去做富人的牛马奴隶",②在这双重认识的基础上,他主张既要激发资本积极性的一面,同时要力避资本弊端,"使私有资本制度不能操纵国民之生计"。③ 中国共产党成立后,党的各代领导人继承、弘扬并吸收了从孔夫子到孙中山所提供的养分,在不同历史时期结合具体国情对这一问题作出了符合时代之问的回答。例如,早年毛泽东将资本视为"天下之恶魔",后来在社会主义革命和建设时期,又强调走"消灭资本主义又发展资本主义"的道路;改革开放和社会主义现代化建设时期,邓小平、江泽民和胡锦涛客观辩证地分析资本,强调在利用资本的同时,也要正视资本的消极面,克服资本存在的缺陷,推动经济社会更好地发展;中国特色社会主义新时代,习近平强调运用法律手段,通过法治经济建设来规范和引导资本,塑造良好的资本市场生态。

我们还要看到,中国的改革开放不单纯是康德意义上的自然"隐蔽计划"④的历史进化过程,它更是一个民族具有精神自觉性的理性设计与实践创新过程。这个过程内在地"包含着精神对物质、目标对实践、价值观对行动的能动性预设"。⑤ 休谟曾指出:"产生这种正义感的那些印象不是人类心灵自然具有的,而是发生于人为措施和人类协议。"⑥价值领域的道德原

---

① 《孙中山全集》(第8卷),北京:人民出版社2015年版,第555页。
② 《孙中山全集》(第10卷),北京:中华书局1986年版,第23页。
③ 《孙中山全集》(第9卷),北京:中华书局1986年版,第120页。
④ 〔德〕康德:《历史理性批判文集》,北京:商务印书馆1990年版,第15页。
⑤ 张雄:《改革实践正能量的积极汇聚》,《文汇报》2014年3月27日。
⑥ 〔英〕休谟:《人性论(下)》,北京:商务印书馆1996年版,第537页。

则，不可能直接导源于客观事物本身。资本的正义原则，不是资本发生学及其历史演化过程的产物，而是能动的"人"的自觉建构的结果。因而，数字化时代在社会主义市场经济体制下发展资本，既不能忽略了"生产力标准"的指引与衡量作用，也不能因为对 GDP 增长的贡献而遮蔽了人类对真、善、美的价值追求。资本的发展必然要求锚定社会进步的历史目标，防范、化解资本僭越出来的张力，把资本的边界、资本的力量按照法治化的标准，驾驭在健康发展的轨道之中，而不能随意地僭越到其他领域，从而建构起人民可期、可盼的"普遍而持久的公正财富"[1]的机制与环境。

（二）关于规范财富积累机制的理论探索问题

数字化时代中国关于规范财富积累机制问题的关注，集中于对资本规制问题的思考。那么，社会主义如何以其制度优势对资本力量进行导控，使其扩张力量有序、有益呢？这一问题主要围绕两个方面展开：其一，对资本发展目标与具体方式的颠倒。根据马克思主义基本原理，在资本主义社会，剩余价值的最大化是资本的最终目标，也正因为这个目标的狭隘性，财富创造的社会性和人民性被挤压了，即社会经济是否得到发展、人民群众的利益是否得到保障，但这些都不是资本主体制度下资本所关注的重点，因此自诩"中立""客观的"的资本是站不住脚的。众所周知，社会主义制度的发展目标是追求和实现人自身的解放和自由全面的发展，即人本身价值的最大化，而资本只是实现这个最终目标的工具之一，所以社会主义制度下生长发展的"资本"与资本主义制度下的"资本"有着鲜明区别，前者有明确的价值目标，并且这个价值目标符合社会性和人民性，资本的一系列行为都必须符合社会性和人民性的统一，也正因为社会主义先进的制度优势，保证资本在社会主义制度框架内遵循法治原则稳步发展不走偏。其二，社会主义制度并不否定人的个性化，相反地，它肯定和促进人性化的发展。不过如果个性化的发展与社会整体意志的主流相悖时，个人不能只顾自己，即将个人主义的主观观念完全凌驾于历史的整体进步主义精神上，而是要将自己的自由规制在整体的自由中进而实现"大自由"。此处必须说明的是，我们在这里讲的整体的自由和前现代社会抽象的共同体概念不能混为一谈，两者是不同的概念，前者应该被正确地理解为一种自由的高境界，也就是人与人、人与社会、人与自然三者之间以及相互之间的高度统一性。显然，在我们目前处于并且将长期处于的社会主义初级阶段，这个高度统一性的境界还不能够完全地实现，但是社会主义的本质激励着一代代人朝着这个目标不断努力，

---

[1] 〔德〕黑格尔：《法哲学原理》，范扬、张企泰译，北京：商务印书馆 2017 年版，第 240 页。

离这个目标的距离不断缩小。①

从理论层面来看,如何正确认识资本扩张,如何把对资本的导控与"两个大局"相结合,如何立足中国实际、借鉴西方经验,不断完善资本无序扩张的防范和规制制度,形成规制工具包,需要从以下几个方面进行探索:

一是从经济史的角度系统梳理、分析和提炼我国的资本导控经验,从过去的实践经验中获取资本规制的有效之策。从我国对资本认知与实践的历程来看,1978 年以来我国资本管控历程可以分为三个历史时期:第一个时期为 1978—2001 年,国内思想大开、解放之潮奋起,我国探索并建立社会主义市场经济体制,对资本的认识和理解也发生了巨大转变,开始利用资本、市场来优化资源配置,发展社会生产力,这一阶段的资本总体上处于有序的扩张状态。第二个时期为 2002—2008 年,自加入世界贸易组织后,中国与国际社会的融合度越来越高,大量的先进技术和外资开始不断涌入我国,使资本得到快速扩张,在这一阶段,一些大型集团、跨国公司在中国建立起来,助推我国经济快速增长。第三个时期为 2009 年至今,资本持续扩张并逐渐渗透到我国经济社会发展的各方面,在某些领域甚至产生决定性影响,同时资本的弊端和反社会属性逐渐暴露,我国开始积极利用规章制度对资本扩张加以法治约束,如整顿各种金融公司上市,下架互联网存款产品等。②

二是通过加强对资本的监督,比如从监管的角度,通过识别机制、监管机制等建立闭环管理,设置资本运行的极限与边界,防范和规制资本无序扩张。在这方面,首先要提高资本的监管水平和价值导向,坚持以满足人民利益为导向,做好反垄断监管,维护公平竞争的市场秩序,促进市场健康、有序、持续发展。③ 具体而言,可通过严格监管注册资本、严格限制资本的扩张倍数、严格股权质押、禁止同业竞争、限制同一资产的频繁评估增值、确立企业信用能力的资本制度等方法遏制资本无序扩张。④ 其次,金融管理部门要坚持公平监管和从严监管原则,平台企业开展金融业务应以服务实体经济、防范金融风险为本,对于违规经营行为要依法严肃查处,从而促进公平竞争,反对垄断,防止资本无序扩张。⑤

---

① 王程、马昕:《经济哲学视域中社会主义本质的现代性追问——兼论中国特色社会主义制度优势》,《太原理工大学学报(社会科学版)》2021 年第 6 期。
② 申文君:《资本扩张秩序与规制研究》,《财会通讯》2021 年第 14 期。
③ 房钰:《资本无序扩张的法律规制研究——从社区团购切入》,江西财经大学,2021 年,硕士论文。
④ 王国刚、潘登:《完善制度抑制资本无序扩张》,《中国金融》2021 年第 3 期。
⑤ 《央行就再次约谈蚂蚁集团答记者问》,https://baijiahao.baidu.com/s?id=16968574391339 60942&wfr=spider&for=pc。

三是通过完善最低工资标准制度、资本方投资方向部分转移到人的精神消费领域等方式消解资本的无序扩张力量。① 对企业实施资本无序扩张的行为加以规制,贯彻有关反垄断和反不正当竞争的政策部署,构建既有活力又有秩序的监管体系和产业生态圈,推动平台经济在法治法规轨道上行稳致远。② 同时,还可通过对以下两方面的把控来消解资本无序扩张的力量:一方面,限制企业通过垄断和滥用信息资源抢占其他企业的利益;另一方面,不断完善相关的法律法规,对资本扩张做出约束,使之由"无序"逐步发展到"有序"。③

四是要正视资本的"极限"与"边界",打造兼顾效率与公平的资本流动格局,以此防范和规制资本的无序扩张。要防止资本无序扩张就要做到以下两点:一方面,我国资本市场对现代要素、现代企业和创新性企业以及项目在定价评估方面仍需要不断积累经验,不能奉行简单主义,将所有行业笼统地定义为传统行业或者有较高潜力的高新行业;另一方面,要合理地在企业融资和企业资产收益率之间寻找平衡点,处理好股权融资和资产收益率稳定增长之间的关系。④ 笔者在《正视资本的"极限"与"边界"》的报告中就已提出,在"市场万能""资本为王"等观念的干扰下,要有意识地把资本放到人类历史长河中加以审视,正视资本的"极限"与"边界",强调要完善资本运行的制度环境,打通国际间资本流动渠道,推动活水流向"最需要的领域",从而打造兼顾效率和公平的金融发展、资本流动格局。⑤

五是完善和健全法制体系、规范法治手段,将资本扩张限制在合法与合理的限度内。合法是底线,法律必须明确资本扩张的红线,资本的扩张必须控制在"依法"和"循法"的范围内,一旦离开了这一基本遵循,社会主义市场经济中的资本就有走向西方资本主义两极分化邪路的风险,这样不仅无法体现社会主义的优越性,而且必将扰乱社会发展的持续性。因而,既需要从宏观层面来完善和健全相关的法律法规,加强对垄断行为的惩罚和整改力度,又需要从微观层面强化企业的自觉意识,在自觉守法、尊法的基础上

---

① 黄河:《资本扩张的悖论及其解决路径》,《现代经济探讨》2009年第7期。
② 陈阳希、刘忻:《谈强化反垄断和防止资本无序扩张》,https://new.qq.com/rain/a/20201226A0JR1F00。
③ 陈旭:《中共中央政治局会议:强化反垄断和防止资本无序扩张,专家建议对资本扩张设置防火线》,https://www.sohu.com/na/437716869_115362。
④ 昝秀丽、杨成长:《防止资本无序扩张应注意三方面问题》,《中国证券报》2021年3月8日。
⑤ 《正视资本的"极限"与"边界"》,https://www.kankanews.com/a/2020-12-22/0019611432.shtml。

增强国际竞争力。

（三）关于规范财富积累机制的实践探索问题

从应然的角度讲，社会主义建设需要市场经济来有效配置资源，需要资本扩张带来的伸展力量推动社会生产力发展和经济社会进步，从而实现中国式现代化和民族富强。这就需要深刻思考一个问题，即如何认识资本的扩张逻辑，如何规制和引导资本进行财富创造，促进社会经济的进步和人的全面发展。资本主义国家面临的资本无序扩张问题，我们也需积极应对。但是由于社会制度不同，资本在社会主义制度下的运行机制、扩张机制与资本主义制度有着根本的区别。虽然从理论层面上分析，社会主义制度完全能够驾驭资本，然而，由于法律和各项制度机制尚不十分成熟，资本在社会主义制度下还存在着无序扩张的现象。对于该问题的研究，是促使资本在社会主义制度下最大化地推动生产、减少负面影响的关键之所在。

如今中国经济进入高质量发展的新阶段，产业结构升级、消费侧新需求的实现、新技术迭代、研发投入加大等都需要资本乃至资本市场的支持，这也是决策层多次强调"提高直接融资比重""发挥资本市场枢纽功能"的重要原因之一。金融创新并非没有约束，只有遵循公平公正为内核的法治精神，符合国家政策导向，包括资本扩张在内的金融创新才会被认可或赞许。总体上，关于规制资本进而规范财富积累机制的探索，在思想层面可从以下方面入手：

首先，在中国特色社会主义制度背景下规范财富积累机制，需以习近平经济思想为指导，这是中国能够在世界经济这片苍茫大海中朝着正确方向前行的根本保证。方向正则道路通，道路通则目标达。中国特色社会主义市场经济具有鲜明的社会主义特色和中国风格，它能够尽可能发挥资本配置资源效果的同时，又能尽可能保持资本的社会性，确保其不变为压迫他人的工具。在当前以及未来很长一段时期，我们仍面临着如何创新当代的马克思主义政治经济学理论，如何运用其来分析资本扩张悖论，如何认识网约车市场、社区团购、金融衍生品以及金融危机爆发等资本无序扩张行为，更进一步地，如何通过提高政府监管能力、健全相关制度和规则，打造兼顾效率与公平的资本流动格局等方式对资本无序扩张进行防范和规制等问题。

其次，要凝聚一个共识，即社会主义制度不但能够利用资本的扩展性力量，还能规范、驾驭、导控资本，使其为民族复兴、人民幸福和国家发展服务。资本主义制度尊崇自由经济的发展模式，追求放任自流的自由状态。资本在逻辑层面固有的悖论将导致经济危机不可避免地发生，并反过来破坏资本运行的整个系统。从这点上讲，资本主义制度在本质上是与市场经济不兼容的,甚至带着反市场经济的色彩。中国改革开放 40 多年所取得的发展成就,基本赶上了西方近代以来 200 多年的成果积累,由此可以看出,中国特色社会主义的制度优势对资本具有积极作用,并且体现在促进资本的孕育与发展、矛盾的缓和与疏导、现代性悖论的疏与通等方面。[①] 党的十八届三中全会"全面深化改革"的制度设计,其核心在于让资本在阳光下最大化运行,实现财富的巨大涌流,更深层地体现出这一实践经验与理论成果。

最后,要正确认识社会主义市场经济的积极意义。

一是助力社会主义现代化建设。资本的二重性分析不仅为我们辩证看待西方现代文明提供了理论基础,也为中国正确看待社会主义道路与资本的关系,打造红色资本,助力社会主义现代化建设打开了突破口。资本背后有特定的生产关系——资本主义生产关系,这是在以私有制为基础的自由竞争环境下由资本逻辑必然引致的结果。生产资料的私有化与社会化大生产趋势的内在背离注定资本主义生产方式将成为生产力发展的桎梏,资本扩张逻辑的界限将是资本本身。

二是彰显中国特色社会主义制度的优越性。虽然历史进步会在某些方面存在着一定的不圆满,但是人类可以利用制度的优势来进行修补或者完善。正是由于人类存在不圆满而内心永不满足,故不断追求更美好事物,先进的社会制度才会出现并且造福人类。所以,即使社会主义制度在现代社会的环境中应运而生,并且现代社会中共存着资本主义制度,两者都尚未真正摆脱"人对物的依赖",社会主义作为更为先进的社会制度,能够更为有效地疏通、缓解甚至驾驭现代性悖论,这也是社会主义制度优势的一个重要方面。[②]

三是稳定社会经济发展,保障民生。通过研究国外的资本无序扩张的规制措施,可以发现它们主要是通过制定相应的政策,在一定程度上规制资本的扩张范围。对此,我国应坚持按照社会主义市场经济发展阶段的规律性来引导建立与之相符合的资本市场,通过更好发挥政府作用的方式,从保障性、兜底性的角度出发,避免因资本无序扩张而导致经济大范围波动的现象,坚持资本增加社会整体福利。由此,更好保障民生。

四是健全相关法律法规,打造法治中国。我国对资本无序扩张的认识并不充分,而且在反垄断调查和查处方面的经验较少,相关法律法规还有待

[①] 王程、马昕:《经济哲学视域中社会主义本质的现代性追问——兼论中国特色社会主义制度优势》,《太原理工大学学报(社会科学版)》2021 年第 6 期。

[②] 王程、马昕:《经济哲学视域中社会主义本质的现代性追问——兼论中国特色社会主义制度优势》,《太原理工大学学报(社会科学版)》2021 年第 6 期。

完善。资本固然有其积极正向的一面,但也不能小觑资本无序扩张对社会生产生活带来的巨大危害。因此,对资本的规制是社会主义市场经济的应有之义。正如马克思所说,资本在本质上是一种社会关系。它所具有的普遍适应性和内在的扩张动力,使其能够按照自己的意愿对各类社会资源和社会关系进行配置和重组。增值是资本的目的,扩张是它的外在表现。随着资本的发展,扩张也有可能脱离原来的预定轨道,进入非理性的无序状态,给社会带来一系列的负面效应。这就有必要把资本放在中国特色社会主义的制度背景下,放在新时代全力冲刺民族复兴的征程中,放在对国家富强、民族振兴、人民幸福的承诺中去研究,通过综合手段释放资本积极的、正面的作用。因此,在中国特色社会主义市场经济稳健发展的大前提下,深化党对经济的领导能力、对价值观念的塑造能力、对市场秩序的法治治理能力和对企业家的引领能力,避免社会主义市场经济的风险因素,多管齐下,提升资本潜能的释放和资本负面的规制能力,为经济发展注入阳光因素,为共同富裕积累雄厚的生产力。

约瑟夫·E. 斯蒂格利茨(Joseph E. Stigliz)在《社会主义向何处去》一书中讲到,"几乎没有哪个政府会让资本市场放任自流,市场要受到大量的治理制度和政府政策的影响"。[1] 资本市场的发展不能肆意妄为,不能罔顾法律的规制、伦理的约束,也不能以法律的漏洞或伦理不及而把少数人的资本积累建立在大多数人的血汗之上。

资本是数字化时代财富创造的核心与关键,数字化时代中国财富创造的历史经验表明,中国未来规制资本进而规范财富积累机制,在政策设计层面可从以下几个方面入手:

一是社会主义资本运行体系的设计,不能单单是以增值性为目标,而要以人民性为旨归。整个人类的历史,其实质上是关乎人的解放与发展的历史,关乎整个人类趋向美好未来的历史。社会主义市场经济的构建,内含着人民群众对高质量美好生活向往、追求幸福生活的诉求。因而,改革必然要关注人民性的复归,要让大多数人获利,让广大人民群众共享改革发展成果,这是社会主义的本质要求。正如党的十九大报告明确指出的,"增进民生福祉是发展的根本目的……保证全体人民在共建共享发展中有更多获得感,不断促进人的全面发展、全体人民共同富裕"。[2] 唯有坚持"利为民所

---

[1] 〔美〕约瑟夫·E. 斯蒂格利茨:《社会主义向何处去》,周立群等译,长春:吉林人民出版社1998年版,第238页。

[2] 《决胜全面建成小康社会 夺取新时代中国特色社会主义伟大胜利——在中国共产党第十九次全国代表大会上的报告》,北京:人民出版社2017年版,第23页。

谋",而不是坚持资本优先,才能让"人民共享发展成果"成为可能。

二是在社会主义制度下,进行资本运营方式的设计,要以明确的法律和行政手段为资本运营划定范围和规则。一旦违反法律规定,就要承受法律的惩罚。任何一个成熟的经济体都是一个有规则的经济行为系统,失去规制的结果就是毁灭。社会主义既不是一般的反对资本,也不是无视资本摧毁一切阻碍自身实现其历史普遍性而呈现出来的僭越性力量。面对资本可能的僭越行为,必然要通过政府引导、社会监督的方式,使资本在法律允许的范围内按照市场法则运行,实现其增值目的。对那些敢于践踏社会主义法律的逐利行为,要予以严惩,从而达到引领和示范效应:让违法者觉得"痛彻心扉"不敢再犯;让观望者"不寒而栗",不敢心存侥幸,以警戒他人。通过惩戒与引导的结合,使资本在阳光下自由运行。

三是社会主义资本分配机制的设计,要处理好效率与公平关系,提高公有资本在分配财富及其赋予的经济实力方面的效应。社会主义本质决定了改革的目的就是增进大多数社会成员的利益,如果违反了这一原则,就背离了改革的初衷。我国庞大的经济规模之上的公有制拥有巨大的经济实力,根据托马斯·皮凯蒂(Thomas Piketty)的估算结果,公有资本在体量上达到了国民资本总量的五成左右。[①] 公有资本的这种基本情况为解决分配不公的问题创造了条件,"如果公共资本能够保证更均等地分配资本所创造的财富及其赋予的经济实力,这样高的公共资本比例可以促进中国模式的构想——结构上更加平等,而对私人利益更加注重保护公共福利的模式"。[②] 随着改革进程的推进,改革蛋糕的做大和改革红利的普惠,公平被赋予了新的内涵和要求,不再是平均主义意义上的"大锅饭"式公平,不再是普遍贫穷的公平,而是建立在存量不断扩大基础上的公平。这时候的公平不再为"效率优先"让位,而是从"又快又好"向"又好又快"转变,是建立在"重视公平、改善公平、增进公平、缩小差距"的效率发展基础上的公平。巨大的公有经济规模,在分配时能释放巨大的公平效应,使更多的人在公有资本的快速发展中受益。

四是要为社会主义资本设立信誉监督、信用披露等机制,为"任性"的资本戴上"监视器"。随着政府—社会—企业三者角色定位的不断明晰,政府作为制度创新和供给的角色与利润创造者的身份逐渐分离,更多执行制度

[①] 转引自董必荣:《资本逻辑:"经济正义"的当代境遇——〈资本论〉与〈21世纪资本论〉比较研究》,《伦理学研究》2016年第6期。
[②] 〔法〕托马斯·皮凯蒂:《21世纪资本论》,巴曙松等译,北京:中信出版社2014年版,第17页。

供给、监督管理和道德风尚的树立与倡导的职能。但很多时候政府在监管资本运行的过程中往往存在如下几个方面的问题：对资本运行中的新手法、新方式认知滞后，不能及时发现和预测未知风险；由于信息不对称，不能及时发现资本的违规行为；部分政府（尤其是地方政府）由于绩效考核，对资本具有依赖性，不能很好地履行市场管理者的角色等。因而，有必要引进社会第三方，以社会的信誉检测、评估、披露等方式为资本装设无处不在的"天眼"，为其戴上"紧箍咒"。首先，企业逐利的行为要通过政府和第三方的评估监督而获得行为的合法性。尤其是"不良记录""前科"要向社会公布，使企业置于政府和人民的监督之下，还可以避免他人被"包装""改头换面"而获得新面孔的欺骗。其次，要建立与评估机制相配套的信誉机制。该机制通过政府或第三方承担资本运营中企业、企业主、经营管理者的信誉管理责任，以信誉导向机制影响企业、企业主、经营管理者的经营活动，降低、避免资本运营过程中的道德风险。

第六章　财富创造中的共生关系、优化机制以及财富观培育

以货币、资本为核心的财富体系具有扩张倾向和积累驱动。财富的这种内在规定性既构成一种从前不可想象的动力机制,也构成一种致命的缺陷。在这个意义上说,作为一种社会新陈代谢的控制体系,只要它在既定社会的扩展性再生产中能够成功地实现增值——无论以直接的经济形势还是以主要的政治形势,这一趋势都是很难抗拒的。然而,一旦这种扩张和积累的动力过程受到阻碍,结果必然具有极大的破坏性。因为即使在相对有限的障碍和束缚的常态之下,伴随相继发生的社会经济和政治危机而来的破坏是巨大的。本章试图引入生物学的共生理论分析框架来分析财富创造问题。也就是说,基于共生理论视角透析财富创造与分配,赋予财富创造系统以鲜活生命,在共生系统内分析厂商、金融机构的能量互换、信息交流过程,分析财富共生系统的内在结构性问题,探索共生关系的优化机制,促进财富创造关系的互惠共生状态。

一、宏观：财富秩序的共生与优化

从国际视域看,财富共生关系的建立是经济全球化的必然结果。从17世纪"发现新大陆"到20世纪前半期帝国主义瓜分世界,都是作为"资本的伟大的文明化作用"①而全球布展的。借助现代科技手段全球啄序(pecking order),经济全球化在如下三个基本假设之上而拓展开来:一是在高新科技压力下人们需求的同质化——在强大的广告效应和标准化生产同质产品下,人们的需求主动地或被动地趋于一致;二是价格竞争的同质化——信息传达的瞬时性、交通工具的快速性、网络购物的便捷性形成了全球市场网络,导致地域造成的价格差异逐渐消失;三是贸易经济的同质化——标准化生产模糊了商品与市场、产地的联系,转而留下条形码作为商品流转标识。全球化市场的建立也凸显了三个方面的特征:一是这是以高新技术和金融

---

① 《马克思恩格斯全集》(第30卷),北京：人民出版社1993年版,第390页。

资本的优势性为基础的美国式的全球化,是以美国为中心的先进资本主义的跨国公司和资本向海外发展的过程。二是在弱肉强食的"新自由主义"原理下,逐渐完成"民营化""放松管制""市场自由化"等世界均一的市场化。三是在促进"南北世界"中贫富两极分化的同时,在先进资本主义国家内,也基于竞争优胜劣汰,促进阶层分化和阶级的固定化。这三个特征有着如下三个方面的深刻寓意:一是全球化所建立的普遍交织于一体的国际金融组织的样态实质是一种财富关系。二是时下依然向全球扩张、深化的经济结构并不能证明黑格尔所说的资本制度是一种"命定"抑或"别无选择",恰恰证明了全球性的财富体系的稳定性与自主增容性。① 三是国际财富关系是一种斗争与妥协、约束与反约束的关系。虽然资本不得已指向"普遍性",但在"资本自己的本性"中遇到诸多的限制。限制与突破限制的力量对比,约束与反约束的相互博弈,构成了伴随资本普遍性运动的财富创造的动力机制。

从国内视域看,财富共生关系的建立是共同富裕的必然要求。但从当前的财富结构和分布情况看,要在财富创造、财富分配等机制上予以更大关注,以实现共同富裕的目标。从当前的统计数据看,一是在收入差距上仍处于较高水平,但近年由于精准扶贫等有所缩小。国家统计局数据显示,1978年中国收入基尼系数为0.317,2008年达到峰值0.491,此后见顶回落,2021年为0.466,2022年为0.474,仍然比较接近0.5的分界线。从数据来看,多年来,我国的基尼系数维持在0.46—0.48的区间,即居民收入贫富差距过大。从城乡收入差距比来看,2022年城乡居民人均可支配收入之比为2.45(农村居民收入=1),比2013年下降0.36,城乡居民收入相对差距持续缩小。二是在贫富差距上,近年来有所缓和,但近期再度扩大。2022年中国财富排名前1%居民占总财富的比例也超过了35%,财富的马太效应不断显现。三是在财富结构上存在明显的城乡差距、地区差距、行业差距。2022年,全国居民人均可支配收入中位数31 370元,增长4.7%,中位数是平均数的85.1%。其中,城镇居民人均可支配收入中位数45 123元,增长3.7%,中位数是平均数的91.6%;农村居民人均可支配收入中位数17 734元,增长4.9%,中位数是平均数的88.1%。而共同富裕,作为社会主义的应有之义,既是社会主义优越性的体现,也是实现中国式现代化的必然要求。

一是新时代坚持和发展中国特色社会主义的内在要求。中国特色社

---

① 共生系统呈现出自主控制的增容特性称为自主增容性,这包括有维度(异类共生单元数)增容和密度(同类共生单元数)增容,也包括有维度缩容和密度缩容。系统的能量增长将促使共生系统的增容,它反映系统的扩张能力或共生单元的繁殖能力。

主义新时代是全国各族人民团结奋斗、不断创造美好生活、逐步实现全体人民共同富裕的时代。二是坚持以人民为中心的发展思想的现实要求。以人民为中心的发展思想就内在地包含着实现共同富裕的要求,人民的共同要求就是在尽可能短的时间内实现共同富裕。三是实现高质量发展的本质要求。"高质量发展需要高素质劳动者,只有促进共同富裕,提高城乡居民收入,提升人力资本,才能提高全要素生产率,夯实高质量发展的动力基础。"[①]四是实现社会和谐稳定的要求。在现代化进程中,必须坚决防止两极分化,促进共同富裕,创造和谐安定的社会环境。和谐的社会环境不仅能为中国式现代化提供良好的社会氛围,而且能为现代化提供强大的社会动力。五是推进中国式现代化的本质要求。实现共同富裕是中国式现代化的重要特征,实现不了共同富裕,就无法实现中国式现代化。六是实现人民对美好生活向往的必然要求。我们正在向第二个百年奋斗目标迈进,适应我国社会主要矛盾的变化,更好满足人民日益增长的美好生活需要,必须把促进全体人民共同富裕作为为人民谋幸福的着力点,不断夯实党长期执政的基础。

(一)财富共生关系的相关要素

财富共生关系的分析框架是对生物学意义上共生关系的引入。生物学的共生理论主要围绕下列问题进行分析:一是不同主体间的化学和行为识别;二是导致联系的建立与取消的选择压力;三是参与双方的遗传、代谢、行为等相互关系特征的整合。研究发现,这些问题的解释对建立社会科学意义上的共生理论具有基础性意义。把生物学意义上的共生理论引入社会科学领域,再引入经济领域,来分析跨越民族国家层面、横亘在洲际间的不同规模、不同性质的经济组织之间,以及经济组织与各种企业之间、经济组织与区域经济之间的相互影响和相互作用状态,是分析国际财富秩序的另外一个独特视角。上述经济主体组成了财富共生系统,该系统具有主体要素、资源要素、约束条件三个基本要素。

1. 主体要素

主体要素是指构成共生关系的能量和信息的生产、交换单位,是形成共生关系的基本物质条件,包括各种不同规模和体制的资金供给者如金融机构等,也包括各种资金的需求者如企业、自然人等,还包括各种担保、信用评级等中介机构。随着国际金融体制改革的深化和对外开放程度的日益深入,财富共生主体将更加多元化、复杂化和国际化。经济领域的财富共生是经济关系主体之间连续性的物质、信息联系。

---

① 《习近平谈治国理政》(第4卷),北京:外文出版社2022年版,第141页。

2. 资源要素

资源是共生关系的纽带。对资源概念的界定和把握应当从以下三个要点入手：首先，对人的积极意义是资源概念存在的基础，人是人与资源关系的主体，也是资源概念的主体内容；其次，资源对人的积极意义以及人与资源的关系建立在一定的主观世界和客观世界的发展程度上；最后，资源的本质内容随着人与世界的发展可以得到不断的发展。① 说到底，人类的一切行为都是围绕资源而展开的，财富创造亦然。在财富共生关系中，资源是创造财富的基础。就主体间与资源的关系而言，有资源分享型、资源竞争型、资源交换型这三个基本的类型结构。在财富创造关系中，以资源交换型和资源竞争型为主。下面分别以两个主体与多主体来分析共生关系结构。

两主体之间关于资源交换模型的共生关系如图 6.1 所示。离开主体的→，表示向对方承担支付资源的义务。趋向主体的←，表示从对方获得拥有资源的权力。双方之间是以资源换资源，也是以义务换权利。

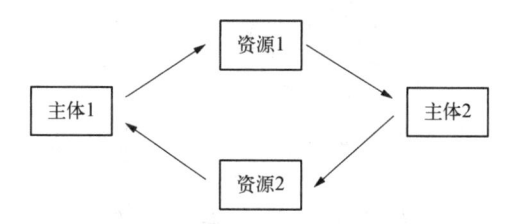

图 6.1 两主体间资源交换模型

多主体之间关于资源交换型的共生关系如图 6.2 所示。离开主体的"→"，表示承担支付资源的义务。趋向主体的"←"，表示获得拥有资源的

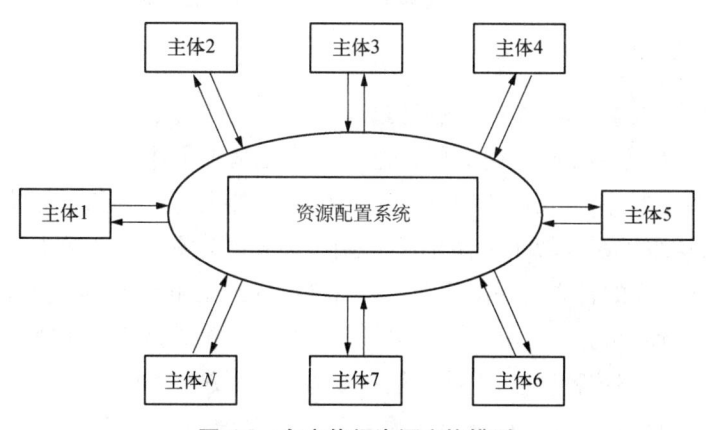

图 6.2 多主体间资源交换模型

---

① 黄恒学、牛洪艳：《资源管理学》，北京：中国经济出版社 2010 年版，第 3 页。

权利。

两个主体之间同一资源竞争型的共生关系如图6.3所示。离开主体的"→",表示承认对方对资源竞争的某些权利。趋向主体的"←",表示获得对资源竞争的某些权利。双方之间以义务换权利。

图6.3　两个主体间同一资源竞争关系模型

多个主体之间同一资源竞争型的共生关系如图6.4所示。离开主体的"→",表示承担支付资源的义务。趋向主体的"←",表示获得拥有资源的权利。

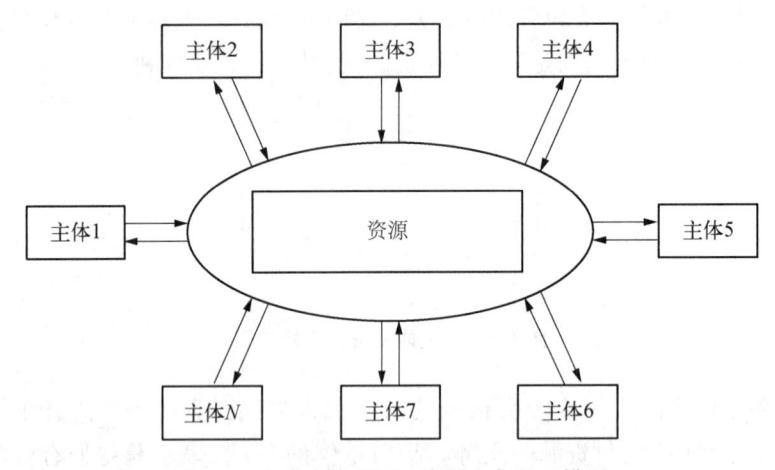

图6.4　多个主体间同一资源竞争关系模型

3.约束条件

所谓约束条件,是指财富创造过程中的各主体都必须遵守的条件。没有规矩,不成方圆。任何财富创造过程都存在基于主体各方相互妥协约定而成的约束条件,一旦这些约束条件失去效用,则各方之间的平衡状态就会被打破,这组关系也就无法存在了。国际金融共生关系是金融主体遵循约束条件而生成的各方的平衡状态。其所遵循的约束条件包括法律、惯例、道德、风俗习惯、宗教、意识形态、约定等。金融共生关系从根本上体现的是一种秩序,要维持这种秩序,主体必须在双方(或多方)的斗争与妥协中,在约束条件的边界内行动。在资源和约束条件相对稳定的前提下,主体之间的斗争和妥协是维护现存共生关系的机制,如图6.5所示(多主体间共生关系的约束机制亦可据此模型拓展)。

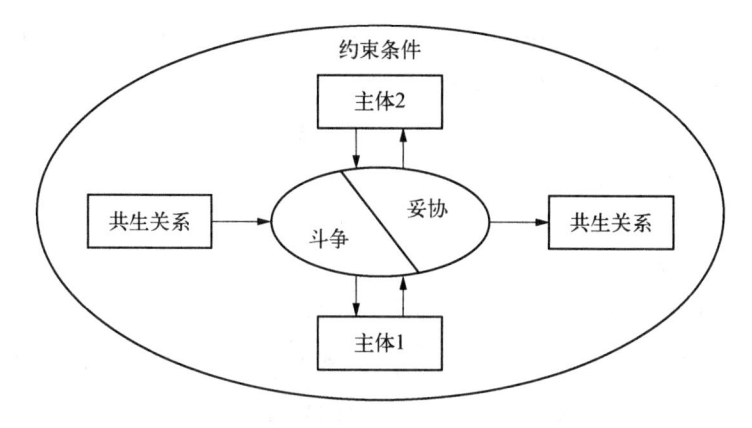

第六章　财富创造中的共生关系、优化机制以及财富观培育　·181·

图6.5　两个主体间共生关系约束机制

（二）财富共生关系的基本特征

该系统具有整体性、等级性、稳定性和适应性等基本特征,[①]是否具有这四个方面的基本特征是判断财富共生主体之间是否形成财富共生关系的基本判据。

共生这一现象和过程,究其本质是以自组织为特征的。严格意义上来说,共生不仅包括了自组织过程所均具备的特征,同时彰显了共生所具有的独一无二的特性。在财富创造过程中,不是主体之间的相互排斥,而是相互吸引和相互合作;不是自身状态和性质的丧失,而是继承与保留;不是相互替代,而是相互补充和相互依赖。财富创造过程是构成共生的主要要素的协同一致往前发展的一个过程,在一定的特殊的时空条件限定下,其过程具备必然性和发展性。这也就引出了共生的本质,那就是在共生的过程中实现共同适应,进而实现共同进化,最终实现共同发展。在金融领域,共生系统与其他的共生系统相比较而言,既有其共通的特征,也有其特殊性。就普遍特征而言,有以下几个方面:

1. 整体性

整体性是指由诸要素构成的系统具有单一要素所没有的性质,是系统所具有的特别的质的规定性。财富共生系统这个大系统是由一系列的经济机构、企业、个人等要素所组成的一个大系统。该系统既不能脱离了金融机构、企业、个人等要素,一旦离开它们,就不成其为财富共生系统。伴随数字化进程加快,中国经济发展呈现出如下几个方面的特征:一是就国际性而言,财富创造日益呈现国际化趋势,你中有我、我中有你的趋势

---

① 〔美〕欧文·拉兹洛:《系统哲学引论:一种当代思想的新范式》,钱兆华译,北京:商务印书馆1998年版,第66页。

越发明显,任何一个国家的经济波动都会引发"蝴蝶效应",产生国际性影响。就好比发生于美国的2008年次贷危机,现在的影响仍未完全消除。二是就国内而言,局部市场、地域性市场逐渐突破地域限制,我国提出的构建国内统一大市场,就是为构造"双循环"、激发市场活力的应然之举。

2. 等级性

等级性是指财富共生系统 A 由 N 个要素构成,其中每个要素 N 又是由若干要素构成的系统,系统 A 是更高一层系统的要素,这就是财富共生系统的等级性。欧文·拉兹洛说:"如某个给定系统 a 有组分系统 C_1, C_2, C_3,……, C_n 的确定结合,其和用 R 表示,当其组分时,系统 a 就是某等级体系的一部分 $[a=(C_1, C_2, C_3,……, C_n)b]$,这里的 a 是 b 的一个下层系统(组分)并且所有的 c 都是与上层系统有关的可比系统。"[1]财富共生系统是由一个个各个层次、各种规模的"小"系统所构成的庞大系统。从该系统的等级性可知,系统内的个人(以及组织)具有双重身份:一是在相应的层次上,他是共生主体,拥有主体性;二是在高一层次上,他不是独立的共生主体,而只是共生主体的组织要素,失去部分主体性,层次越高,他对主体的影响力越弱。这一思想也可以从价值链或产业链的角度来理解。随着双循环大格局的形成,社会分工越来越细,企业之间的联系越来越密切,为了寻求最佳的资源配置,我们再也不能搞企业和产业的无序布局,搞"产业孤岛""企业独居"。在这样的大背景下,产业链的形成与发展被提到重要的议事日程,列入国家发展战略。

3. 稳定性

稳定性是指"系统的结构与功能在涨落作用下的恒定性,亦即系统状态或状态序列或输入—输出关系在涨落作用下的恒定性。换言之,说一个系统是稳定的,是指该系统具有自身的量度规定,维持自己的质的规定性的统一,使涨落引起的量变不会引起质变的界限"。[2] 系统的质基本上不变,这就使该系统具有稳定性。一个稳定的系统如果稳定出了问题,也就是说系统的质出现变化的征兆。当然,这种稳定性是相对的。真实稳定的相对性,系统可能趋向于更加稳定、更加牢靠的一极,也可能趋向紊乱、分化的一极。而金融危机的出现,就是后者。

---

[1] 逯继明、胡守钧:《共生视阈下的国际金融关系及其优化机制探析》,《社会科学》2014年第9期。

[2] 朴昌根:《系统学基础》,成都:四川教育出版社1994年版,第245页。

4. 适应性

"我们可将系统的适应性看作是整序性和可靠性的并;在不同的情况下,它或者由整序性体现,或者由可靠性体现,或者由整序性和可靠性共同体现。"①可靠性是指"一个系统,在一段时间内,在给定的时间内,在给定的条件下能正常工作,就说该系统是可靠的,否则就是不可靠的。通常,当一个系统的局部出现故障时,系统还是能正常工作,则称该系统是可靠的,否则就是不可靠的"。② 在金融共生系统内,即使局部出现问题,于整体而言,虽然有影响,但还不至于使整个大系统崩溃或者瓦解,比如 1998 年东南亚金融危机,又如 2008 年的国际金融危机。整序性是指"调整自己的有序性的能力,也就是指系统调整其结构与功能的能力。系统之调整内部秩序,既可在环境变化的情况下发生,亦可在环境不变的情况下发生。整序过程终究是使系统适合于环境,或者使系统更适合于环境"。③ 金融共生系统的整序性,是指金融共生系统面对危机时的自我调适能力。由于金融活动的参与者或者是具有主体性的自然人,或者是法人,无一例外,都有趋利避害性,都有根据情势自我调整的能力,其适应性更明显。在这次金融危机中,各个国家作出的努力,各个金融机构、企业、自然人在面对危机时的种种行为,无不表明了该系统的自我调适能力。

此外,作为特殊的经济活动,国际金融共生关系也有其特殊性,表现为如下三个方面。

(1) 属人性

说到底,经济活动是人的活动,是人们的社会活动的一部分,不能把它独立于人的活动范畴,只见物,不见人。正如穆勒所说:"一切社会现象都是人性的现象。""社会现象的规律只不过,或者可能是人的行为和情感的规律",即"个体的人性的规律。当被集会到一起时,人并不变成另一种实体……"④资本制度本身不产生于神秘预定,也不可能离开"人性"的规定和自我实现的基本要求。因为真正的人性本身就内在地是历史的,真正的经济也是人性的、以人为本的。正如张雄教授在《人的生命质量是经济学最根本的价值前提》一文中所言:经济学与价值判断无涉这一判断存在着两个方面的局限性:一是舍本逐末,去除学科以人为本的价值内涵,实际上把工

---

① 朴昌根:《系统学基础》,成都:四川教育出版社 1994 年版,第 286 页。
② 朴昌根:《系统学基础》,成都:四川教育出版社 1994 年版,第 286 页。
③ 朴昌根:《系统学基础》,成都:四川教育出版社 1994 年版,第 293 页。
④ 〔英〕K. R. 波普尔:《开放社会及其敌人》(第 2 卷),陆衡等译,北京:中国社会科学出版社 1999 年版,第 156 页。

具实体化和主体化,它极易导致把经济学变成无意义世界的数字游戏;二是大大削弱理论对现实的穿透力,在现实生活中,任何事实判断理应包含着价值判断,无价值指向的理论只能是"黑板经济学"。他还认为,"人的生命和生命的质量是经济学最根本的价值前提"。① 虽然金融机构和组织不等同于自然人,有其系统的质性,但是组织的基本拟人性是不容否认的。如同自然人之间的关系一样,经济主体之间也存在着互斥性和互补性的双重关系。② 在各种金融活动中,每个主体都致力于追求更多的资源,追求利益最大化,资源的有限性必然造成主体之间的利益冲突,这必然回归到霍布斯所称的"原始状态",严重的会以激烈的战争冲突的形式来解决。完全的对立并不能够带来利益的最大化,而利益的互补性则弥补了互斥性带来的绝对对立现象,它使得金融主体在相互妥协、让步中达致合作和多赢。因此,在金融共生系统中,不同主体间的互斥和互补决定了这一系统内部始终存在着各种关系的拉力与张力的动态变动,即各金融主体围绕资源、利益的最大化追求,既存在着相互的斗争,也存在着相互的妥协。从这一角度说,斗争与妥协的互动,是国际共生关系的内在机制。③

(2) 历史性

全球化背景下,消费的或跨国的资本主义在很多方面表现出当前社会相互链接的必然趋势,表现出时间消灭空间,以电子信息代替分子信息的那种社会系统的内在逻辑。然而,以消费主义为特征的跨国金融活动则表现出明显的历史感的消失。也就是说,我们整个当代社会系统开始渐渐丧失保留它本身的过去的能力,开始生存在一个永恒的当下和一个永恒的转变之中,而这把从前各种社会构成需要去保存的传统抹掉。这样一来,笔者所说的后现代主义的两个特点现实转化为影像、时间割裂为一连串的当下便都和这个过程惊人地吻合。

(3) 不可逆性

金融共生系统是一个不可逆系统。这表现在两方面:一是任何共生主体一旦进入该共生系统中,其进化发展便与整个大的共生系统紧密相连,如果有某主体退出该系统时,不可能还原到原有状态,要么被淘汰,要么在系统资源交换中获得生存发展权。二是任何共生系统的进化发展都具有不可还原性,即共生系统一旦从一种状态转换到另一种状态后,就不能再还原到原来的状态。

---

① 张雄:《创新:在历史与未来之间》,北京:商务印书馆2010年版,第300页。
② 胡守钧:《国际共生论》,《国际观察》2012年第4期。
③ 胡守钧:《国际共生论》,《国际观察》2012年第4期。

(三) 金融共生系统的内在对抗性

金融共生系统具有自我调适的能力,遇到扰动能自我整序,从而维持系统的稳定性。然而,任何事物都有两面,金融共生系统亦然:金融系统具有内在的对抗性——资本经济要素的内在不受约束性与难以避免的诸多约束的必然性两者之间的矛盾。① 这一矛盾的激发,正是国际金融危机爆发的原因。

第一,就金融共生系统自身而言,这是一个存在先天自我分裂、自我对抗性的系统。一方面,消费与生产逐渐分裂为两大对立的经济构成。生产、分配、交换、消费是经济运行的四大环节。伴随生产力的发展,社会分工越来越细,这四个环节逐渐分离成为不同的部门,生产、分配、交换、消费四个有机环节被无情割断。人的需求越来越从属于交换价值的生产——为了资本的扩张性的自我实现——从一开始便具有了资本制度的显著特征。② 为了使财富的生产成为人的目标,就必须把使用价值和交换价值分离,并处于后者的支配之下。这样,需求的既定界限就限制不了资本的发展。因为资本就指向交换价值的生产和扩大再生产,从而可以在很大程度上走在现存需求的前面,并成为对后者的强大刺激。③ 这一分化形成了彼此相连的经济过程的内在对抗,尤其是逐渐形成了作为世界工厂的中国和作为世界消费者的美国的两大对立而相互依赖的经济连体婴儿的现象。另一方面,生产目标的物化,以各种形式使人类需要的满足从属于资本扩张和积累的盲目规则。生产的目的是为了满足人们的需要,这是毋庸置疑的。然而,现代的标准化生产已经远离了人们的需求,不是根据需求而安排生产,而是生产产品的同时,也在生产需求——"人为需求","需求和生产的统一——这是早期与自然界进行物质交换的方式的特征,因为他们的目的是人,这样他们自身就以使用价值的生产为取向——在资本制度中已经受到整个破坏。诚然,更准确地说,后者可以用一种双重破坏来描述"。④ 一是生产者同他们从事生产活动的资料和工具已经彻底分离,从而使他们不可能为自身的使用而生产。二是在分离和异化的基础上所生产的商品,不能作为与需求有关的使用价值直接从生产过程中出现。要自己变形为使用价值,商品需要

---

① 〔英〕梅扎罗斯:《超越资本》,郑一明等译,北京:中国人民大学出版社2003年版,第203页。
② 〔英〕梅扎罗斯:《超越资本》(下卷),郑一明等译,北京:中国人民大学出版社2003年版,第618页。
③ 〔英〕梅扎罗斯:《超越资本》(下卷),郑一明等译,北京:中国人民大学出版社2003年版,第619页。
④ 〔英〕梅扎罗斯:《超越资本》(下卷),郑一明等译,北京:中国人民大学出版社2003年版,第637页。

一种外在元素的干预,以便使生产的持续性和资本再生产成为可能。

第二,就资源要素角度而言,三个方面的问题会导致金融共生关系的紧张甚至破裂。① 第一大类是因为资源交换不合理而引发的问题。就国际金融问题而言,依仗先发优势,控制国际金融监管、交换的话语权,为其谋取利益。这一现象是普遍存在的。第二大类是因为资源分享不合理而引发的问题。作为国际金融秩序的参与者,每个主体都期望在参与国际金融发展的过程中得到应有的回报,但由于国际话语权、主动权仍掌握在少数国家手中,这就在分配过程中造成利益分配不均的问题。第三大类是因为资源竞争不合理而引发的问题。与之相适应,必须坚持在合理交换、合理分配和合理竞争资源的原则下,有效化解这三类问题。

第三,就约束条件而言,资本要素的内在不受约束性和无法避免的外在约束的必然性之间的矛盾必然存在。金融共生系统失控的主要表现是约束力的弱化或丧失约束力量。现代跨国经济是一种新型的具有极大灵活性和动态机制特征的社会经济形态。这种机制越是灵活、越是动态,越需要有效的外部约束机制。众所周知,国际社会与民族国家不同,民族国家有能力对自己疆域内的事件作出调节,从本质上来看,国家是"社会陷入不可解决的自我矛盾"而又"无力摆脱"这些矛盾后,为避免社会消之产生的"凌驾在社会之上的力量",这种力量可以"缓和冲突",并把"冲突"保持在一定秩序范围内,这种力量就是国家。② 而国际金融社会是一个没有家长的大家庭,在这个大家庭里,大家所遵守的是惯例、习俗、相关国际组织所指定的规则。国际共生关系的多样性、复杂性决定了约束条件的多样性和复杂性。

第四,民族国家力量对国际金融秩序的干预,扰乱了正常的金融秩序。"发达资本主义"国家再占统治地位的权力框架内对弱小经济的结构性支配。哈里·马格多夫(Harry Magdoff)曾指出:几乎所有的多国公司,事实上都是全球范围内运转的民族组织,记住这一点是很重要的。我们绝不应否认,资本主义是一个世界体系,它从诞生以来一直就这样;也不应否认,这一体系已经被多国公司所进一步整合。但是,犹如把资本主义理解并分析为一个世界体系是必要的,同样必要的是,我们应认识到,资本主义公司通过民族国家而与世界体系发生关系,而且,它们最终会依赖民族国家。③ 克林

---

① 胡守钧:《国际共生论》,《国际观察》2012 年第 4 期。
② 《马克思恩格斯选集》(第 4 卷),北京:人民出版社 1995 年版,第 166 页。
③ Harry Magdoff, Imperialism. Form the Colonial Age to the Present. New York: Monthly Review Press, 1978:1863. 转引自〔英〕梅扎罗斯:《超越资本》(上卷),郑一明等译,北京:中国人民大学出版社 2003 年版,第 210 页。

顿总统的劳工秘书,前哈佛大学教授 R. B. 赖希(R. B. Reich.)就提出如下观点:一方面,他认为,在新的世纪里,并没有民族产品或民族公司,甚至也没有民族工业或民族经济,因此,他提出"全球化的不可避免性"。然而,另一方面,他又提出美国应采纳"积极的经济民主主义",并期望以协调民族关注之要求和利益的形式来实践它。[①]

(四)西方资本规制的路径与启发

2008年金融危机之后,欧洲和美国采取了各种监管和监督措施来解决已识别的金融体系中的弱点。美国的金融选择法案和欧盟的欧洲市场基础设施监管(EMIR)改造,并意识到为实现金融监管的特定目标而采取的监管行动有时会与其他监管和经济目标的实现产生紧张关系并削弱其实现,例如过度监管会扼杀创新。但总体而言,要努力在实现金融监管目标和通过比例原则、辅助性原则以及尊重社会成员的基本权利(例如促进公平竞争和消费者选择)上避免过度监管,并获得平衡。

以资本市场的去中心化为理论基础,欧盟近年来侧重于鼓励可持续性资本,以满足长期可持续性发展的公共利益需求和社会福祉。区别于发展性资本(通常仅涉及简单的脱离贫困),可持续性资本通常是指市场主体为实现环境或社会可持续性发展相关目标的融资。可持续性资本呈现为多种形式,比如专门为风电场或社会企业等具有可持续性价值的发展项目提供贷款的社会银行,对个人和家庭的小额信贷及相应"可持续"贷款。

一是为激励传统投资基金参与可持续资本。欧洲政策制定者的资本规制路径主要体现为两个方面:金融监管和公司法等新设法律来管制。在金融监管方面,日益倾向于强制要求传统投资基金参与到可持续性资本中。一方面,通过相关法律改革迫使各种传统和另类基金的投资基金经理将可持续性金融纳入其投资战略。另一方面,还尝试开展新的立法来澄清什么是可持续投资,但这项工作主要体现在环境可持续性立法方面,当然社会可持续性方面也不断取得新进展。

二是美国开始将经济监管引入农村,资本规制政策开始出现乡村振兴化倾向。1970年后的美国农村放松管制政策致使2008年大衰退之后美国农村人口首次负增长,以及美国农村"绝望死亡"率高、农村失业率高以及农村选民对特朗普孤立主义言论的高支持率等问题层出不穷。由此,美国逐

---

① Robert B. Reich. The Work of Nations: A Blueprint for the Future. Hempstead: Simon & Schuster, 1994. 转引自〔英〕梅扎罗斯:《超越资本》(上卷),郑一明等译,北京:中国人民大学出版社2003年版,第211页。

步采取干预来阻止或扭转农村社会经济的大规模衰退。相关政策及建议主要体现为,加强对特定市场服务提供商的进入、退出和参与标准的监督,比如公共教育资金、医院、私人住房开发商、基础便利设施等,以支持和维持农村社区发展。

三是形成以预防为导向的事先防范机制,并力图在以牺牲创新为代价诱导和支持风险规避预防原则和事后的补偿原则之间取得平衡。由此 WTO 以及欧洲经济体,尤其是法国和英国的经济体,已经开始调整其监管环境,提升监管效率,鼓励创新,以适应社会变化。

四是提高政府在资本规制方面的作用。政府因其计划性和强制性能够对资本的巨大力量形成约束和限制。不少学者都曾对政府在规制资本方面的作用进行过论证,如丹尼尔·F. 史普博(Daniel F. Spulber)认为,政府能够通过改变供求关系干预市场运行机制①;金泽良雄认为,政府规制可以改善、矫正市场机制内在的问题,干预市场主体活动的行为②;植草益在《微观规制经济学》中则指出,政府依照一定的规则对企业活动进行限制③;托马斯·皮凯蒂(Thomas Piketty)以 18 世纪为研究的时间起点,对欧洲区域内的财富和个人收入的分配进行时间线为轴的历史对比研究,认为造成资本主义矛盾的关键原因在于个人资本利润的增长与收入、产出的增长率不同步,他认为可以通过"年度累进税"来消除贫富差距扩大化的趋势。④

五是对不同的经济领域采取针对性的举措。比如在互联网经济领域,作为新兴经济领域,不能按照传统产业采取普遍的措施,而是要针对互联网行业的特征、针对其弊端制定相应的法律法规。意大利学者莱诺(Piraino)认为,互联网经济催生了垄断行为的发展,而要遏制这一趋势,需要探寻互联网经济与反垄断法之间的契合之处,使反垄断法发挥最大效用。⑤ 霍华德·A. 谢兰斯基(Howard A. Shelanski)教授则认为,数据在互联网经济领域愈发成为重要的战略资源,因此,用法律规制互联网经济,需要不断与时俱进,将数据纳入反垄断政策、法律的制定和考量中去。⑥ 同时,他还从数字执法成本的角度来加以考察和研究,指出,在数字市场竞争执法中,尤其

---

① Daniel F. Spulber, *Regulation and Markets*, MITpress, 1989.
② 〔日〕金泽良雄:《经济法概论》,满达人译,北京:中国法制出版社 2005 年版。
③ 〔日〕植草益:《微观规制经济学》,朱绍文、胡欣欣等译,北京:中国发展出版社 1992 年版。
④ 〔法〕托马斯·皮凯蒂:《21 世纪资本论》,巴曙松等译,北京:中信出版社 2014 年版。
⑤ Piraino, "Antitrust Remedy for Monopoly by Electronic Networks," Nw.u.l.rev, 1993, pp.1 - 62.
⑥ Howard A. Shelanski, Information, Innovation, And Competition Policy For The Internet, *University of Pennsylvania Law Review*, 2013, Vol.161(6): 1694.

反垄断执法中成本较高,容错率较低,所以执法部门在初次执法中最好保持谦逊的态度。① 当前互联网经济呈现出的虚拟性、开放性和隐蔽性的特征,使其预留了许多可操作空间,因而需要不断加以观察和衡量并完善相关法律。赫尔穆特·考茨欧(Helmut Koziol)等人针对互联网的不正当竞争,提出了惩罚性赔偿制度,旨在让不正当竞争者认识到其行为带来的后果,以使其自觉放弃不当得利。② 博德维希(Bodewing)则在一般性意义上指出,互联网经济仍属于市场经济和商业经济发展的范畴,因而,互联网经济行为必须符合市场自由交易的要求和商业正当性的标准,政府应当出台相关法律措施预防不正当竞争行为。③ 针对上述学者的观点,还有一些学者提出了反对意见,如尼古拉斯(Nicholas)、科尔曼(Coleman)等学者认为,反垄断法目前并不适用于互联网经济,认为应当最大限度尊重经营者的自主经营权,不应该过于打压互联网经济这一新生事物,反垄断政策不应该干预互联网经济。

(五)国际金融共生关系的矫正

在黑格尔体系中,"资本"不仅经常被视为某种物质实体,而且被视为一种关系。这种关系被描述为:一是绝对逃脱不掉的;二是一种慈善性的强制;三是必然为一种超个体的主体支配,鉴于孤立的个人主义的因素——利己主义的个人——被设想为总体化的"市民主义"的复合体。而马克思则将资本制度当作必然短暂的东西。他认为,虽然就生产率而言,尽管与过去相比,历史的进步包含在资本的功能化的方式之中,但他却认为要把它的社会新陈代谢的可行性限制在一个严格有限的历史阶段,该阶段是社会主义设计的激进干预被迫遗留的。因为资本制度最深层的结构性限制——建立在为统治劳动而连接的一套中介关系之上,以服务于剩余劳动的必然榨取——具有不可救药的对抗性,其中不仅具有破坏性,而且具有自我破坏性。要降低或消弭国际金融共生系统的内在对抗性,有必要在金融系统内部各子系统之间形成相互结合、相互依赖、相互促进的关系。

1."双赢"与"共存"

人类社会从孤岛走向世界历史的历程催生了彼此相互依存的生存方式,尤其在全球化的系统中,人类前所未有的以"命运共同体"的形式结合在

---

① Howard A. Shelanski, Information, Innovation, And Competition Policy For The Internet, *University of Pennsylvania Law Review*, 2013, Vol.161:1663.
② 参见〔奥〕科赫、〔德〕赫尔穆特·考茨欧主编:《比较法视野下的人身损害赔偿》,陈永强等译,北京:中国法制出版社2012年版。
③ 参见〔德〕博德维希:《全球反不正当竞争法指引》,黄武双、刘维、陈雅秋译,北京:法律出版社2015年版。

一起,必然要求一种最文明、最具现代意味的生存与生活方式,"共生"则是这种全新的生存选择。现代化的全球布展在一定程度上是资本在全世界的扎根,资本走向全球是资本的本性使然,就像马克思所描述的:"由于需要不断扩大产品的销路,资产阶级不得不奔走全球各地。他不得不到处钻营,到处落户,到处建立联系。"①从资本的积极意义来看,资本不仅在全球布展中为人类文明带来了发展进步的一面,"资本主义生产方式是发展物质生产力并且创造同这种生产力相应的世界市场的历史手段"。②而且为了实现这种资本扩张和布展,资本必不可免地冲击一切空间的、权力的限制,不论是民族国家之间,还是跨国公司的不同构成之间,抑或是最为"独立"的自然人之间都必然发生多种文化、价值、观念的交流与碰撞,甚至冲突。整个人类社会也因这种相互作用、相互关联而逐渐形成"一荣俱荣,一损俱损"的相互存在、共同发展的整体模式。人类生活世界的本质不是"独白"式的,而是"对话"式的;全球化时代不是一元的、单级的,而是多元的、多级的"共生"时代。如前所述,"共生"是约束条件发挥作用下的存在形态,因而各主体只有在遵守共同约定下通过对话交往、相互承认、求同存异、彼此渗透、相互融合,才能实现共存共荣和共同发展,这就要求形成一种世界性的社会理念:共生性理念。③因此说,全球化时代的来临,客观上呼唤着"共生"。

2. 妥协与斗争

妥协与斗争是矛盾同一性和矛盾斗争性的外在表现形式。两者是同一事物不可分割的两种属性,同时存在,互相制约。共生主体间的相互妥协与斗争为"共生"的事物创造较好的生存和发展的良机与空间。妥协性是指相互对立的双方之间的妥协,通过妥协,双方能够相互联结并处于同一体中,这样,双方便可互相吸收有利于自己的因素而共生发展。斗争性则是相互妥协的双方之间存在着竞争属性,斗争性是推动同一体"共生"的动力,"共生"是不同事物的"共生",而不同事物就存在差异,差异就是矛盾,有差异有矛盾就有斗争,斗争推动着矛盾双方的力量不断变化,共同生存发展实现"共生"。坚持"按规矩办事"的斗争原则,是促使斗争性与妥协性协调发展实现"共生"的重要前提,④是旧的共生系统向新的共生系统转化的动力。

---

① 《马克思恩格斯文集》(第2卷),北京:人民出版社2009年版,第35页。
② 《马克思恩格斯全集》(第25卷),北京:人民出版社1995年版,第279页。
③ 速继明、胡守钧:《共生视阈下的国际金融关系及其优化机制探析》,《社会科学》2014年第9期。
④ 速继明、胡守钧:《共生视阈下的国际金融关系及其优化机制探析》,《社会科学》2014年第9期。

3. 优化约束条件的内涵,强化约束条件的约束功能

国际金融共生关系由主体、资源、约束条件三大要素构成,同时,三大要素也就决定着国际金融共生关系的质性。"优化约束条件之内涵,强化约束条件之功能,有利于促进国际共生关系改善。"①正如中国首倡共生论在社会领域运用的胡守钧教授也认为,"强化国际共生约束条件之功能,无疑是超级难题。一些大思想家(如爱因斯坦、罗素等)从理论上设想过世界政府,但世界政府如何形成? 无可引性。如何确保世界政府的公共性,更乏途径"。②

时至今日,世界上的大多数决策者都觉得资本的全球布展这一趋势已经别无选择,并且这一事实伴随大规模席卷世界政治、经济、文化等领域的"全球化"运动而显得无可辩驳。这一"别无选择"的口号宣称"在现实世界中",对所赞同的行动路线不可能存在其他选项。事实真如此吗? "别无选择"的借口能否掩盖"现实世界"中的各种结构性缺陷和爆炸性对抗? 无论对抗如何具有毁灭性,依然应该打着理性、舆论和"现实政治"的名义,把这一切归咎于被永恒化为基本上不可改变的"现实世界"合理框架内的"小小意外",又是否合适? 毫无疑问,"别无选择"不能被假定为一条自明的真理——自动为一切宣称它的人豁免不能兑付的证明的重负。因为"现代化""自由市场化""全球化"既不能创造出预期的幸福结果,也不能为发轫于2007年美国次贷债务问题的国际金融危机免单。这场危机肆虐全球已经10多年了,时至今日,全球经济依然能看到这场危机的瘢痕,部分国家还没走出泥淖。危机日深,"普遍永恒资本的符咒"是否应该放在阳光下重新考问。伴随金融危机的恶化和蔓延程度来看,对既定秩序构建一种可行的选择,这一历史挑战必然要求跳出"别无选择"这一"精致资本主义"的分析框架。在国际金融领域引入共生论就成为超越"旧秩序"、构建新秩序的一个非常有意义的尝试。

二、微观: 健康财富观的培育

相对论、复杂性科学的提出赋予了时间实在性、方向性,使时间不只是与社会实践运动相关联,还与熵、自组织相关,实际上建立了动态的、开放的时空观念。在此观念下,近代以来发展起来的财富生产体系的那种统一性、标准性、同步性的经济组织模式被打破了,变得更加弹性、个性化、差异化,这种变化进而引起了道德观念的变化。自尼采喊出"上帝死了,重估一切价

---

① 胡守钧:《国际共生论》,《国际观察》2012年第4期。
② 胡守钧:《国际共生论》,《国际观察》2012年第4期。

值"之后,诸如拜金、物欲等西方思潮不断涌入,体现在人们的金钱观、财富观上。时空观念引起的财富逻辑的变迁与思想意识的变化共同形塑了当下人们的财富观念。

作为人类"事情发生顺序"的基本整理工具,时间与物质之间的关系到底如何,一直是一个永恒的话题。如上所述,经典力学看到了时间与运动的不可分,热力学看到了时间的方向性,生物学看到了在时间长河中的进化刻度,社会学看到了时间之矢中的社会形态演变……绝对时空观念下,由于时间没有获得方向,只能看到"变化",很难对经济事件到底是"发展"还是"倒退"做出评判;而热力学第二定律的引入,使时间获得了方向,也就是使经济事件获得了"发展",甚至是"科学发展"的评价意义;对系统内部进化的自组织过程的考察,使时间在微观意义,进而在宏观意义上获得方向与动力。

数字技术的发展给人们带来了差异化、碎片化、个性化的时间体验,无论是时空分延、时空压缩还是时间碎片化,都是"时间的压力、我们将时间分成越来越小和不平衡单位的能力、电子基础设施空前的高速度、产品的分类定价和支付方法越来越颗粒化的倾向"①的生动反映。这反映了围绕利润增值展开的追求高效、压缩单位生产时间、降低资本周转时间所产生的全球化资本残酷竞争的实质。一是从运动与时间的关系角度来看,现代数字技术爆炸性地向经济和社会各个领域广泛渗透和扩张,使最小的时间跨度内,实现最大限度的拓展市场,最大范围的商品交易和最大范围的资源资本化成为可能,"资本按其本性来说,力求超越一切空间界限",②"流通时间本身不是生产力,而是对资本生产力的限制……由于加速或减少流通时间—流通过程—而可能发生的一切,都归结为由资本本性所造成的限制的减少"。③虽然大航海时代开启了世界历史的序幕,释放了资本消灭空间的强烈愿望。但在传统的物理空间,这一愿望的实现受到诸多障碍。原子时代向电子时代的转变,世界向扁平化发展,通信向瞬时化转变,这一愿望才得以实现,从而在真正意义上实现资源的全球流通和配置。数字经济革命的实质是包括基本信息在内的交易行为的数字化、编码化,是一个有关交易的信息通过编码和抽象的过程,在信息空间自由传播与共享,从而以电子的运动击穿由分子组成的物质空间障碍的过程。吉登斯认为,在新的数字技术背景下,地域对时间的束缚减弱,时间与空间伸延和分离,两者的组合模式

---

① 〔美〕阿尔文·托夫勒:《财富的革命》,吴文忠、刘微等译,北京:中信出版社2006年版,第59页。
② 《马克思恩格斯全集》(第46卷下),北京:人民出版社1995年版,第16页。
③ 《马克思恩格斯全集》(第46卷下),北京:人民出版社1995年版,第39页。

发生变化,甚至不同的时间与空间可以任意组合起来。二是从熵与时间的关系角度来看,整个资本循环系统是一个开放的、不稳定的,同时又蕴含着变化和发展因而能产生自组织的复杂系统。时间的不可逆的内禀因素既是资本循环系统的本质特征,又是经济系统自我升级建立新的经济模式的对称破缺的有序之源。作为市场主体的各经济主体,虽然具有复杂性、不确定性,甚至远平衡性和对市场信息的高度敏感性,但有了与随机性和开放性相连的内在不可逆和熵,才会推动企业的发展与壮大。譬如,人们在理解"IT"时,过去习惯于视线集中于"T"(技术)上,现在,越来越把聚光灯打向"I",开始关注信息本身了。[1] 社会实践—电脑—物理世界三元融合的趋势及现实表明,"使信息服务进入了普惠计算时代,这是一个划时代的大事,怎么高估,都不为过"。[2] 三元融合趋势下,几乎任何事物之间都实现了数字化、互联化,甚至出现了"智慧地球"的趋势。比方说,导航 App 的地理位置记录、浏览网页的历史记录、网上医院的预约或者咨询信息等。通过数字—数字化—数据化的转变,曾经仅仅作为量度和记录之用的数据的潜在价值被一步步发现,其隐藏价值被不断发现出来。一方面,人们逐渐认识到,从数字到数字化,从数据到数据化,既是趋势,更是一种内在需要趋势。数据化代表着人类认识的一个根本性转变。人们将资本系统看作由信息构成的,从而为"以时间消灭空间"提供了可能,"它是一种可以渗透到所有生活领域的世界观"。[3] 另一方面,大数据科学的产生是由于人类掌握了最大规模的单位时间数据的捕获能力,也就是在样本选择的全数据模式的帮助下,让"样本=总体"[4]不再成为不可能,通过对数据价值的深度挖掘实现了使"数据发声"。三是从自组织与时间关系的角度来看,经常性发生的数字化交易模式逐渐结晶为组织和制度。由于经济组织要在残酷的市场竞争中获得自我发展的空间和可能,就必然会产生新的变化并由此产生新的组织安排。这种新的制度安排尤以一批批的虚拟经济、互联网经济的繁盛和对传统经济的替代为标志。这种新的经济组织居于对人类行为和外在世界的数字写真和对数据的强大处理能力而得以在残酷竞争中脱颖而出。譬如今天被认

---

[1] 〔英〕维克托·迈尔-舍恩伯格、肯尼思·库克耶:《大数据时代》,盛杨燕、周涛译,杭州:浙江人民出版社2013年版,第104页。
[2] 郭重庆:《"互联网+":破坏性创新,是一场产业、经济与社会的变革》,https://www.docin.com/p-1720747519.html。
[3] 〔英〕维克托·迈尔-舍恩伯格、肯尼思·库克耶:《大数据时代》,盛杨燕、周涛译,杭州:浙江人民出版社2013年版,第125页。
[4] 〔英〕维克托·迈尔-舍恩伯格、肯尼思·库克耶:《大数据时代》,盛杨燕、周涛译,杭州:浙江人民出版社2013年版,第27页。

为最接近实现高效率理想市场的电商,不受具有特殊性的个体感情因素影响和不受具有地方特性的社会组织结构制约,从而在最大程度上摆脱了传统社会各种秩序安排的影响。万物互联,皆可感知,皆可度量,皆可通讯,皆可操控,在人和物的新系统组成中,呈现为更聪明、更智慧、更精确的状态。

(一)财富逻辑与财富观的生成

财富作为人类生存、繁衍与发展的物质载体,其多寡及"无可抵挡"的通兑性使之成为人们竞相追逐的目标。尤其是改革开放以来,金钱重塑着人们的生存目标,驱动着人们的生存欲望,乃至使人几近疯狂,"宁可坐在宝马车里哭,也不坐在自行车上笑",对财富的那种无可阻挡的渴求、疯狂的追逐裂变了原本义利有规、逐财有道、社会有序的良好局面,日益增强的财富魅力塑造了的扭曲财富观,引起了社会关系新的紧张。就如同马克思一针见血提出的,"以劳动为原则的国民经济学表面上承认人,毋宁说,不过是彻底对人的否定而已。因为人本身已不再同私有财产的外在本质处于外部的紧张关系中,而是人本身成了私有财产的这种紧张的本质"。① 这样一种价值观念的裂变和财富观的扭曲,也无可避免侵蚀着人们的价值观念。那么,导致当下人们财富观念的深层次原因是什么呢? 一是由于财富的广泛价值通约性会造成一种能够与整个对象世界交换的错觉。这样,人们往往错将财富的形式、财富的职能视为财富的真正本质,将财富符号实体化。金钱所引起的精神世界与财富世界内在关系的紧张,呈现为极度扭曲的世界观和人生观,呈现为物质与精神、主体与客体的颠倒。对此,马克思强调,"因为货币作为现存的和起作用的价值概念把一切事物都混淆了、替换了,所以它是一切事物的普遍的混淆和替换,从而是颠倒的世界,是一切自然的品质和人的品质的混淆和替换"。② 二是对世界理解趋向物欲化。有媒体做过这样的报道,东方卫视邀请黄渤加盟综艺节目《极限挑战》花掉了 4 000 万元,湖南卫视请来刘烨参与《爸爸去哪儿3》的录制花了 3 000 万元,深圳卫视花费 2 500 万元邀请邓紫棋参加综艺《极速前进 2》的拍摄制作。③ 钱是神,是上帝,成为个人地位、力量、成功的标志与象征。三是随着财富通兑性的无限放大,财富从实物形态走进精神世界,成为"幻象世界"中那个无所不能的神。生活世界的物质化、货币化、资本化、财富化重构了精神世界,原初矗立

---

① 《1844 年经济学哲学手稿》,北京:人民出版社 2000 年版,第 74 页。
② 《马克思恩格斯文集》(第 1 卷),北京:人民出版社 1995 年版,第 247 页。
③ 《真人秀回归大众才是正道》,https://www.sohu.com/a/26970147_162958。

于信念深处那个神圣的东西逐渐"烟消云散",取而代之的是高耸的坚实的实用主义、享乐主义、拜金主义的大山头;原初那种追逐精神的、信念的、理想的、谦和的东西逐渐消散开,取而代之的淡漠、消极、物质等。

在新的时空背景下,遵循财富增值的逻辑,梳理财富观的形成和培育路径,是必要而有意义的尝试。首先,对大多数人而言,健康财富观的培育有利于走出财富"原罪"与"原德"的两难判断。"巨富"不代表"巨恶","赤贫"不代表"身正","为富"未必"不仁","富人"并非"必仇"。财富是劳动的产物,是智慧与汗水的结晶,是人类改造世界的成果。因而,仇富心态是一种非正常的扭曲。其次,健康财富观有利于人们区分"财富创造"与"财富占有"。财富创造就是财富的生产,是财富从无到有的过程,体现了人们创造价值的能力;而财富的占有是财富分配的结果与状态。财富创造是美好的过程,而财富的占有依赖于"分配"方式。合理、合法甚至合情的财富分配,才有利于构建和谐的人际关系、家庭关系与社会氛围;坑蒙拐骗、巧取豪夺、杀人越货都是违背个人良知、社会伦常、国家律法的。再次,健康财富观有利于涵养积极的人生观。财富是人生的一个部分,财富观是人生观的组成之一。人生存的意义不仅仅在于延长生物学意义上的个体生命长度,而是要在有限的时空之内展现生命的厚重与意义。财富的多寡固然有助于提升个体生命的物质生活品质,但点亮生命高度的不仅仅在于物质财富。超越时空的,是绽放人性光辉的精神与气质。最后,健康财富观有利于培养积极的学习、生活态度。物质主义、拜金主义以各种方式侵蚀着人们,表现出价值尺度的功利化、理想追求的现实化、人际交往的物质化等特点与趋势。无可否认,财富具有难以阻挡的通兑性,其强大的通约性似乎可以购买一切。然而,人生的意义、亲情、友情、个体生命的社会责任等都无法完全以物质财富来衡量。因而,人们应该客观、理性地看待财富,积极投身社会实践,创造财富,创造美好生活。

(二)积极的财富观

财富观念和财富体系的新变化促使人们重新思考财富问题,在新的时代背景下,如何运用工具化、智能化的手段创新财富新源泉,增加社会财富,这是一个时代的难题,也是一个民族、一个国家面临的难题。

1. 自觉把握世界财富革命进程,创新财富新源泉

世界财富创造进程意味着:一种代表当下人类财富创造的水平在不同时期的展现。它既是一种趋势,展现为在时间与空间的二维交错中世界财富创造进程的"规律—趋势",它又是一种尺度,体现着区域经济与世界级财富创造程度之间的距离。在世界的财富体系中认知自我是个非常重要的命

题。因为能否自觉把握世界财富创造规律与趋势,直接关系到每个民族或国家能否发展、如何发展的大问题。① 正如历史所昭示的那样,世界财富每一次飞跃式的发展都离不开技术革命的突破。20世纪50年代开始的新技术革命,再一次激荡和震撼着人类社会,张雄教授对这一过程进行了生动的叙述:"世界范围历史变革的浪潮……犹如强大的原子冲击波,在裂变着社会,瓦解着人的思想,震撼着一切有感觉神经和思维能力的生命体。"② 这一过程也导致了世界财富格局的新一轮动荡,正如托夫勒考察的"同步化"和"失同步化"现象一样,不同国家、地区之间的财富化进程呈现出不均衡的趋势:有的地区从农业社会向工业社会转变,有的地区从传统社会向现代化社会转变,有的地区从封闭社会向开放社会转变,有的地区从同质单一性社会向异质多样性社会转变。在这个大转型的时代,一个民族或国家能否把握机遇,获得突破性发展,深切关系到该国的未来和地位,也关切每个国民的福祉。

2. 深刻把握财富原理,促进财富创造

财富创造的三原理揭示了财富三个非常重要的向度:时间、空间和知识。这三个原理反过来也告诉我们如何才能更快更好地增进财富。尤其是知识原理,对于我们这个农业、工业、现代知识经济混合的特殊经济体,三个财富体系的并存让我们明白知识在财富创造中的重要作用。回顾发生在当前的世界财富革命,现实经验日益表明:科技发展所引起的社会生产力的巨大发展,极大地推动了全球经济朝一体化方向发展。一方面,科技智能化应用于生产领域,进一步推动了分工的精细化,从而大大提高了生产的专业化、社会化和社会各部门之间的协作水平。从一国、一地区来看,科技的智能化可以为整个经济社会赋能升级,从整个国际社会来看,科技智能化程度越高,各地区之间的壁垒越脆弱,国际分工和世界市场的广度和深度也愈发加深,世界各国、各地区之间的经济联系也愈发扩大和加强,从而为建立真正的全球性经济体系提供物质基础。另一方面,随着科技的高度智能化和数据、信息等的广泛流通,各类生产主体,尤其是大公司、大企业要在世界经济的大海中扬帆起航,就不得不具备全球视野,将全球要素纳入生产的考量之中。而这一过程也必将反向加深全球之间的经济联系,使其如网络一般将世界各地联系起来。任何一个谋求发展的国家和民族都应当在世界大网络中明白这样一个道理:历史一旦进入世界历史,任何国家的发展都要

---

① 张雄:《自觉把握世界历史进程》,《人民日报》1998年4月9日。
② 张雄:《自觉把握世界历史进程》,《人民日报》1998年4月9日。

受到国际大背景、大环境、大市场的制约,因此一个国家要想不被世界经济的大海倾覆,就必须找到自己发展的立足点和前进的方向,要大敞开放的大门,巧借世界各国的优秀成果当作自己的"冲浪板",如战浪的少年勇立时代的潮头。唯有如此,才能在站稳脚跟的基础上,不断实现民族、国家的发展。

3. 完善财富体系,增进人民福祉

互联网背景要求我们重新审视财富,并结合时代特征,完善财富体系。一方面,财富是手段而非目的,财富的创造与积累都是为人类服务,为人类的全面发展服务,因此,财富创造的最高目的应该是人的全面发展。而人的自由全面发展总是以一定的财富占有为基础的。在马克思的语境中,财富与劳动时间具有同质含义,换句话说,财富创造也就是要将减少劳动时间作为努力的方向。"节约劳动时间等于增加自由时间,即增加使个人得到充分发展的时间。"①在马克思看来,"时间的节约"就是"真正的经济"和"更高的规律",他指出:"节约劳动时间等于增加自由时间,即增加使个人得到充分发展的时间。"②另一方面,财富问题只单纯是物质问题,精神层面同样不可或缺。也就是说,财富理应具有更广泛的内容,而不是狭隘的认为财富仅仅是货币形态,"财富不仅仅产生于农田、工厂、办公室和机床上,而且革命性的财富也不光指金钱""正是金钱经济和非金钱经济这两种事物的结合构成了我们所称之为'财富体系'的主体"。③财富体系新认识,可以降低不良财富观影响,避免拜物教、拜金主义,引导人们确立健康的财富坐标,建立积极的财富观,在当前人均 GDP 超过 1 万美元的特殊历史时期,具有鲜明的时代意义。

（三）培育健康积极的财富观

民众财富观上表现出多元化特点是特定社会存在的反映。改革开放以来,个人利益在合理性与合法性上得到普遍认可和肯定,大部分民众也加入了用财富为自己的人生背书的行列。为此,要从以下三个方面树立正确的财富观:

1. 树立正确的财富观需要理性的财富认知

要利用基本的政治经济学常识和唯物史观,把财富放在整个人类历史发展的长河中来考量,从财富及财富观念的产生、财富创造与财富体系的演变到财富心理的形成来历史地辩证地看待人类对财富的创造、占有和使用

---

① 《马克思恩格斯全集》(第 46 卷下),北京:人民出版社 1995 年版,第 104 页。
② 《马克思恩格斯全集》(第 46 卷下),北京:人民出版社 1995 年版,第 225 页。
③ 〔美〕阿尔文·托夫勒:《财富的革命》,吴文忠、刘微译,北京:中信出版社 2006 年版,导言。

的演变过程,从而从事实判断与价值判断的双重意义上看待财富在人们改造自然、改造社会的过程中的意义。从财富的精神现象学来理顺财富与个体生命的主客关系,不能为财富而创造财富,"我们不能富了口袋,穷了脑袋"。在财富的内在维度上,其不可缺失的价值基因为人类的财富活动提供了精神价值依归。

2. 明确"实现人的全面发展"这一追逐财富的目的

人的全面发展的思想,从思想来源上看,可谓源远流长。有学者从理性目标来考量人类历史发展,并试图从纷繁复杂的社会现象中找出历史发展中的那个不变的规律性出来。比如赫尔德认为"上帝的计划"就是人类的发展规律,而大哲学家康德则更强调倾听自然的声音,遵循"自然的意图"来实现那个"大自然的隐秘计划",黑格尔则从绝对精神的演绎过程来理解历史运动。马克思则以唯物史观来理解历史的脉络及其规律,既看到人民群众作为自觉的主体,是历史的创造者、推动者,也看到个体生命张力与历史发展之间的辩证关系。每一个个体,固然有其自身特殊的追求,但无数个体的力量会汇聚成推动历史发展的伟力,改变历史发展的进程。在这一过程中,财富作为重要的凝聚人类关系的创造物,既是人类精神和物质生产的结果,也是衡量个人、企业和社会价值实现的追求目标,更是为人类及人类社会自我发展的重要媒介。章忠民教授探讨了货币与人的自由和人的全面发展的关系:一方面,人们拥有的货币形态与自由度密切相关;另一方面,人的自由的实现程度及实现状态与生产力、生产关系相关,财富的多少不是唯一的决定因素。① 章忠民教授的论述有以下几点启示:一是文化的现代选择,通过改变财富观念来弘扬人性;二是建立良好的社会制度条件,营造具有现代意义的财富伦理环境;三是利用财富的积极效应,加速人性的解放。

3. 规范财富的获取渠道和使用途径

"君子爱财,取之有道,用之有度",正当、合法、合情的渠道下获取财富、积累财富和合理使用财富是成熟的理性财富观应有之义,还要处理好奉献与索取的关系。奉献与索取辩证统一,"有舍有得,不舍不得,舍了才得"。"舍"是"得"的前提,如果只"得"不"舍",整个社会财富就会枯竭,"得"也就成了无本之木、无源之水。在新的历史条件下,既要看到社会财富涌流对社会个体精神成长的负面牵引,更要看到社会财富增长对社会个体的精神成长和生命张力的脚手架作用。培育积极、健康而有时代特征的财富观既是对社会个体精神现象的回应,也是对社会个体在社会主义市场经济条件

---

① 章忠民:《货币:一种人学的读写》,《学术月刊》2003年第8期。

下财富心理建设的回应。作为宏观社会下的独立个体,民众财富观的养成在很大程度上决定了整个中国社会的财富心理和走向。因此,成熟的、健康的财富观及价值观的涵养与引领是必要而紧迫的。要透过财富强大的公分母的通约能力背后的本质意义,从物质与意识的关系原理,理顺财富与人性、财富与生命张力以及财富的创造积累与社会发展之间的关系。经济基础与上层建筑的关系原理深刻地表明,每一种经济形态总会催生出与之相对应的财富尺度、财富标准。因而,社会主义市场经济的完善及对社会生活的深远影响,提出了一个更为迫切的现实问题,即在传统的义利观后,是否能孕育出一种新的、健康的、积极的财富观来。必须明确的是,对新观的需求绝不是一种简单的经济现象,它已深入了人们的精神领域,成为整个社会的精神现象学的问题。

第七章 数字化背景下财富创造的态势和展望

面向未来,在科技革命和产业变革持续孕育兴起中,数字经济与社会各领域深度融合保持着良好的发展势头,不断助推高质量经济发展,彰显了中国经济社会高质量发展的强劲动力。党的二十大报告提出加快发展数字经济的战略任务,明确了未来经济发展重点和实现路径,表明数字经济在许多领域仍然具有巨大发展潜能,尤其是对加快数字中国建设、推进中国式现代化发展、助力共同富裕实践、应对百年之未有大变局、探索监管引导机制等方面将持续发力。积极构建新时代数字经济理论体系和实践基础,让数字经济以澎湃动力驱动中国经济高质量建设和发展,彰显出数字经济对全面建设社会主义现代化国家的支撑保障作用。

一、把握好数字经济的动力引擎,把握财富创造新机遇

数字经济是时代发展的新事物,不同于传统经济的新形态,其发展速度之快、辐射范围之广、影响程度之深前所未有,能为新经济增长提供持续动能,成为财富创造的新动能。2023年5月23日,国家互联网信息办公室发布的《数字中国发展报告(2022年)》指出:2022年我国数字经济规模达50.2万亿元,总量稳居世界第二,仅次于美国,同比名义增长10.3%,占国内生产总值比重提升至41.5%。该报告还提出:全面赋能经济社会发展,做强做优做大数字经济,培育壮大工业互联网、区块链、人工智能等数字产业,打造具有国际竞争力的数字产业集群等。当前,中国数字经济发展成果和机会窗口来之不易,面对未来必须深刻把握数字经济发展的重大战略新机遇,将数字经济发展提升到国家战略层面的高度,努力开创数字中国建设的新局面。

首先,把握数字经济驱动社会高质量发展的机遇期。数字经济助力新发展理念的贯彻落实,使创新、协调、绿色、开放、共享五大发展理念具有实践抓手,实现经济社会发展由以往粗放式高速增长转向高质量增长。未来

的数字经济事关国家发展大局,它蕴含着规模经济和范围经济将促使经济发展由要素驱动模式转变为创新驱动模式,表现出以数字化的技术路线重新组织社会创新资源和生产资源,形成以实体经济为主体,以互联网空间为新场域,不断推动着实体经济和数字经济融合发展。在微观层面,数字经济可以通过优化要素配置、增加新的生产要素、提高全要素生产率等三条途径带动经济增长。[1] 所以,数字经济将持续发挥渗透性功能,以带动各行业各领域的协同发展,特别是在助推传统行业转型方面的作用将越发凸显,形成全局辐射带动效应,助力数字中国建设赋能经济社会高质量发展。

其次,抓住新一代信息技术蓬勃发展的关键机遇期。数字经济概念本身是由人类科学技术迅速发展和广泛应用衍生而来,它相较于农耕时代的农业经济和工业时代的工业经济有着本质性区别,是互联网、人工智能、云计算等新一代信息技术与实体经济深度融合的产物。宏观层面来看,信息技术的高速发展助力中国现代化赶上时代发展列车,并为数字经济腾飞奠定坚实基础,所以当今中国无论是总体规模抑或发展速度方面都可以称为数字经济大国。数字经济发展最关键、最重要的就是技术创新,未来基于信息技术深度融合发展将催生出一批新兴产业,以互联网金融为代表的新兴服务业将逐渐成为主流,并不断成长为新经济的增长点和发力点,做好数字中国建设必须抓住这个关键机遇期。

再次,实施用好网络强国战略的历史机遇期。网络强国战略是基于对新时代发展大势和历史机遇把握所做出的重要战略发展方向,它的提出反映了中国顺应和引领技术经济发展战略自觉,为推动世界经济全球化提供中国智慧和中国方案。党的十八大以来,党和国家立足实际全方位统筹引领互联网的发展和治理,全面开启了网络强国战略的新征程,围绕网络强国战略形成了日臻完善的理论体系。2016年中央政治局第三十六次集体学习时提出要加快推进网络信息技术自主创新,加快数字经济对经济发展的推动……加快提升我国对网络空间的国际话语权和规则制定权,朝着建设网络强国的战略目标不断迈进。党的十九大以后,中央网络安全和信息化委员会的成立,标志着网信事业进入新的发展时期,网络强国战略将牢牢把握住互联网和信息化的发展关键期,积极开展"互联网+"行动计划,鼓励发展分享经济,数字经济发展前景得到了前所未有的重视。

最后,适应中国经济发展进入新常态的机遇期。中国经济发展新常态

---

[1] 荆文君、孙宝文:《数字经济促进经济高质量发展:一个理论分析框架》,《经济学家》2019年第2期。

是指形态更高级、分工更复杂、结构更合理的阶段演化,经济发展动力正在从传统增长点转向新的增长点,使数字经济有了更多的发展空间。到2025年数字经济迈向全面扩展期,数字化创新引领发展能力大幅提升,智能化水平明显增强,数字技术与实体经济深度融合取得显著成效,具有国际竞争力的数字产业集群初步形成,数字经济治理体系更加完善,我国数字经济竞争力和影响力稳步提升。[①] 总之,发展数字经济是社会主义现代化国家建设的重要内容,是不断满足数字中国建设需求的必然选择,更是在未来推动中国经济高质量发展的关键力量。

二、把握好数字经济的动力引擎,促进财富创造的能级跃迁

党的二十大报告擘画了以中国式现代化全面推进中华民族伟大复兴的使命任务,开启了建设社会主义现代化国家新的征程,未来五年将是全面建设社会主义现代化国家的关键时期,这对推进数字技术创新、数字化转型以及数字中国建设等重要部署均提出更多要求和更高目标。具体到经济体发展而言,我国数字经济发展虽然起步相对较晚,但却具有显著的后发优势,逐渐成为引领中国经济增长和社会发展的主导力量,将是未来推进中国式现代化建设的坚强有力支撑。

首先,数字经济与中国式现代化的基本内涵高度相通。中国式现代化蕴含着广大人民群众对美好生活的向往为目标的现代化,而数字经济能够运用网络科技优势增强信息有效流通,不断畅通社会经济循环过程,更好地提高需求和供给的匹配度,优化社会资源配置,不仅能够降低各类运行成本,还能够最大限度地满足人们个性化和多样化的需求。数字经济繁荣发展还将进一步拓展数字技术的广泛应用,实现创新驱动发展,促进商业模式的变革,全面提升经济体系全要素生产率,达到资源节约和环境保护的目的,走好人与自然和谐共生的中国式现代化道路。

其次,数字经济与中国式现代化在实现过程中高度契合,数字经济高速发展过程本质上就是中国式现代化的实现过程。数字经济既是中国式现代化的新背景,也是中国式现代化新征程的新动能,需要重视数字经济与中国式现代化的衔接,以培育中国式现代化的新优势。[②] 数字经济作为一种新的经济形态,具备巨大且长久的发展潜能,能够紧紧围绕中国式现代化的伟

[①] 何立峰:《国务院关于数字经济发展情况的报告——2022年10月28日在第十三届全国人民代表大会常务委员会第三十七次会议上》,《中华人民共和国全国人民代表大会常务委员会公报》2022年第六号。

[②] 任保平:《数字经济与中国式现代化》,《人文杂志》2023年第1期。

大实践突破创新,聚焦现代技术的融合运用和开发利用。持续激发生产力水平的跨越式发展,通过数字产业化和产业数字化加快建设现代化的经济体系,并不断增强两者的耦合度,筑牢经济社会高质量发展的坚实基础。

再次,数字经济发展为中国式现代化建设提供坚实的物质基础。中国式现代化本质要求是物质文明和精神文明相协调的现代化,需要国家具备高度发达的生产力水平,以便促进社会发展中物的全面丰富和人的全面发展。正处于高速发展中的数字经济正在成为传统生产要素之外最先进和最活跃的生产新要素,驱动着实体经济在生产各个环节发生深刻变革,提升着全社会生产效率,为中国式现代化建设提供坚实物质基础。数字经济具有的高创新性、强渗透性、广覆盖性,不仅是新的经济增长点,而且是改造提升传统产业的支点,可以成为构建现代化经济体系的重要引擎。[1]

最后,数字经济独特优势为社会经济高质量发展提供强大内生动力。作为完全依靠数字技术运行的经济模式,数字经济丰富的技术条件将不断带动互联网、大数据、人工智能等移动技术的攻关创新,实现数字化建设与实体行业的进一步有机融合,打造实体经济发展的新模式,让数字经济的包容效应为高质量发展提供内在动力,赋能中国式现代化建设行稳致远。同时,积极促进数据基础设施建设和维护,完善新时代下数据安全防范制度,切实保障中国式现代化进程中所需要的数据主权,形成更加完备的数字化赋能机制保障,为社会经济高质量发展保驾护航。

三、释放数字经济普惠性,助力共同富裕的实现

数字经济高质量发展是实现共同富裕的必要条件。适应数字技术全面融入社会交往和日常生活新趋势,促进公共服务和社会运行方式创新,构筑全民畅享的数字生活。[2] 我国庞大的网民数量、数据资源、数字化应用场景具有广覆盖性特点,在推动社会化大生产实现网络化协作中,奠定实现共同富裕的坚实物质基础。同时,共同富裕作为今后一定时期内的热点话题,实现共同富裕的目标不仅需要高质量发展的体制机制引领,更需要实现政治、经济、文化、社会和生态等方面均衡发展的现实基础,数字经济针对共同富裕各个环节的有机融入,将是实现共同富裕目标不可或缺的重要推动力量。

首先,数字经济将助力现代化产业体系的构建完善,不断增强经济社会

---

[1] 李宾、刘艳霞:《以数字经济发展推进中国式现代化》,《河北日报》2023年6月2日。
[2] 《中华人民共和国国民经济和社会发展第十四个五年规划和2035年远景目标纲要》,《人民日报》2021年3月13日。

发展的强大驱动力。新时代背景下,数字产业化规模在逐渐扩大,产业数字化体量也在逐年增多,两者在发展中相互作用形成强大合力,大大缩短产业链条,推动国家产业结构不断优化升级。我国充分发挥社会主义市场经济条件下新型举国体制的优势,整合社会和市场资源,推动产学研深度融合,数字经济自主创新能力不断增强,数字产业化不断提质增速。[①] 同时,数字经济赋予实体经济新内涵,数字化时代下,数字和实体在经济领域的深度融合将成为历史必然,让实体经济迎来新的快速发展机遇。未来依托数字技术能力的强大支撑实现战略性新兴产业集群的融合发展,在数字科技的不断加持下大模型、大应用与制造业实现融合创新,数实融合将会被看作数字经济高质量发展的压舱石。

其次,数字经济发展对打通国内外循环节点将起到关键作用。只有不断提升我国数字经济的核心竞争力,解决好国内国际双循环运行中存在的突出问题,才能适应变化越来越快的全球数字化转型。一方面,要持续深挖国内潜在需求,在现代化数字基础设施建设中打通国内大循环,推动市场各要素的合理有序流动,改善消费结构,有效提高全要素生产率;另一方面,要全面提升对外开放水平,依靠数字化平台独特优势推动全要素的国内外双向流动,使之逐渐成为实现共同富裕的重要方式。此外,绿色发展作为共同富裕的重要前提和基础,数字经济要将推动社会经济绿色发展作为新引擎,通过对需求和供给变革的双向发力,加速向智能化和绿色化方向转型升级,为尽早实现"双碳"目标提供技术支撑,这不仅仅能够运用数字经济优化能源结构,而且在能源资源方面减少了过度消费和浪费,为推动全球绿色发展贡献中国新动能。

再次,缩小贫富差距、人民共享发展成果是做好共同富裕工作的核心要义。数字经济发展有助于缩小收入差距,推动区域经济协同发展,在打造智慧城市和数字乡村建设的基础上,统筹推进城镇化建设,积极有效地缓解城乡数字鸿沟。数字经济助推新时代城乡融合,通过借助数字化平台畅通城乡自由流动,实现城乡间优势互补,不断优化数字经济产业化的结构布局,依托数字经济优势赋能不同区域协调发展,提升区域协同的整体发展水平,在推进现代化建设中逐步缩小城乡差距。同时,数字经济将持续赋能基本公共服务,不断推进基本公共服务均等化发展,扩大公共资源服务的共建共享范围,构建数字化便民服务体系。进一步促进"互联网+医疗""互联网+

---

① 沈文玮、李昱:《中国式现代化、数字经济和共同富裕的内在逻辑》,《经济纵横》2022年第11期。

养老""互联网+教育"等数字公共服务事业发展,实现医疗、教育、养老等公共资源的共享,作为基本公共服务均等化的重要方式,也是人民群众能够共享发展成果的集中体现。

最后,依托数字经济推动社会和文化均衡发展将是实现共同富裕的重要内容。共同富裕的深刻内涵不仅仅体现在物质层面,更体现在广大人民群众的精神生活层面,两者均属于实现共同富裕的重要内容。在新时代背景下,数字经济的迅猛发展将深刻影响着人民精神生活的供给体系和消费方式,一方面,在数字经济基础上跨区域、跨平台、跨人群的文化碰撞和共享,将激发新时代文化创作的潜力和活力,为文化传播提供广阔空间和无限可能,极大地推动人民精神生活层面的内容创新和供给改革;另一方面,数字经济发展对于提高全体人民的科学文化素养,促进精神文化生活的共同富裕,增强人民的文化自信,促进经济和文化均衡发展具有重要意义。① 未来。数字经济发展下的文化产业需要凸显更多的体验价值,基于数字技术的文化平台和运行方式使得文化产品供给打破了传统时空限制,让数字经济在云展览、云演艺等方面拥有无比巨大的发展空间,所以数字经济在推动社会主义先进文化广泛传播的同时使人民精神生活得到了极大丰富和满足。

四、抓住数字化机遇,夯实世界经济发展的中国引擎作用

数字经济发展的时代潮流是不可逆转的大趋势,当前世界上主要国家数字经济发展呈现出加速追赶的态势,都在力图争取更多未来竞争新优势。中国数字经济发展总体向好且态势稳定,从数据上看占比位居世界第二,增长速度更是领跑全球,在推动全球数字化发展中发挥着"稳定器""加速器"作用。我国正在深度参与数字经济国际治理,推进 G20、亚太经合组织机制下数字经济合作,推动构建开放、公平、非歧视的数字营商环境,促进数字创新、数字技能与素养、数字化转型等务实合作,引导包容性规则制定。② 当今中国数字经济的良好增势正在助力世界经济创新发展,特别是在数字经济方面未来将实现更多国际合作交流,共同推动网络空间命运共同体的构建与实践。

---

① 沈文玮、李昱:《中国式现代化、数字经济和共同富裕的内在逻辑》,《经济纵横》2022 年第 11 期。
② 何立峰:《国务院关于数字经济发展情况的报告——2022 年 10 月 28 日在第十三届全国人民代表大会常务委员会第三十七次会议上》,《中华人民共和国全国人民代表大会常务委员会公报》2022 年第六号。

首先,数字经济发展呈现出开放包容与风险机遇并存的新发展态势。中国在发展数字经济过程中必然存在被他国影响和制约的风险,尤其是在以欧美国家为主的先发优势下,总是希望通过推动和主导国际规则的制定,以维护自身的关切利益和竞争优势。在应对世界复杂形势变化中,我国在数字经济领域必然朝着国家化趋势发展,要能够主动抓住关键机遇,不断强化国际布局,积极推动国际开放合作,在数字经济领域为稳定世界局势提供中国方案和中国智慧,逐步提高在国际竞争中的话语权。数字经济本质是开放型经济,要在开放共赢模式下实现效益最大化,中国数字经济始终坚持为促进世界经济开放合作做出有益贡献,将成为应对世界经济发展下行压力的稳定器。当数字经济逐渐成为新一轮国际竞争重点领域时,持续健康发展的数字经济将构筑我国主动参与国际竞争的新优势。

其次,数字核心技术将成为国际竞争焦点,驱动着经济全球化进程。如前所述,中国数字经济总规模已位居世界第二位,数字技术的广泛应用将持续提升高质量发展的预期,但仍要注意数字经济发展中可能存在的不利因素。新一代信息技术创新发展对于国家在经济、科技和安全等领域的竞争力影响无处不在,例如中国 5G 技术处于世界领先水平,却遭到以美国为首的西方国家全面打压,西方国家甚至妄想依此来阻挠我国数字技术走向全球化的步伐,所以数字经济在全球范围内迅速发展中也将面临更高水平和更为激烈的国际经济竞争和综合国力较量。数字经济作为一种全新的蓬勃发展形态,未来凭借其独具特点的包容性优势必将成为推动全球化进程的重要经济形态,只有在大国竞争中抢占数字经济先机优势才能更好地应对复杂的世界大变局。党的二十大报告明确了国家未来发展战略方向,将持续高度重视数字经济发展,让以华为、中兴为代表的中国科技企业在世界数字技术领域具备更多更强的竞争力,成为未来一定时期内中国参与国际经济竞争的坚实基础,筑牢中国应对世界百年未有之大变局的根本保障。

最后,当前中国数字产业化发展正由量的积累转变到质的提升过程,推动数字产业创新发展是夯实稳增长的坚实基础,促进社会经济内部结构持续优化,使数字经济的稳定器作用更加凸显,构建起更具国际竞争力的产业体系。《全球数字经济白皮书(2022 年)》指出:鼓励发展中国家积极融入国际数字经济合作新格局,加强不同发展水平国家之间的协调,推动多边、区域等层面数字经济国际规则协调,构建数字经济国际规则体系,共享数字经济发展成果。我国作为世界上最大的发展中国家正积极主动地参与和推动数字经济领域的国际交流合作,构建开放包容的网络数字空间命运共同体,推动全球要素资源的组合重组以及全球化经济结构重塑,在应对世界百年未有之大变局中发挥好中国数字经济的稳定器作用。

五、多维发力，推动数字经济持续健康发展

中国数字经济作为未来最具创新力、最具活力和辐射最广泛的新经济形态，其作用影响将持续渗透到现代化建设的各个环节和方面，为实现持续健康发展的目标，需要从多维度为数字经济提供法治保障和政策指引。无论是个人、企业抑或组织都将是数字经济发展的践行者和推动者，意味着数字经济将走向全民化的经济形式，实现便捷化和高效化的开放模式也需要全社会配合参与。党和政府层面理应主动作为为数字经济高质量发展营造良好的政策环境，树立以人民为中心的数字经济理念。同时，人民日益增长的美好生活需要还会催生出更大规模和更加多元的数字化市场，为数字经济的快速发展创造无限可能性，但很多发展不规范不协调问题仍需加以重视和解决。

一是筑牢数字经济高质量发展根基，强化数字经济和实体经济的融合力度。随着新时代发展向纵深推进，实体经济将进一步向数字化转型升级，推动着互联网、人工智能、大数据与各产业的深度融合，有效发挥数字技术对经济发展的叠加、倍增以及放大作用，坚决避免建设中为了数字化而数字化，坚持发展要脚踏实地、因地制宜的原则。当前不同行业、不同区域在数字经济发展领域存在巨大差异性，特别是农业数字经济发展水平明显落后于工业和服务业，如何更好地将数字技术运用于传统农业，必然成为中国数字经济高质量发展的重要任务，所以在现代化建设中推进数字产业化发展仍不可松懈。加快推进数实融合，适度超前部署数字基础设施建设，进一步提升数字赋能水平，扩大数字化公共服务供给，更好地满足人民美好生活需要，秉承服务人民主体理念把握未来数字经济发展潮流，以积极主动的进取态势融入数字时代大局。

二是采取包容审慎的监管政策，保障数字经济规范健康发展。新业态新模式的出现和发展必然带来许多新问题，党和政府在面对新事物时需要采用包容审慎的态度来看待，给予其更多的发展时间和空间，不断积累监管和规制经验，与时俱进地把握数字经济定位。数字经济迅速发展对社会的影响越来越直观，加强新时代数字化治理要建立全过程、全方位、全链条的监管和风险预警体系，凝聚社会、媒体、公众等方面监督合力，最大限度地提升数据安全防护水平，由此可见，未来监管重点将是督促引导数字经济建设朝着健康有序的方向发展。近年来党和国家围绕数字经济建设和发展密集出台了一系列政策文件，不断构建系统化的支撑体系，形成推动数字经济高质量发展的强大动力和有效合力。如《中华人民共和国国民经济和社会发展第十四个五年规划和2035年远景目标纲要》在第五篇专门强调"加快数字化发展 建设数字中国",对未来数字经济发展提出了明确的激励和约束举措。2022年中央经济工作会议明确提出"要大力发展数字经济,提升常态化监管水平,支持平台企业在引领发展、创造就业、国际竞争中大显身手"。当然,包容审慎的政策绝不是放任不管,要在党和政府高度重视下充分发挥市场在资源配置中的决定性作用,避免出现类似欧盟对数字企业强监管的政策,结果导致很难孕育出具有国际竞争力的数字企业。

三是全面加强网络安全和数据安全保护,筑牢数字安全屏障。要不断完善数字经济建设的顶层设计,建立健全数字经济领域的法律法规体系,完善国家网络安全法律法规和制度标准,重点培养网络安全领域的高素质专门人才队伍,减少数据泄露和网络攻击事件的发生,避免对数字经济运行造成直接的负面影响。探索创新符合平台经济、产业数字化、新个体、微经济、共享经济等新经济特点的监管模式,加强新经济监管工具创新供给,探索触发式监管机制,完善敏捷治理等新型监管模式。① 持续强化政府、高校和企业等主体间的密切联系,通过政府政策支持、企业高效运转以及高校等科研机构的研究成果转化,形成优势互补、安全高效的统一体,最大范围凝聚推动数字经济发展的合力,构建合作共赢的数字经济发展新格局。不断强化数字经济发展的政策保障机制建设,坚持做到促进与管制并举、宏观和微观并重,特别针对重点领域数据资源、重要网络和信息系统安全保障,多措并举助力数字经济治理的敏捷性得到进一步提升。

习近平总书记指出,我们要结合国家发展需要和可能,统筹国内国际两个大局、发展安全两件大事,做好数字经济发展顶层设计和体制机制建设,提高全民全社会数字素养和技能,夯实我国数字经济发展社会基础,不断做强做优做大我国数字经济。② 着眼当下,数字经济发展已上升为国家发展战略大局,中国数字经济发展迎来了快速发展的战略机遇期,其发展动能正在加速释放。放眼未来,中国数字经济将促进社会主义市场无限扩大,体现出新时代数字化经济的强大魅力,无论是个体经营还是企业经营都应积极主动向数字化转型,这是未来经济社会发展的必然趋势和结果,所形成的数字经济规模对中国特色社会主义建设的推动和促进作用将难以估量。

---

① 戚聿东、张天硕:《党的十八大以来我国数字经济发展的成就、经验与展望》,《北京师范大学学报(社会科学版)》2023年第2期。
② 习近平:《不断做强做优做大我国数字经济》,《求是》2022年第2期。

参 考 文 献

1. 马克思恩格斯全集(第1卷)[M].北京:人民出版社,1995.
2. 马克思恩格斯全集(第3卷)[M].北京:人民出版社,2002.
3. 马克思恩格斯全集(第4卷)[M].北京:人民出版社,1995.
4. 马克思恩格斯全集(第19卷)[M].北京:人民出版社,1979.
5. 马克思恩格斯全集(第25卷)[M].北京:人民出版社,1995.
6. 马克思恩格斯全集(第26卷上)[M].北京:人民出版社,2014.
7. 马克思恩格斯全集(第30卷)[M].北京:人民出版社,1993.
8. 马克思恩格斯全集(第31—32卷)[M].北京:人民出版社,1998.
9. 马克思恩格斯全集(第44卷)[M].北京:人民出版社,2001.
10. 马克思恩格斯全集(第45—46卷)[M].北京:人民出版社,2003.
11. 马克思恩格斯全集(第47卷)[M].北京:人民出版社,1995.
12. 马克思恩格斯文集(第1—10卷)[M].北京:人民出版社,2009.
13. 马克思恩格斯选集(第1—4卷)[M].北京:人民出版社,1995.
14. 马克思.1844年经济学哲学手稿[M].北京:人民出版社,2000.
15. 马克思.资本论(第1—3卷)[M].北京:人民出版社,2004.
16. 马克思恩格斯《资本论》书信集[M].北京:人民出版社,1976.
17. 马克思.剩余价值理论(第3册)[M].北京:人民出版社,1975.
18. 共产党宣言[M].北京:人民出版社,2014.
19. 孙中山全集(第9—10卷)[M].北京:中华书局,1986.
20. 孙中山全集(第8卷)[M].北京:人民出版社,2015.
21. 毛泽东选集(第3卷)[M].北京:人民出版社,1991.
22. 毛泽东文集(第7卷)[M].北京:人民出版社,1999.
23. 毛泽东早期文稿[M].长沙:湖南出版社,1990.
24. 毛泽东外交文选[M].北京:中央文献出版社,世界知识出版社,1994.
25. 邓小平文选(第2卷)[M].北京:人民出版社,1994.
26. 邓小平文选(第3卷)[M].北京:人民出版社,1993.

27. 邓小平年谱(1975—1997)(下)[M].北京：中央文献出版社,2004.
28. 江泽民文选(第1—3卷)[M].北京：人民出版社,2006.
29. 习近平.习近平谈治国理政[M].北京：外文出版社,2014.
30. 习近平.习近平谈治国理政(第4卷)[M].北京：外文出版社,2022.
31. 中共中央文献研究室.习近平关于全面深化改革论述摘编[M].北京：中央文献出版社,2014.
32. 包亚明.现代性与空间的生产[M].上海：上海教育出版社,2003.
33. 迟福林主编.二次开放：全球化十字路口的中国选择[M].北京：中国工人出版社,2017.
34. 成卓,刘国艳.面向大数据时代的数字经济发展举措研究[M].北京：人民出版社,2020.
35. 高举中国特色社会主义伟大旗帜　为全面建设社会主义现代化国家而团结奋斗——在中国共产党第二十次全国代表大会上的报告[M].北京：人民出版社,2022.
36. 高隆昌.大自然复杂性原理[M].北京：科学出版社,2004.
37. 高宣扬.鲁曼社会系统理论与现代性[M].北京：中国人民大学出版社,2005.
38. 古越.财富的革命[M].郑州：中原农民出版社,2001.
39. 洪荒.自然的和谐[M].武汉：湖北科学技术出版社,2004.
40. 胡守钧.社会共生论[M].上海：复旦大学出版社,2010.
41. 黄恒学,牛洪艳.资源管理学[M].北京：中国经济出版社,2010.
42. 姜奇平.数字财富[M].北京：海洋出版社,1999.
43. 决胜全面建成小康社会　夺取新时代中国特色社会主义伟大胜利——在中国共产党第十九次全国代表大会上的报告[M].北京：人民出版社,2017.
44. 雷璟思.财富大革命[M].北京：人民出版社,2013.
45. 李拯.数字经济浪潮：未来的新趋势与可能性[M].北京：人民出版社,2020.
46. 李宗发.财富创造论——国民财富产生原理研究[M].北京：经济管理出版社,2006.
47. 李琰.科学数据共享的知识产权保护机制研究[M].北京：人民出版社,2019.
48. 林士煌.生活均富　网络财富·藏富于民的最新阐述[M].广州：广东经济出版社,2001.
49. 刘诗白.现代财富论[M].北京：生活·读书·新知三联书店,2005.

50. 刘宗超等.生态文明观与全球资源共享[M].北京：经济科学出版社，2000.
51. 罗汉堂.新普惠经济：数字技术如何推动普惠性增长[M].北京：中信出版社，2020.
52. 裴小革.财富与发展《资本论》与现代经济学理论研究[M].南京：江苏人民出版社，2005.
53. 朴昌根.系统学基础[M].成都：四川教育出版社，1994.
54. 沙烨.跨越财富鸿沟[M].北京：当代世界出版社，2021.
55. 沈小峰，王德胜.自然辩证法范畴论[M].北京：北京师范大学出版社，1986.
56. 沈小峰.自然辩证法范畴论[M].北京：北京师范大学出版社，1990.
57. 孙周兴选编.海德格尔选集（上卷）[M].上海：上海三联书店，1996.
58. 陶一桃.经济文化论[M].北京：冶金工业出版社，2001.
59. 滕泰.新财富论[M].上海：上海财经大学出版社，2006.
60. 王波明主编.财富新动能：2016年青岛·中国财富论坛[M].北京：人民出版社，2017.
61. 王让新，李弦.马克思资本研究的逻辑演进与哲学透视[M].北京：人民出版社，2020.
62. 王振中主编.转型经济理论研究[M].北京：中国市场出版社，2006.
63. 维高.知识的革命——通往知识社会的超级护照[M].北京：中国物资出版社，1998.
64. 魏焕信，刘相，李允祥主编.树立新的科学的劳动与财富观——社会主义劳动与财富问题研究[M].济南：山东人民出版，2005.
65. 翁志勇主编.价值与财富的现代分析[M].上海：上海大学出版社，2004.
66. 吴国盛.时间的观念[M].北京：北京大学出版社，2006.
67. 西方美学家论美和美感[M].北京：商务印书馆，1980.
68. 项有建.冲出数字化：物联网引爆新一轮技术革命[M].北京：机械工业出版社，2010.
69. 杨剑.数字边疆的权力与财富[M].上海：上海人民出版社，2012.
70. 杨志.论资本的二重性[M].北京：经济科学出版社，2002.
71. 张雄.创新：在历史与未来之间[M].北京：商务印书馆，2010.
72. 张一兵.文本的深度犁耕（第3卷）[M].北京：中国人民大学出版社，2019.
73. 中国金融软实力：金融强国新支撑[M].北京：人民出版社，2021.
74. 中国人民大学重阳金融研究院编著.中国金融软实力：金融强国新支撑

[M].北京：人民出版社,2021.

75. 周延云,闫秀荣.数字劳动和卡尔·马克思——数字化时代国外马克思劳动价值论研究[M].北京：中国社会科学出版社,2016.

76. 〔奥〕科赫,〔德〕考茨欧主编.比较法视野下的人身损害赔偿[M].陈永强等译.北京：中国法制出版社,2012.

77. 〔德〕安德烈亚斯·罗德.21.0 当代简史[M].朱颜译.北京：商务印书馆,2020.

78. 〔德〕博德维希.全球反不正当竞争法指引[M].黄武双,刘维,陈雅秋译.北京：法律出版社,2015.

79. 〔德〕伽达默尔.哲学解释学[M].夏镇平,宋建平译.上海：上海译文出版社,1994.

80. 〔德〕海德格尔.存在与时间[M].陈嘉映等译.北京：生活·读书·新知三联书店,2006.

81. 〔德〕海德格尔.路标[M].孙周兴译.北京：商务印书馆,2001.

82. 〔德〕黑格尔.法哲学原理[M].范扬,张企泰译.北京：商务印书馆,1982.

83. 〔德〕黑格尔.历史哲学[M].王造时译.上海书店出版社,1999.

84. 〔德〕黑格尔.美学（第 1 卷）[M].朱光潜译.北京：商务印书馆,1981.

85. 〔德〕卡尔·洛维特.从黑格尔到尼采[M].李秋零译.北京：生活·读书·新知三联书店,2006.

86. 〔德〕康德.康德文集[M].刘克苏等译.重庆：改革出版社,1997.

87. 〔德〕康德.历史理性批判文集[M].何兆武译.北京：商务印书馆,2007.

88. 〔德〕克劳斯·施瓦布.第四次工业革命：转型的力量[M].李菁译.北京：中信出版社,2016.

89. 〔德〕克里斯多夫·库克里克.微粒社会[M].黄昆,夏柯译.北京：中信出版社,2018.

90. 〔德〕克内尔,纳塞希.卢曼社会系统理论导引[M].鲁贵显译.台北：巨流图书公司,1998.

91. 〔德〕理查德·大卫·普雷希特.我们的未来——数字社会乌托邦[M].张冬译.北京：商务印书馆,2021.

92. 〔德〕鲁道夫·希法亭.金融资本[M].福民译.北京：商务印书馆,1994.

93. 〔德〕诺贝特·埃利亚斯.个体的社会[M].翟三江,陆兴华译.南京：译林出版社,2003.

94. 〔德〕斯洛特戴克.资本的内部[M].常旸译.北京：社会科学文献出版社,2014.

95. 〔德〕魏尔.对称[M].钟金魁译.北京：商务印书馆,1986.
96. 〔德〕西美尔.货币哲学[M].陈戎女,耿开君,文聘元译.北京：华夏出版社,2002.
97. 〔德〕尤夫娜·霍夫施泰特.大数据之眼：无所不知的数字幽灵[M].陈巍译.杭州：浙江文艺出版社,2018.
98. 〔德〕尤格施瓦.未来小趋势[M].邱瑞晶译.杭州：浙江人民出版社,2020.
99. 〔法〕柏格森.创造进化论[M].王珍丽,余习广译.长沙：湖南人民出版社,1989.
100. 〔法〕福柯.规训与惩罚：监狱的诞生[M].刘北成等译.北京：生活·读书·新知三联书店,2003.
101. 〔法〕居伊·德波.景观社会[M].张新木译.南京：南京大学出版社,2017.
102. 〔法〕勒庞.乌合之众[M].冯克利译.北京：中央编译出版社,2004.
103. 〔法〕列维·布留尔.原始思维[M].丁由译,北京：商务印书馆,1985.
104. 〔法〕让·鲍德里亚.消费社会[M].刘成富,全志钢译.南京：南京大学出版社,2001.
105. 〔法〕斯蒂格勒.技术与时间(第2卷)[M].赵和平,印螺译.南京：译林出版社,2010.
106. 〔法〕涂尔干.社会分工论[M].渠东译.北京：生活·读书·新知三联书店,2000.
107. 〔法〕托马斯·皮凯蒂.21世纪资本论[M].巴曙松等译,北京：中信出版社,2014.
108. 〔古希腊〕色诺芬.经济论·雅典的收入[M].张伯健,陈大年译.北京：商务印书馆,1961.
109. 〔韩〕宋吉永.隐藏在"大数据"背后的巨大财富[M].安胜煜译.北京：清华大学出版社,2015.
110. 〔加〕戈登·诺伊费尔德,加博尔·马泰.每个孩子都需要被看见[M].崔燕飞译.北京：北京联合出版公司,2019.
111. 〔加〕莫伊舍·普殊同.时间、劳动和社会统治：马克思的批判理论再阐释[M].康凌译.北京：北京大学出版社,2019.
112. 〔加〕文森特·莫斯可.数字化崇拜：迷思？权力与赛博空间[M].黄典林译.北京：北京大学出版社,2010.
113. 〔加〕文森特·莫斯可.云端：动荡中的大数据[M].杨睿,陈如歌译.北京：中国人民大学出版社,2017.

114. 〔美〕E.拉兹洛.决定命运的选择21世纪的生存抉择[M].李吟波等译.北京：生活·读书·新知三联书店,1997.

115. 〔美〕J.特纳.社会学理论的结构（下）[M].邱泽奇等译.北京：华夏出版社,2001.

116. 〔美〕阿尔文·托夫勒.第三次浪潮[M].朱志焱,潘琪,张焱译.北京：生活·读书·新知三联书店,1984.

117. 〔美〕阿尔文·托夫勒.力量转移：临近21世纪时的知识、财富和暴力[M].刘炳章等译.北京：新华出版社,1996.

118. 〔美〕阿尔文·托夫勒.财富的革命[M].吴文忠等译.北京：中信出版社,2006.

119. 〔美〕埃里克·布莱恩约弗森,安德鲁·麦卡菲.第二次机器革命：数字化技术将如何改变我们的经济与社会[M].蒋永军译.北京：中信出版社,2016.

120. 〔美〕埃弗雷姆·特班,朱迪·怀特塞德,戴维·金,乔恩·奥特兰.电子商务与社交商务导论[M].凌鸿,赵付春,钱学胜等译.北京：机械工业出版社,2019.

121. 〔美〕奥尔森.集体行动的逻辑[M].陈郁等译.上海：上海人民出版社,1995.

122. 〔美〕贝瑞·卡特.无限财富——知识时代里的一个合作和充实的新世界[M].王焱,李雪梅译.沈阳：辽宁画报出版社,2001.

123. 〔美〕彼得·德鲁克.后资本主义社会[M].张星岩译.上海：上海译文出版社,1998.

124. 〔美〕布莱恩·阿瑟.技术的本质：技术是什么,它是如何进化的[M].曹东溟,王健译.杭州：浙江人民出版社,2018.

125. 〔美〕大卫·哈维.新自由主义简史[M].王钦译.上海：上海译文出版社,2010.

126. 〔美〕戴维·哈维.后现代的状况：对文化变迁之缘起的研究[M].阎嘉译.北京：商务印书馆,2003.

127. 〔美〕丹·希勒.数字资本主义[M].杨立平译.南昌：江西人民出版社,2001.

128. 〔美〕丹·席勒.信息拜物教：批判与解构[M].邢立军,方军祥,凌金良译.北京：社会科学文献出版社,2008.

129. 〔美〕丹·席勒.数字化衰退：信息技术与经济危机[M].吴畅畅译.北京：中国传媒大学出版社,2017.

130. 〔美〕丹尼尔·贝尔.后工业社会的来临[M].高铦,王宏周,魏章玲译.北京:新华出版社,1997.

131. 〔美〕杰里米·里夫金.第三次工业革命:新经济模式如何改变世界[M].张体伟,孙豫宁译.北京:中信出版社,2012.

132. 〔美〕费吉鲍姆,〔美〕麦考黛克.第二次计算机革命和第五代计算机[M].江致远等译.上海:上海翻译出版公司,1985.

133. 〔美〕康芒斯.制度经济学(上)[M].于树生译.北京:商务印书馆,1962.

134. 〔美〕李杰等.从大数据到智能制造[M].刘宗长整理.上海:上海交通大学出版社,2016.

135. 〔美〕里夫金.第三次工业革命——新经济模式如何改变世界[M].张体伟,孙豫宁译.北京:中信出版社,2012.

136. 〔美〕奈斯比特.大趋势——改变我们生活的十个新方向[M].姚琮译.北京:科学普及出版社,1985.

137. 〔美〕马克·波斯特.信息方式[M].范静哗,周宪校译.北京:商务印书馆,2000.

138. 〔美〕迈克尔·哈特,〔意〕安东尼奥·奈格里.大同世界[M].王行坤译.北京:中国人民大学出版社,2016.

139. 〔美〕尼尔·波兹曼.娱乐至死[M].章艳译.北京:中信出版社,2015.

140. 〔美〕尼古拉·尼葛洛庞蒂.数字化生存[M].胡泳,范海燕译.海口:海南出版社,1997.

141. 〔美〕尼古拉斯·卡尔.大转变:审视世界,从爱迪生到谷歌[M].闫鲜宁译.北京:中信出版社,2008.

142. 〔美〕欧文·拉兹洛.系统哲学引论一种当代思想的新范式[M].钱兆华译.北京:商务印书馆,1998.

143. 〔美〕塞耶.牛顿自然哲学著作选[M].上海外国自然科学哲学著作编译组译.上海:上海人民出版社,1974.

144. 〔美〕斯托尼尔.信息财富——简论后工业经济[M].吴健民,刘钟仁译.北京:中国对外翻译出版公司,1987.

145. 〔美〕西奥多·罗斯扎克.信息崇拜——计算机神话与真正的思维艺术[M].苗华健,陈体仁译.北京:中国对外翻译出版公司,1994.

146. 〔美〕亚历克斯·莫塞德,尼古拉斯·L.约翰逊.平台垄断:主导21世纪经济的力量[M].杨菲译.北京:机械工业出版社,2018.

147. 〔美〕约瑟夫·E.斯蒂格利茨.社会主义向何处去[M].周立群等译.长春:吉林人民出版社,1998.

148. 〔美〕詹姆斯·科尔曼.社会理论的基础[M].邓方译.北京：社会科学文献出版社,1990.

149. 〔日〕金泽良雄.经济法概论[M].满达人译,北京：中国法制出版社,2005.

150. 〔日〕坍屋太一.知识价值革命工业社会的终结和知识价值社会的开始[M].金泰相译.北京：东方出版社,1986.

151. 〔日〕植草益.微观规制经济学[M].朱绍文,胡欣欣等译,北京：中国发展出版社,1992.

152. 〔瑞典〕克里斯蒂安·福克斯.数字劳动与卡尔·马克思[M].周延云译.北京：人民出版社,2020.

153. 〔意〕欧文·拉兹洛.系统哲学引论[M].钱兆华等译.北京：商务印书馆,1998.

154. 〔意〕维科.维科著作选[M].陆晓禾译.北京：商务印书馆,1997.

155. 〔西班牙〕曼纽尔·卡斯特.网络社会的崛起[M].夏铸九,王志弘等译.北京：社会科学文献出版社,2001.

156. 〔新西兰〕尼古拉斯·阿加作.大数据时代生存法则[M].蔡薇薇译.武汉：华中科技大学出版社,2021.

157. 〔匈牙利〕卢卡奇.历史与阶级意识[M].杜章智等译.北京：商务印书馆,1999.

158. 〔以色列〕尤瓦尔·赫拉利.未来简史——从智人到神人[M].林俊宏译.北京：中信出版社,2017.

159. 〔英〕阿瑟·刘易斯.经济增长理论[M].周师铭,沈丙杰,沈伯根译.北京：商务印书馆,2011.

160. 〔英〕埃里克·拜因霍克.财富的起源[M].俸绪娴,刘玮琦,尤娜译.杭州：浙江人民出版社,2019.

161. 〔英〕安东尼·吉登斯.现代性的后果[M].田禾译.南京：译林出版社,2000.

162. 〔英〕哈耶克.个人主义与经济秩序[M].贾湛译.北京：北京经济学院出版社,1989.

163. 〔英〕胡安·佩德罗·莫雷诺等.银行业新时代：金融危机后的行业格局[M].于东智,陈骁,彭博译.北京：中国金融出版社,2018.

164. 〔英〕惠特克.经济思想流派[M].徐宗士译.上海：上海人民出版社,1974.

165. 〔英〕吉登斯.现代性的后果[M].田禾译.南京：译林出版社,2002.

166. 〔英〕K. R. 波普尔.开放社会及其敌人(第 2 卷)[M].陆衡等译.北京:中国社会科学出版社,1999.

167. 〔英〕马克斯·H. 布瓦索.信息空间——认识组织、制度和文化的一种框架[M].王寅通译.上海:上海译文出版社,2000.

168. 〔英〕马歇尔.经济学原理(上卷)[M].朱志泰译.北京:商务印书馆,2009.

169. 〔英〕梅扎罗斯.超越资本[M].郑一明等译,北京:中国人民大学出版社,2003.

170. 〔英〕米克.劳动价值学说的研究[M].陈彪如译.北京:商务印书馆,2014.

171. 〔英〕维克托·迈尔-舍恩伯格,肯尼思·库克耶.大数据时代[M].盛杨燕,周涛译.杭州:浙江人民出版社,2013.

172. 〔英〕休谟.人性论(下)[M].关文运译.北京:商务印书馆,1996.

173. 〔英〕亚当·斯密.国富论[M].谢宗林,李华夏译.北京:中央编译出版社,2011.

174. 〔英〕亚当·斯密.国民财富的性质和原因的研究(上、下卷)[M].郭大力,王亚楠译.北京:商务印书馆,1972.

175. 魁奈经济著作选集[M].吴斐丹,张草纫选译.北京:商务印书馆,1983.

176. 习近平.努力成为世界主要科学中心和创新高地[J].求是,2021(06).

177. 习近平.不断做强做优做大我国数字经济[J].求是,2022(2).

178. 白刚.数字资本主义:"证伪"了《资本论》[J].上海大学学报(社会科学版),2018(4).

179. 白太辉.数字资本主义的历史逻辑批判[J].理论界,2022(05).

180. 陈晓君.马克思的财富及财富创造理论[J].当代经济研究,2017(07).

181. 程广云.劳动、财产和自由——在马克思与阿伦特之间[J].马克思主义与现实,2016(02).

182. 董必荣.资本逻辑:"经济正义"的当代境遇——《资本论》与《21 世纪资本论》比较研究[J].伦理学研究,2016(06).

183. 都超飞,袁健红.资本逻辑批判视域下的智能化生产方式探究[J].中国地质大学学报(社会科学版),2020(5).

184. 范宝舟.财富幻象:马克思的历史哲学解读[J].哲学研究,2010(10).

185. 冯修冉,单俊辉.经济法视域下网络直播平台的监管问题[J].企业科技与发展,2020(06).

186. 付文忠,梁少春.数字化背景下马克思一般智力理论的重释[J].中国特色社会主义研究,2022(2).

187. 高峰.论财富[J].政治经济学评论,2003(02).
188. 郭全中.中国直播电商的发展动因、现状与趋势[J].新闻与写作,2020(08).
189. 何立峰.国务院关于数字经济发展情况的报告——2022年10月28日在第十三届全国人民代表大会常务委员会第三十七次会议上[J].中华人民共和国全国人民代表大会常务委员会公报,2022(06).
190. 洪银兴.中国特色社会主义政治经济学财富理论的探讨——基于马克思的财富理论的延展性思考[J].经济研究,2020(05).
191. 侯冠宇,熊金武.数字经济对共同富裕的影响与提升路径研究——基于我国30个省份的计量与QCA分析[J].云南民族大学学报(哲学社会科学版),2023(03).
192. 胡守钧.国际共生论[J].国际观察,2012(04).
193. 韩菲.从资本逻辑回归生命逻辑:马克思生产理论的内在理路[J].天府新论,2021(06).
194. 贺汉魂.马克思财富分配正义思想的基本内容及其精神实质探析[J].东南大学学报(哲学社会科学版),2018,20(03).
195. 胡学龙.21世纪:一个靠知识创造财富的时代[J].外向经济,2000(03).
196. 华民."阿里":互联网金融创新是否创造真实的社会财富[J].探索与争鸣,2014(12).
197. 黄河.资本扩张的悖论及其解决路径[J].现代经济探讨,2009(07).
198. 黄锦奎.先进生产力与价值转化工程[J].学术研究,2003(08).
199. 黄锦奎.知识经济与价值转化工程[J].学术研究,1998(08).
200. 贾根良.第三次工业革命与工业智能化[J].中国社会科学,2016(06).
201. 姜奇平.推动平台经济规范健康持续发展[J].互联网周刊,2022(04).
202. 荆文君,孙宝文.数字经济促进经济高质量发展:一个理论分析框架[J].经济学家,2019(02).
203. 克里斯蒂安·福克斯,罗铮.大数据资本主义时代的马克思[J].国外理论动态,2020(04).
204. 蓝江.从物化到数字化:数字资本主义时代的异化理论[J].社会科学,2018(11).
205. 蓝江."智能算法"与当代中国的数字生存[J].中央社会主义学院学报,2021(2).
206. 蓝江.生存的数字之影:数字资本主义的哲学批判[J].国外理论动态,2019(3).
207. 蓝江.一般数据、虚体、数字资本——数字资本主义的三重逻辑[J].哲学研究,2018(3).
208. 李菲.大数据时代带来的"数据财富"[J].浙江经济,2013(17).
209. 李晓西,杨琳.虚拟经济、泡沫经济与实体经济[J].财贸经济,2000(06).
210. 李振.破除"资本与财富"的文明联姻——从马克思解构《国富论》的财富逻辑开始[J].马克思主义研究,2010(08).
211. 梁东亮,赖雄麟.数字经济促进共同富裕研究——基于均衡增长视角[J].理论探讨,2022(03).
212. 刘奔.在现实矛盾的解决中实现人的全面发展[J].学习与探索,2005(05).
213. 刘诚.优化数据资产规范财富积累[J].中国金融,2023(03).
214. 刘诗白.现代财富的性质、源泉及其生产机制[J].经济学动态,2005(11).
215. 刘卓红,刘艺.中国式数字文明的形成、特质与意义——基于历史唯物主义的视角[J].学习与探索,2022(07).
216. 刘典.数字时代的"市场乌托邦":透视美国贫富差距背后的市场脱嵌运动[J].东方学刊,2021(04).
217. 刘海军.人工智能的文明作用及其发展悖论——基于马克思《资本论》及其手稿的阐释[J].马克思主义研究,2021(08).
218. 刘荣军.马克思财富思想的历史本原与现代社会[J].哲学研究,2010(12).
219. 鲁品越.马克思的"时代之问"与马克思主义的核心观念——纪念马克思诞辰200周年[J].思想理论教育,2018(04).
220. 马拥军.虚拟财富及其存在论解读[J].哲学研究,2014(02).
221. 闵路路,许正中.数字经济、创新绩效与经济高质量发展——基于中国城市的经验证据[J].统计与决策,2022(03).
222. 农浴,赵容艳.人工智能时代马克思劳动价值论的再思考[J].生产力研究,2021(03).
223. 欧阳勤.数字经济时代的数字财富创造与辨别——以"数字藏品"为例[J].沿海企业与科技,2023(01).
224. 潘毅刚.数字时代共同富裕的关键变量[J].浙江经济,2022(7).
225. 戚聿东,张天硕.党的十八大以来我国数字经济发展的成就、经验与展望[J].北京师范大学学报(社会科学版),2023(02).
226. 任保平.数字经济与中国式现代化[J].人文杂志,2023(01).
227. 申文君.资本扩张秩序与规制研究[J].财会通讯,2021(14).
228. 沈文玮,李昱.中国式现代化、数字经济和共同富裕的内在逻辑[J].经济纵横,2022(11).
229. 速继明.世俗化:现代性生成的历史表征[J].学术月刊,2008(12).

230. 速继明.互联网背景下的财富革命[J].学术月刊,2011(12).

231. 速继明.互联网技术革命与社会进步[J].教学与研究,2016(07).

232. 速继明.改革开放四十年"资本"观的历史生成与实践发展[J].当代世界社会主义问题,2018(04).

233. 速继明.论数字化对社会治理的空间重构及其思维变革[J].国外社会科学前沿,2021(12).

234. 速继明,胡守钧.共生视阈下的国际金融关系及其优化机制探析[J].社会科学,2014(09).

235. 孙冰.全国人大代表、科大讯飞董事长刘庆峰:未来两三年将迎来"语音时代"[J].中国经济周刊,2014(10).

236. 孙晋.数字平台的反垄断监管[J].中国社会科学,2021(05).

237. 汤铎铎,刘学良,倪红福,等.全球经济大变局、中国潜在增长率与后疫情时期高质量发展[J].经济研究,2020(08).

238. 陶国富.马克思与西美尔货币哲学的历史追问与现实思考[J].马克思主义研究,2008(01).

239. 滕飞,许苏明.资本逻辑、财富转移与幸福实现[J].探索与争鸣,2015(09).

240. 王程,马昕.经济哲学视域中社会主义本质的现代性追问——兼论中国特色社会主义制度优势[J].太原理工大学学报(社会科学版),2021(06).

241. 王国刚,潘登.完善制度抑制资本无序扩张[J].中国金融,2021(03).

242. 王美乐.数字经济时代带货主播信用提升探析[J].全国流通经济,2022(36).

243. 王艺明.人工智能时代劳动价值的挑战、风险与机遇——一个马克思主义政治经济学分析[J].厦门大学学报(哲学社会科学版),2023(02).

244. 王永章.智能革命的"财富分配悖论"及其破解路径——唯物史观视域下的考察论析[J].上海师范大学学报(哲学社会科学版),2018(04).

245. 王福生.马克思的财富观念及其当代意义[J].哲学研究,2020(12).

246. 王洪波.主体性和公共性的双重变奏:马克思财富思想的内在意蕴[J].学术界,2020(04).

247. 王洪波.马克思财富思想的公共性意蕴及其现代价值[J].教学与研究,2021(06).

248. 王晓旭."财富"在马克思资本批判中的地位论析——基于资本财富二重性的视域[J].湖南科技大学学报(社会科学版),2022,25(02).

249. 吴宏洛,王杰森.数据要素参与分配的逻辑机理与实践推进——基于马克思主义政治经济学视角[J].青海社会科学,2022(3).

250. 吴宗敏,吴佳佳.知识经济时代信息财富观的基本特征与发展趋势[J].兰台世界,2006(16).

251. 肖峰,杜巧玲.人工智能关联的共产主义趋向探析[J].华南理工大学学报(社会科学版),2022(1).

252. 肖雪娇,杨峰.互联网企业数据资产价值评估[J].财会月刊,2022(18).

253. 严宇珺,龚晓莺.数字经济助推共同富裕:基本逻辑、作用机制及实现路径[J].西南民族大学学报(人文社会科学版),2023(2).

254. 严松.数字资本主义时代马克思财富思想的在场逻辑及价值意蕴[J].河海大学学报(哲学社会科学版),2021,23(04).

255. 杨慧玲,张力.数字经济变革及其矛盾运动[J].当代经济研究,2020(01).

256. 杨志.资本的二重性与公有资本[J].当代经济研究,1999(01).

257. 燕连福,谢芳芳.福克斯数字劳动概念探析[J].马克思主义与现实,2017(2).

258. 杨端茹,刘荣军.哲学向度的马克思财富理论及其现实意义[J].哲学动态,2010(05).

259. 袁立国.数字资本主义批判:历史唯物主义走向当代[J].社会科学,2018(11).

260. 袁三标.资本逻辑背后的意识形态迷雾[J].社会主义研究,2017(01).

261. 张波.20世纪以来《周髀算经》研究综述[J].山西大同大学学报(自然科学版),2019(05).

262. 张世远.知识经济条件下的财富创造[J].兰州学刊,2007(01).

263. 张晓晶.关于规范财富积累机制的思考[J].中国金融,2022(22).

264. 张雄,速继明.历史进步的寓意——关于历史普遍性与历史特殊性的解读[J].哲学动态,2008(12).

265. 张雄,速继明.时间维度与资本逻辑的勾连[J].学术月刊,2006(10).

266. 张雄.货币哲学:从思想史谈起[J].学术月刊,2003(08).

267. 张一兵.数码记忆的政治经济学:被脱与境化遮蔽起来的延异——斯蒂格勒《技术与时间》的解读[J].教学与研究,2017(04).

268. 张一兵.对以资本为基础的生产方式的科学认识——马克思《1857—1858年经济学手稿》的再研究[J].中州学刊,2022(03).

269. 张建云.大数据技术体系与马克思未来社会理论[J].北京理工大学学报(社会科学版),2023,25(1).

270. 张志丹.马克思财富伦理思想的方法论及其当代性[J].江苏社会科学,2016(03).

271. 章忠民.货币：一种人学的读写[J].学术月刊,2003(08).
272. 赵峰.论马克思财富观与人的自由全面发展[J].理论学刊,2011(02).
273. 中国互联网络信息中心发布第51次《中国互联网络发展状况统计报告》[J].国家图书馆学刊,2023(02).
274. 朱富强.人工智能时代的价值创造和分配——不平等加剧的社会和经济基础[J].财经问题研究,2022(03).
275. 朱琪,刘红英.人工智能技术变革的收入分配效应研究：前沿进展与综述[J].中国人口科学,2020(02).
276. 朱巧玲,万春芳,侯晓东.共同富裕视域下数字平台财富创造与分配的政治经济学分析[J].改革与战略,2022(01).
277. 庄忠正."个人现在受抽象统治"——马克思对资本主义社会中人的生存状况的批判[J].求实,2016(07).
278. 邹诗鹏.重置资本逻辑的尝试——评《21世纪资本论》[J].哲学研究,2016(1).
279. 江泽民.全面分析和正确估量当前形势,把握好改革、发展和稳定的关系[N].人民日报,1994-05-05.
280. 胡锦涛.高举中国特色社会主义伟大旗帜为夺取全面建设小康社会新胜利而奋斗[N].人民日报,2007-10-25.
281. 习近平.同舟共济克时艰,命运与共创未来[N].人民日报,2021-04-21.
282. 习近平向2021年世界互联网大会乌镇峰会致贺信[N].人民日报,2021-09-27.
283. 把握数字经济发展趋势和规律 推动我国数字经济健康发展[N].人民日报,2021-10-20.
284. 程恩富.虚拟经济并不创造真实财富[N].中国社会科学院报,2013-04-16.
285. 李宾,刘艳霞.以数字经济发展推进中国式现代化[N].河北日报,2023-06-2.
286. 林振义.改革开放时代孕育和塑造了改革创新精神[N].学习时报,2018-07-09.
287. 彭燮.抖音电商发布知识产权保护年报[N].中国质量报,2023-03-28.
288. 谭洪波.数字经济与共同富裕[N].光明日报,2022-02-15.
289. 袁赞.抖音电商建立知识产权保护观察员机制[N].中国市场监管报,2023-05-09.

290. 昝秀丽.杨成长：防止资本无序扩张应注意三方面问题[N].中国证券报,2021-03-08.
291. 张丽君,巩蓉蓉.充分发挥数字经济在推进共同富裕中的重要作用[N].光明日报,2022-06-13.
292. 张雄.改革实践正能量的积极汇聚[N].文汇报,2014-03-27.
293. 张雄.自觉把握世界历史进程[N].人民日报,1998-04-09.
294. 中华人民共和国国民经济和社会发展第十四个五年规划和2035年远景目标纲要[N].人民日报,2021-03-13.
295. 中央经济工作会议在北京举行[N].人民日报,2021-12-11.
296. 中共中央关于全面深化改革若干重大问题的决定[N].人民日报,2013-11-16.
297. 房钰.资本无序扩张的法律规制研究[D].南昌：江西财经大学,2021.
298. 李亚琪.破解数字拜物教[D].长春：吉林大学,2021.
299. 李妍.数字资本主义社会研究[D].长春：吉林大学,2021.
300. 路军.信息网络时代的财富增长方式——试论当前社会变革的数字化根源[D].济南：山东大学,2001.
301. 谭艳玲.数字劳动的政治经济学批判[D].长春：吉林大学,2021.
302. 王可.互联网与微观主体的财富创造行为[D].济南：山东大学,2019.
303. 张家喜.财富创造论[D].上海：上海财经大学,2008.
304. 张得胜.马克思的财富观及其时代价值研究[D].延安：延安大学,2022.
305. Balto, David A. Standard Setting in a Network Economy[C]. Cutting Edge：Antitrust Law Seminars International, 2000.
306. Burns T, Fraser I. The Hegel-Marx Connection[M]. Springer, 2000.
307. Christian Fuchs. Digital Labour and Karl Marx[M]. New York：The Routledge Press, 2014.
308. Daniel F Spulber. Regulation and Markets[M]. MIT press, 1989.
309. Economides, Nicholas. Competition Policy in Network Industries：An Introduction[M]. Ssrn Electronic Journal, 2004.
310. Hardt M, Negri A. Empire[M]. Cambridge and Massachusetts：Harvard University Press, 2000.
311. Herzog L. Inventing the Market：Smith, Hegel, and Political Theory[M]. Oxford University Press, USA, 2013.
312. Iraino. Antitrust Remedy for Monopoly by Electronic Networks[M]. Nw.u.l.rev, 1993.

313. Magdoff H. Imperialism: From the Colonial Age to the Present[M]. NYU Press, 1978.
314. Robert B. Reich. The Work of Nations: A Blueprint for the Future[M]. Hempstead: Simon & Schuster, 1994.
315. Wajcman J. Pressed for Time: The Acceleration of Life in Digital Capitalism[M]. Chicago and London: University of Chicago Press, 2015.
316. De Ruyter A, Brown M, Burgess J. Gig Work and the Fourth Industrial Revolution[J]. Journal of International Affairs, 2018, 72(1): 37-50.
317. Bonina C, Koskinen K, Eaton B, et al. Digital Platforms for Development: Foundations and Research Agenda[J]. Information Systems Journal, 2021, 31(6): 869-902.
318. Coleman J S. Social Capital in the Creation of Human Capital[J]. American Journal of Sociology, 1988, 94: S95-S120.
319. Fuchs B, Thurner S. Behavioral and Network Origins of Wealth Inequality: Insights from a Virtual World[J]. PloS one, 2014, 9(8): e103503.
320. Shelanski H A. Information, Innovation, and Competition Policy for the Internet[J]. U. Pa. L. Rev., 2012, 161: 1663.
321. Garifova L F. Infonomics and the Value of Information in the Digital Economy[J]. Procedia Economics and Finance, 2015, 23: 738-743.
322. Jepsen M, Drahokoupil J. The Digital Economy and Its Implications for Labour; The Consequences of Digitalisation for the Labour Market[J]. Transfer: European Review of Labour and Research, 2017, 23(3): 249-252.
323. Piraino Jr T A. Antitrust Remedy for Monopoly Leveraging by Electronic Networks[J]. Nw. UL Rev., 1998, 93: 1.
324. Witheford N. Cycles and Circuits of Struggle in High-Technology Capitalism[J]. Cutting Edge: Technology, Information, Capitalism and Social Revolution, 1997: 195-242.

后 记

伴随着互联网进程、数据化社会变革的加快,数字化对财富创造的影响与变革力量呈现出全方位、深层次的趋势。本书通过对财富的经济哲学和历史哲学的追问与批判,在互联网与财富的双重语境中思考与财富相关的学术问题。本书以"互联网背景下的财富革命"的研究成果为基础,以数字化时代的财富创造的变革为研究核心,以"理论研究"为主要方法,紧紧抓住人类的数字化进程所引起的财富创造的影响,并从多个维度阐述这种变革,有助于从数字化变革时代背景下重新认识财富、把握财富、创造财富,深化了对互联网变革的社会意义及财富内涵、外延变化的认知,对于树立科学合理的财富观具有很强的现实意义。

本书出版得到了国家社会科学基金后期资助项目"财富创造的变革研究"资助。在本书形成的过程中,张雄教授、胡守钧教授、周慧杰教授等作为项目咨询与指导专家,提出了诸多宝贵建议;侯劭勋、施锋锋、姚丽丽、周倩、程锋、马立政、邱卫东、张西恒、熊亮、孙晴娟、刘嘉瑜、王聪利、靳小雅、华诺、夏艳秋等也在部分章节撰写和书稿校正中做出了贡献。此外,本书在上海社会科学院出版社协助支持下出版,受到编辑董汉玲等多方支持帮助,在此一并表示衷心感谢。

本书收录的部分论文曾发表于《教学与研究》《毛泽东邓小平理论研究》《社会科学研究》《南京社会科学》《内蒙古社会科学》《理论视野》《当代世界社会主义问题》《解放日报》等学术刊物,在此表示由衷感谢。

当然,互联网或数字化经济万兴未艾,流量创造财富、塑造世界的步伐刚刚迈开,本研究只是此进程中的一个切片。因此,本书还有未尽之处,有不深入、不完善甚至理解不够的,恳请学界、业界包涵和批评指正。